历史课

傅斯年

张荫麟

陈寅恪　等著

中国致公出版社

代序

研究国故的方法

胡适

研究国故，在现时确有这种需要。但是一般青年，对于中国本来的文化和学术，都缺乏研究的兴趣。讲到研究国故的人，真是很少，这原也怪不得他们，实有以下二种原因：一、古今比较起来，旧有的东西就很易现出破绽。在中国科学一方面，当然是不足道的。就是道德和宗教，也都觉浅薄得很，这样当然不能引起青年们的研究兴趣了。二、中国的国故书籍，实在太没有系统了。历史书一本有系统的也找不到，哲学也是如此，就是文学一方面，《诗经》总算是世界文学上的宝贝。但假使我们去研究《诗经》，竟没有一本书能供给我们做研究的资料的。原来中国的书籍，都是为学者而设，非为普通人一般人的研究而做的。所以青年们要研究，也就无从研究起。我很望诸君对于国故，有些研究的兴趣，来下一番真实的功夫，使它成为有系统的。对于国故，亟应起来整理，方能使人有研究的兴趣，并能使有研究兴趣的人容易去研究。

"国故"的名词，比"国粹"好得多。自从章太炎著了一本《国故论衡》之后，这"国故"的名词于是成立。如果讲是"国粹"，就有人讲是"国渣"，"国故"（national past）这个名词是中立的。我们要明了现社会的情况，就得去研究国故。古人讲，知道过去才能知道现在。国故专讲国家过去的文化，要研究它，就不得不注意以下四种方法：

一、**历史的观念**　现在一般青年，所以对于国故没有研究兴趣的缘故，就是没有历史的观念。我们看旧书，可当它作历史看。清乾隆时，有个叫章学诚的，著了一本《文史通义》。上边说："六经皆史也"，我现在进一步来说："一切旧书——古书——都是史也"。本了历史的观念，就不由然而然地生出兴趣了。如道家炼丹修命，确是很荒谬的，不值识者一笑。但本了历史的观念，看看他究竟荒谬到了什么田地，亦是很有趣的。把旧书当作历史看，知它好到什么地步，或是坏到什么地步，这是研究国故方法的起点，是"开宗明义"第一章。

二、**疑古的态度**　疑古的态度，简要言之，就是"宁可疑而错，不可信而错"十个字。譬如《书经》，有《今文尚书》和《古文尚书》之别。有人说，《古文尚书》是假的，《今文尚书》有一部分是真的，余外一部分，到了清时，才有人把它证明是假的。但是现在学校里边，并没把假的删去，仍旧读它全书，这是我们应该怀疑的。至于《诗经》，本有三千篇，被孔子删剩十分之一，只得了三百篇。《关睢》这一首诗，孔子把它列在第一首，这首诗是很好的。内容是一很好的女子，有一男子要伊做妻子，但这事不易办到，于是男子"寤寐求之"，连睡在床上都要想伊，更要"悠哉悠哉辗转反侧"呢！这能表现一种很好的爱情，是一首爱情的相思诗。后人误会，生了许多误解，竟牵到旁的问题上去。所以疑古的态度有两方面好讲：一、疑古书的真伪。二、疑真书被那山东老学究弄伪的地方。我们疑古底目的，是在得其"真"，就是疑错了，亦没有什么要紧。我们知道，哪一个科学家是没有错误的。假使信而错，那就上当不浅了！自己固然一味迷信，情愿做古人的奴隶，但是还要引旁人亦入于迷途呢！我们一方面研究，一方面就要怀疑，庶能不上老当呢！如中国的历史，从盘古氏一直相传下来，年代都是有"表"的，"像煞有介事"，看来很是可信。但是我们要怀疑，这怎样来的呢？根据什么呢？我们总要"打破砂锅问到底"，究其来源怎样，要知道这年月的计算，有的是从伪书来的，大部分还是宋朝一个算命先生，用算盘打出来的呢。这哪能信呢！我们是不得不去打破它的。

在东周以前的历史，是没有一字可以信的。以后呢？大部分也是不可靠的。如"禹贡"这一章书，一般学者都承认是可靠的。据我用历史的眼光看来，也是不可靠的，我敢断定它是伪的。在夏禹时，中国难道竟有这般大的土地么？四部书里边的经、史、子三种，大多是不可靠的。我们总要有疑古的态度才好！

三、系统的研究 古时的书籍，没有一部书是"著"的。中国的书籍虽多，但有系统的著作，竟找不到十部。我们研究无论什么书籍，都宜要寻出它的脉络，研究它的系统。所以我们无论研究什么东西，就须从历史方面着手。要研究文学和哲学，就得先研究文学史和哲学史。政治亦然。研究社会制度，亦宜先研究其制度沿革史，寻出因果的关系，前后的关键，要从没有系统的文学、哲学、政治等等里边，去寻出系统来。

有人说，中国几千年来没有进步，这话荒谬得很，足妨害我们研究的兴趣。更有一外国人，著了一部世界史，说中国自从唐代以后，就没有进步了，这也不对。我们定要去打破这种思想的。总之，我们是要从从前没有系统的文学、哲学、政治里边，以客观的态度，去寻出系统来的。

四、整理 整理国故，能使后人研究起来，不感受痛苦。整理国故的目的，就是要使从前少数人懂得的，现在变为人人能解的。整理的条件，可分形式内容二方面讲：（一）形式方面：加上标点和符号，替它分开段落来。（二）内容方面：加上新的注解，折中旧有的注解。并且加上新的序跋和考证，还要讲明书的历史和价值。

我们研究国故，非但为学识起见，并为诸君起见，更为诸君的兄弟姊妹起见。国故的研究，于教育上实有很大的需要。我们虽不能做创造者，我们亦当作运输人——这是我们的责任，这种人是不可少的。

目　录

第一章

上古史　傅斯年

3 ｜ 姜原

11 ｜ 周东封与殷遗民

18 ｜ 大东小东说

27 ｜ 论所谓五等爵

第二章

秦汉史　张荫麟

55 ｜ 秦始皇与秦帝国

69 ｜ 秦汉之际

85 ｜ 大汉帝国的发展

101 ｜ 改制与"革命"

120 ｜ 汉帝国的中兴与衰亡

第三章

六朝史 范文澜

129 ｜ 内战时代——三国

142 ｜ 外族侵入时代——两晋

155 ｜ 中国文化南迁时代——南朝

168 ｜ 异族同化时代——北朝

第四章

隋唐史 陈寅恪

181 ｜ 论隋末唐初所谓"山东豪杰"

201 ｜ 记唐代之李武韦杨婚姻集团

227 ｜ 论唐代之蕃将与府兵

第五章

宋元史 王桐龄

241 | 新旧党之倾轧

252 | 秦桧之主和

261 | 伪学之禁

271 | 南宋之衰亡

280 | 元室衰乱之原因

第六章

明清史 孟森

295 | 靖难两疑案之论定

300 | 议礼前后之影响

317 | 崇祯致亡之症结

322 | 鸦片案究竟

333 | 太平军成败及清之兴衰关系

第一章

上古史

——

傅斯年

傅斯年　（1896—1950）
北京大学文科研究所所长、代理校长

初字梦簪，字孟真，山东聊城人。著名历史学家，古典
文学研究专家，教育家，学术领导人。1918 年参与发起
组织"新潮社"，创办《新潮》月刊。五四运动爆发时，
担任游行总指挥。后长期任中央研究院历史语言研究所
所长，在人才培养和学术研究的组织方面有显著成绩。
著作编为《傅斯年全集》。

姜　原

一、姜之世系

　　《左传》一部书是如何成就的，我们现在还不能确切地断定；但，一、必不是《春秋》的传；二、必与《国语》有一亲密的关系；则除去守古文家法者外，总不该再怀疑了。《国语》《左传》虽是混淆了的书，但确也是保存很多古代史料的书。例如古代世系，这书中的记载很给我们些可供寻思的材料。世系的观念他们有，他们又有神话，结果世系和神话混为一谈。民族的观念，他们没有，但我们颇可因他们神话世系的记载寻出些古代的民族同异的事实来。

　　譬如姜之一姓，《国语》中有下列的记载：

　　　　昔少典氏取于有蟜氏，生黄帝，炎帝。黄帝以姬水成，炎帝以姜水成；成而异德，故黄帝为姬，炎帝为姜。二帝用师以相济也，异德之故也。异姓则异德，异德则异类。异类虽近，男女相及，以生民也。同姓则同德，同德则同心，同

心则同志。同志虽远，男女不相及，畏黩敬也。(《晋语》四)

姜嬴荆芈，实与诸姬代相干也。姜，伯夷之后也；嬴，伯翳之后也。伯夷能礼于神以佐尧者也；伯翳能议百物以佐舜者也。其后皆不失祀，而未有兴者。周衰，其将至矣！(《郑语》)

昔共工弃此道也，虞于湛乐，淫失其身；欲壅防百川，堕高堙庳，以害天下。皇天弗祝，庶民弗助；祸乱并兴，共工用灭。其在有虞，有崇伯鲧播其淫心，称遂共工之过。尧用殛之于羽山。其后伯禹念前之非度，厘改制量，象物天地，比类百则，仪之于民，而度之于群生。共工从孙四岳佐之；高高下下，疏川导滞，钟水丰物。封崇九山，决汩九川，陂鄣九泽，丰殖九薮，汩越九原，宅居九隩，合通四海。故天无伏阴，地无散阳，水无沈气，火无灾燀，神无间行，民无淫心，时无逆数，物无害生。帅象禹之功，度之于轨仪；莫非嘉绩，克厌帝心。皇天嘉之，祚以天下，赐姓曰姒，氏曰有夏；谓其能以嘉祉殷富生物也。祚四岳国，命以侯伯，赐姓曰姜，氏曰有吕；谓其能为禹股肱心膂，以养物丰民人也。此一王四伯，岂繄多宠？皆亡王之后也！唯能厘举嘉义，以有胤在下守祀，不替其典。有夏虽衰，杞鄫犹在。申吕虽衰，齐许犹在。唯有嘉功，以命姓受祀，迄于天下。及其失之也，必有慆淫之心间之，故亡其氏姓，踣毙不振，绝后无主，湮替隶圉。夫亡者岂繄无宠？皆黄炎之后也！(《周语》三)

昔烈山氏之有天下也，其子曰柱，能殖百谷百蔬。夏之兴也，周弃继之，故祀以为稷。共工氏之伯九有也，其子曰后土，能平九土，故祀以为社。(《鲁语》上)

齐许申吕由太姜。(《周语》二)

又《诗·大雅·生民》，"厥初生民，实为姜嫄。"《诗·鲁颂·闼宫》，"赫赫姜嫄，其德不回。"周以姬姓而用姜之神话，则姬周当是姜姓的一个支族，或者是一更大之族之两支。根据上列记载，可得下列之表。

少典 {
姜（炎帝）—— 共工 ┐
姬（黄帝）
└ 伯夷 —— 四岳国 —— 齐许申吕诸国
}

二、姜之地望

在西周封建的事迹中，有一件很当注意者，就是诸侯的民族不必和他所治的民族是一件事。譬如勾吴，那地方的人民是断发文身的，而公室是姬姓；晋，那地方的人民是唐国之遗，而公室是姬姓；虞，那地方是有虞，而公室又是姬姓。齐之民族必是一个特异的民族，可以《史记·封禅书》《汉书·郊祀志》及传记所载齐人宗教之迹为证。但公室乃是四岳之后，后来又是有虞之后了。认清这件事实，然后可以不根据齐民族之特异，论到姜姓之公室。

姜姓国见于载记者，有下列数国。

许

申

吕　或作甫

以上所谓四岳国，在今河南中部向西南境山中。

姜戎（《左传》襄十四年）：将执戎子驹支。范宣子亲数诸朝，曰："来！姜戎氏！昔秦人迫逐乃祖吾离于瓜州。乃祖吾离被苫盖，蒙荆棘，以来归我先君。我先君惠公有不腆之田，与女剖分而食之。今诸侯之事我寡君不如昔者，盖言语漏泄，则职女之由。诘朝之事，尔无与焉！与，将执女！"对曰："昔秦人负恃其众，贪于土地，逐我诸戎。惠公蠲其大德，谓我诸戎是四岳之裔胄也，毋是翦弃。赐我南鄙之田，狐狸所居，豺狼所嗥。我诸戎除翦其荆棘，驱其狐狸豺狼，以为先君不侵不叛之臣，至于今不贰。昔文公与秦伐郑，秦人窃与郑盟，而舍戍焉。于是乎有殽之师。晋御其上，戎亢其下。秦师不复，我诸戎实然。譬犹捕鹿，晋人角之，诸戎掎之，与晋踣之。戎何以不免？自是以来，晋之百役，与我诸戎相继于时，以从执政，犹殽志也。岂敢离逷？今官之师旅无乃实有所阙，以携诸侯，而罪我诸戎？我诸戎饮食衣服不与华同：贽币不通，言语不达，何恶之能为？不与于会，亦无瞢焉！"赋《青蝇》而退。宣子辞焉，使即事于会。

齐　《国语》，齐许申吕由大姜

纪

向

州

莱　莱在顾栋高《春秋大事年表》中列为姜姓，然此说实可疑。其言曰："襄二年传，'齐侯使诸姜宗妇来送葬，召莱子，莱子不会。'是莱亦齐同姓国也。"按：莱子非宗妇，何以召及莱子，而莱子必会？或因莱子夫人是姜姓，故莱子必会乎？（唯"宗妇"寻常之解并不如是耳）此说若确，则莱非姜姓。又，《史记》："莱人，夷也，与齐争国。"然则果是姜姓，亦当是后来齐国所分植。

以上五国皆在山东境，纪州莱皆环齐，为之邻者。

姜　据古本《竹书纪年》，宣王时戎人灭姜侯之邑，引见《后汉·西羌传》。准以芈曹等皆为先代国名后代姓号之例，姜之为姓必原是国名。唯此姜侯是否姜姓，或是他族封建于其地者，则不可考。

综合上举《国语》《左传》之记载，知姜之所在有两个区域。一在今河南西境，所谓四岳之后者，一在今山东东境。然河南西境必是四岳之本土，此可以"齐许申吕由大姜"，及"大公封于营丘，比及五世，皆返葬于周"，诸说证之。齐本是由四岳国里出来的，望仅两代仍用吕称（《书·顾命》齐侯吕伋）。若齐旁诸姜，当是齐之宗姓分封者，姜之先世为四岳，四岳之地望如可确定，则姜为何处的民族，可以无疑问了。

有把四岳当作人的，例如战国秦汉间之《尧典》；又有把四岳当作岱宗等四山的，例如杜预注《左传》。但四岳实是岳山脉中的四座大山，四岳之国便是这些山里的部落。《诗·大雅》："崧高维岳，骏极于天。维岳降神，生甫及申。维申及甫，维周之翰。"毛云，"崧，高貌，山大而高曰崧。岳，四岳也。"那么，申甫一带的山，即是四岳了。同篇下文说："亹亹申伯，王缵之事。于邑于谢，南国是式。王命召伯，定申伯之宅。登是南邦，世执其功。王命申伯，式是南邦。因是谢人，以作尔庸。"这是说申境向南移。其向南移的地方在谢，其差在北的地方可以推想。又《诗·王风·扬之水》说：

> 扬之水，不流束薪。彼其之子，不与我戍申。怀哉怀哉！曷月予还归哉！
>
> 扬之水，不流束楚。彼其之子，不与我戍甫。怀哉怀哉！曷月予还归哉！
>
> 扬之水，不流束蒲。彼其之子，不与我戍许。怀哉怀哉！曷月予还归哉！

如此看来，申、甫、许在一块儿。许之称至今未改，申又可知其后来在谢，则申许吕之地望大致可知了。《郑语》，史伯曰，"当成周者，南有申吕。"可知《汉·地理志》，"南阳郡宛县故申伯国"，《水经注》，"宛西吕城，四岳受封于吕"，诸说，当不误。

然姜之大原实在许谢迤西大山所谓"九州"者之中。《郑语》："谢西之九州何如？"可知谢西之域名九州。《左传》昭四年："四岳、三涂、阳城、大室、荆山、中南，九州之险也。"杜注，三涂在陆浑县南（今嵩县）；阳城在阳城县（今登封县）东北；大室在河南阳城县西北；荆山在新城湺乡县（今湖北郧阳一带与河南之界）南；中南在始平武功县（今武功县）西。然则九州之区域正是现在豫西渭南群山中，四岳亦在此九州内，并非岱宗等四山。

又据上文所引，《左传》襄十四年姜戎一段，知九州之一名瓜州，其地邻秦，其人为姜姓，其类则戎。虽则为戎，不失其为四岳之后。四岳之后，有文物之大国齐，又有戎者，可以女真为例。建州女真征服中夏之后，所谓满洲八旗者尽染华风，而在混同江上之女真部落，至今日仍保其渔猎生活，不与文化之数。但藉此可知姜本西戎，与周密迩，又为姻戚，唯并不是中国。

姜之原不在诸夏，又可以《吕刑》为证。《吕刑》虽列《周书》，但在先秦文籍今存者中，仅有《墨子》引他。若儒家书中引《吕刑》者，只有汉博士所作之《孝经》与记而已。《吕刑》全篇祖述南方神话，全无一字及宗周之典。其篇首曰："惟吕命王，享国百年，耄荒。度作刑以诘四方。"《史记》云："甫侯言于王。"郑云："吕侯受王命，入为三公。"这都是讲不通的话。"吕命王"到底不能解作"王命吕"。如以命为吕王之号，如周昭王之类，便文从字顺了，篇中王曰便是吕王曰了。吕称王并见于彝器，吕王□[1]作大姬壶，其辞云，"吕王□作大姬尊壶，其永宝用享"（见《愙斋集古录》第十四）。可知吕称王本有实物为证。吕在周代竟称王，所谈又是些外国话，则姜之原始不是诸夏，可谓信而有征。

三、姜姓在西周的事迹

姜与姬是姻戚，关系极复杂，上文已经说了。若姜姓者在西周的事迹，则公望申伯为大，与西周兴亡颇有关系。公望佐周，《诗经》有证。《大明》："牧野洋洋，檀车煌煌，驷騵彭彭。维师尚父，时维鹰扬。"又，齐侯吕伋在成昭间犹为大臣。《书·顾命》："俾爰齐侯吕伋以二干戈，虎贲百人，逆子钊于南门之外。"申伯在西周末极有势

---

① 原文模糊，不可考证，故用"□"代替，下同。——编者注

力，《崧高》一篇可以为证。《郑语》史伯曰："申、缯、西戎方强，王室方骚。将以纵欲，不亦难乎？王欲杀太子，以成伯服，必求之申。申人弗畀，必伐之。若伐申，而缯与西戎会以伐周，周不守矣。缯与西戎方将德申，申、吕方强，其隩爱太子亦必可知也。王师若在，其救之亦必然矣。王心怒矣，虢公从矣。凡周存亡，不三稔矣。"这虽是作为预言写的，其实还是后人追记宗周亡的事实。周兴有公望为佐，周亡由于申祸：姜之与姬，终始有关系也。

四、姜羌为一字

周代的习俗，"男子称氏，女子称姓"。姓非男子所称，乃是女子所专称，所以姓之字多从女。金文中姬姜异文甚多，然无一不从女。《说文》标姓皆从女。后人有以为这是姓由母系的缘故，这实在是拿着小篆解字源之错误。假令中国古代有母统制度，必去殷周之际已极远，文字必不起于母统时代之茫昧。知女子称姓，则姓从女之义并不足发奇想的。女子称姓之习惯，在商代或者未必这样谨严。鬼方之鬼，在殷墟文字中或从人，或从女。照这个例，则殷墟文字中出现羌字之从人，与未出现从女之姜字，在当时或未必有很大的分别。到后来男女的称谓不同，于是地望从人为羌字，女子从女为姜字，沿而为二了。不过汉晋儒者还是知道羌即是姜的。

但，姜羌之同，是仅仅文字上一名之异流呢，或者种族上周姜汉羌是一事？照《后汉书·西羌传》："西羌之本出自三苗，姜姓之别也。"则范晔认姜羌为一事。范晔虽是刘宋人。但范氏《后汉书》仅是文字上修正华氏、司马氏的，这话未必无所本。且《西羌传》中所记事，羌的好些部落本是自东向西移的，而秦之强盛尤与羌之西去有关系。这话正和《左传》襄十四年姜戎子的一段话是一类的事。那么，汉代羌部落中有些是姜氏，看来像是如此。不过羌绝不是一个单纯的名词，必含若干不同的民族，只以地望衔接的关系，被汉人一齐呼作羌罢了。

　　姜之一部分在殷周之际为中国侯伯，而其又一部分到后汉一直是戎狄，这情形并不奇怪。南匈奴在魏晋时已大致如汉人，北匈奴却跑得不知去向。契丹窃据燕云，同于汉化，至今俄夷以契丹为华夏之名，其本土部落至元犹繁。女真灭辽毒宋，后来渡河南而自称中州，其东海的部落却一直保持到现在；虽后来建州又来荼毒中夏，也还没有全带进来。蒙古在伊兰汗者同化于波斯，在钦察汗者同化于俄罗斯，在忽必烈汗国者同化于中国，在漠南北者依旧保持他的游牧生活。一个民族分得很远之后，文野有大差别，在东方的成例已多，在欧洲西亚尤其不可胜数了。

周东封与殷遗民

商朝以一个六百年的朝代，数千里的大国，在其亡国前不久帝乙时，犹是一个强有兵力的组织，而初亡之后，王子禄父等依然能一次一次地反抗周人，何以到周朝天下事大定后，封建者除区区二三百里之宋，四围以诸姬环之，以外，竟不闻商朝遗民尚保存何部落，何以亡得那么干净呢？那些商殷遗民，除以"顽"而迁雒邑者外，运命是怎么样呢？据《逸周书·世俘篇》，"武王遂征四方，凡憝国九十有九国，馘磿亿有十万七千七百七十有九，俘人三亿万有二百三十，凡服国六百五十有二"。果然照这样子"憝"下去，再加以周公成王之"善继人之志，善述人之事"，真可以把殷遗民"憝"完。不过那时候的农业还不曾到铁器深耕的时代，所以绝对没有这么许多人可"憝"，可"馘磿"，所以这话竟无辩探的价值，只是战国人的一种幻想而已。且佶屈聱牙的《周诰》上明明记载周人对殷遗是用一种相当的怀柔政策，而近发见之白懋父敦盖（中研院历史语言研究所藏器）记"王命伯懋父以殷八自征东夷"。然则周初东征的部队中当不少有范文虎、留梦炎、洪承畴、吴三桂一流的汉奸。周人以这样一个"臣妾之"之政策，固速成其王业，而殷民藉此亦可延其不尊荣之生存。《左传》定四年记周以殷遗民作东封，其说如下：

> 昔武王克商，成王定之，选建明德，以藩屏周。故周公相王室，以尹天下，于周为睦。分鲁公以大路、大旂，夏后氏之璜，封父之繁弱；殷民六族，条氏、徐氏、萧氏、索氏、长勺氏、尾勺氏，使帅其宗氏，辑其分族，将其类丑，以法则周公，用即命于周。是使之职事于鲁，以昭周公之明德。分之土田陪敦，祝、宗、卜、史，备物、典策，官司、彝器。因商奄之民，命以《伯禽》，而封于少皞之虚。分康叔以大路、少帛、綪茷、旃旌、大吕；殷民七族，陶氏、施氏、繁氏、锜氏、樊氏、饥氏、终葵氏。封畛土略，自武父以南，及圃田之北竟，取于有阎之土，以共王职，取于相土之东都，以会王之东蒐。聃季授土，陶叔授民。命以《康诰》，而封于殷虚。皆启以商政，疆以周索。分唐叔以大路、密须之鼓，阙巩、沽洗；怀姓九宗，职官五正。命以《唐诰》，而封于夏虚。启以夏政，疆以戎索。

可见鲁卫之国为殷遗民之国，晋为夏遗民之国，这里说得清清楚楚。所谓"启以商政疆以周索"者，尤显然是一种殖民地政策，虽取其统治权，而仍其旧来礼俗，故曰"启以商政疆以周索"。这话的绝对信实更有其他确证。现分述鲁、卫、齐三国之情形如下。

鲁《春秋》及《左传》有所谓"亳社"者，是一件很重要的事。"亳社"屡见于《春秋经》，以那样一个简略的二百四十年间之"断烂朝报"，所记皆是戎祀会盟之大事，而"亳社"独占一位置，则"亳社"在鲁之重要可知。且《春秋》记"亳社（《公羊》作蒲社）灾"在哀四年，去殷商之亡已六百余年，已与现在去南宋之亡差不多〔共和前无确切之纪年，姑据《通鉴外纪》，自武王元年至哀四年为631年。宋亡于祥兴二年（1279），去中华民国二十年（1931）凡六百五十二年。相差甚微〕。"亳社"在殷亡国后六百余年犹有作用，是甚可注意之事实。且《左传》所记"亳社"中有两事尤关重要。哀七，"以邾子益来献于亳社"，杜云，"以其亡国与殷同"。此真谬说。邾于殷为东夷，此等献俘，当与宋襄公"用鄫于次睢之社，欲以属东夷"一样，周人诏殷鬼而已。又定六年，"阳虎又盟公及三桓于周社，盟国人于亳社"。这真清清楚楚指示我们：鲁之统治者是周人，而鲁之国民是殷人。殷亡六七百年后之情形尚如此，则西周时周人在鲁，不过仅是少数的统治者，犹钦察汗金骑之于俄罗斯诸部，当更无疑问。

说到这里，有一件很重要的事，当附带着说。孔子所代表之儒家，其地理的及人众的位置在何处，可以借此推求。以儒家在中国文化进展上的重要，而早年儒教的史料仅仅《论语》《檀弓》《孟子》《荀子》几篇，使我们对于这个宗派的来源不明了，颇是一件可惜的事。孙星衍重修之《孔子集语》，材料虽多，几乎皆不可用。《论语》与《檀弓》在语言上有一件特征，即吾我尔汝之分别颇显：此为胡适之先生之重要发见（《庄子·齐物》等篇亦然）。《檀弓》与《论语》既为一系，且看《檀弓》中孔子自居殷人之说于《论语》有证否。

〔《檀弓》〕孔子蚤作，负手曳杖消摇于门。歌曰："泰山其颓乎？梁木其坏乎？哲人其萎乎？"既歌而入，当户而坐。子贡闻之，曰："泰山其颓，则吾将安仰？梁木其坏，哲人其萎，则吾将安放？夫人殆将病也。"遂趋而入。夫子曰："赐，尔来何迟也？夏后氏殡于东阶之上，则犹在阼也。殷人殡于两楹之间，则与宾主夹之也。周人殡于西阶之上，则犹宾之也。而丘也，殷人也。予畴昔之夜梦坐奠于两楹之间。夫明王不兴，而天下其孰能宗予？予殆将死也！"盖寝疾七日而没。

这话在《论语》上虽不曾重见（《檀弓》中有几段与《论语》同

的），然《论语》《檀弓》两书所记孔子对于殷周两代之一视同仁态度，是全然一样的。

《论语》行夏之时，乘殷之辂，服周之冕，乐则韶舞。

殷因于夏礼，所损益，可知也。周因于殷礼，所损益，可知也。其或继周者，虽百世可知也。

周监于二代，郁郁乎文哉！吾从周。

夏礼吾能言之，杞不足征也；殷礼吾能言之，宋不足征也；文献不足故也，足则吾能征之矣。

《檀弓》殷既封而吊，周反哭而吊。孔子曰："殷已悫，吾从周。"

殷练而祔，周卒哭而祔。孔子善殷。（此外《檀弓篇》中记三代异制而折中之说甚多，不备录。）

这些话都看出孔子对于殷周一视同仁，殷为胜国，周为王朝，却毫无宗周之意。所谓从周，正以其"后王灿然"之故，不曾有他意。再看孔子是否有矢忠于周室之心。

《论语》公山弗扰以费畔，召，子欲往。子路不说，曰："末之也已，何必公山氏之之也？"子曰："夫召我者而岂徒哉？如有用我者，吾其为东周乎？"（《阳货》章。又同章：佛肸召，子欲往。）

子畏于匡，曰："文王既没，文不在兹乎？天之将丧斯文也，后死者不得与于斯文也。天之未丧斯文也，匡人其如予何？"

这话直然要继衰周而造四代。虽许多事要以周为师，却绝不以周为宗。公羊家义所谓"故宋"者，证以《论语》，当是儒家之本原主义。然则孔子之请讨弑君，只是欲维持当时的社会秩序。孔子之称管仲，只是称他曾经救了文明，免其沉沦，所有"丕显文武"一类精神的话语，不曾说过一句，而明说"其或继周者"（曾国藩一辈人传檄讨太平天国，只是护持儒教，与传统之文明，无一句护持满洲。颇与此类）。又孔子但是自比于老彭，老彭是殷人，又称师挚，亦殷人，称高宗不冠以殷商字样，直曰"书曰"。称殷三仁，尤有余音绕梁之趣，颇可使人疑其有"故国旧墟""王孙芳草"之感。此皆出于最可信的关于孔子之史料，而这些史料统计起来是这样，则孔子儒家与殷商有一种密切之关系，可以晓然。

尤有可以证成此说者，即三年之丧之制。如谓此制为周之通制，则《左传》《国语》所记周人之制毫无此痕迹。孟子鼓动滕文公行三年之丧。而滕国卿大夫说："吾先君莫之行，吾宗国鲁先君亦莫之行也。"这话清清楚楚证明三年之丧非周礼。然而《论语》上记孔子曰，"夫三年之丧，天下之通丧也"，这话怎讲？孔子之天下，大约即是齐、鲁、宋、卫，不能甚大，可以"登大山而小天下"为证。然若如"改制托古"者之论，此话非删之便须讳之，实在不是办法。唯一可以解释此困难者，即三年之丧，在东国，在民间，有相当之通行性，盖殷之遗礼，而非周之制度。当时的"君子（即统治者），三年不为礼，礼必坏，三年不为乐，乐必崩"，而士及其相近之阶级，则渊源有自，齐以殷政者也。试看关于大孝，三年之丧，及丧后三年不做事之代表人物，如太甲、高宗、孝已，皆是殷人，而"君薨，百官总已以听于冢宰者三年"，全不见于周人之记载。说到这里，有《论语》一章，向来不得其解者。似可以解之：

> 子曰："先进于礼乐，野人也；后进于礼乐，君子也。如用之，则吾从先进。"

此语作何解，汉宋诂经家说皆迂曲不可通。今释此语，须先辨其中名词含义若何。"野人"者，今俗用之以表不开化之人。此为甚后起之义。《诗》，"我行其野，芃芃其麦"，明野为农田。又与《论语》

同时书之《左传》，记僖二十三年"晋公子重耳……出于五鹿，乞食于野人。野人与之块"。然则野人即是农夫，孟子所谓"齐东野人"者，亦当是指农夫。彼时齐东开辟已甚，已无荒野。且孟子归之于齐东野人之尧与瞽瞍北面朝舜舜有惭色之一件文雅传说，亦只能是田亩间的故事，不能是深山大泽中的神话。孟子说到"与木石居，与鹿豕游"，便须加深山于野人之上，方足以尽之（《孟子·尽心》"其所以异于深山之野人者，几希"）。可见彼时所谓野人，非如后人用之以对"斯文"而言。

《论语》中君子有二义，一谓卿大夫阶级，即统治阶级，二谓合于此阶级之礼度者。此处所谓君子者，自当是本义。先进后进自是先到后到之义。礼乐自是泛指文化，不专就玉帛钟鼓而言。名词既定，试翻做现在的话，如下：

　　那些先到了开化的程度的，是乡下人；那些后到了开化程度的，是"上等人"。如问我何所取，则我是站在先开化的乡下人一边的。

先开化的乡下人自然是殷遗。后开化的上等人自然是周宗姓婚姻了。

宋　卫　宋为商之转声，卫之名卫由于豕韦。宋为商之宗邑，韦自汤以来为商属。宋之立国始于微子，固是商之孑遗。卫以帝乙帝辛之王都，康叔以殷民七族而立国。此两处人民之为殷遗，本不待论。

齐　齐民之为殷遗有二证。

一、《书》序："成王既践奄，将迁其君于蒲姑。周公告召公，作将蒲姑。"《左传》昭九："王使詹伯辞于晋曰，'蒲姑商奄，吾东土也。'"又，昭二十，晏子对景公曰："昔爽鸠氏始居此地，季萴因之，有逢伯陵因之，蒲姑氏因之，而后太公因之。"《汉·地理志》云："齐地殷末有薄姑氏，至周成王时，薄姑与四国共作乱，成王灭之，以封师尚父。"

二、请再以齐宗教为证。王静安曰："曰'贞方帝卯一牛之南口'，曰'贞□袞于东'，曰'己巳卜王袞于东'，曰'袞于西'，曰'贞袞于西，曰'癸酉卜中贞三牛'。曰'方帝'，曰'东'，曰'西'，曰'中'，疑即五方帝之祀矣。"（《增订殷墟书契考释》下六十页）然则荀子所谓"按往旧造说谓之五行"者，其所由来久远，虽是战国人之推衍，并非战国人之创作，此一端也。周人逐纣将飞廉于海隅而戮之，飞廉在民间故事中曰黄飞虎。黄飞虎之祀，至今在山东与玄武之祀同样普遍，太公之祀不过偶然有之，并且是文士所提倡，不与民间信仰有关系。我们可说至今山东人仍祭商朝的文信国郑延平，此二端也。至于亳之在山东，泰山之有汤迹，前章中已详论，今不更述。

然则商之宗教，其祖先崇拜在鲁独发展，而为儒学，其自然崇拜在齐独发展，而为五行方士，各得一体，派衍有自。试以西洋史为比：西罗马之亡，帝国旧土分为若干蛮族封建之国。然遗民之数远多于新来之人，故经千余年之紊乱，各地人民以方言之别而成分化，其居意大利、法兰西、西班牙半岛、意大利西南部二大岛，以及多瑙河北岸，今罗马尼亚国者，仍成拉丁民族，未尝为日耳曼人改其文化的、语言的、民族的系统。地中海南岸，若非因亚拉伯人努力其宗教之故，恐至今仍在拉丁范围中。遗民之不以封建改其民族性也如是。商朝本在东方，西周时东方或以被征服而暂衰，入春秋后文物富庶又在东方，而鲁宋之儒墨，燕齐之神仙，唯孝之论，五行之说，又起而主宰中国思想者二千余年。然则谓殷商为中国文化之正统，殷遗民为中国文化之重心，或非孟浪之言。战国学者将一切神话故事充分地伦理化、理智化，于是不同时代不同地方之宗神，合为一个人文的"全神堂"，遂有《皋陶谟》一类君臣赓歌的文章。在此全神堂中，居"敬敷五教"之任者，偏偏不是他人，而是商之先祖契，则商人为礼教宗信之寄象，或者不是没有根据的吧。

大东小东说

——兼论鲁燕齐初封在成周东南后乃东迁

一、大东小东的地望和鲁、燕、齐的初封地

《诗·小疋·大东》篇序曰："东国困于役而伤于财，谭大夫作是诗以告病焉。"其二章云："小东大东，杼柚其空。"大东小东究在何处，此宜注意者也。笺云："小也大也，谓赋敛之多少也。小亦于东，大亦于东；言其政偏，失砥矢之道也。"此真求其说不得而敷衍其辞者。大东在何处，诗固有明文。《鲁颂·闷宫》，"奄有龟蒙，遂荒大东"，已明指大东所在，即泰山山脉迤南各地，今山东境，济南泰安迤南，或兼及泰山东部，是也。谭之地望在今济南。谭大夫奔驰大东小东间，大东既知，小东当亦可得推知其地望。吾比校周初事迹，而知小东当今山东濮县河北濮阳大名一带，自秦汉以来所谓东郡者也。欲申此说，不可不于周初方域之迹有所考订，而求解此事，不得不先于东方大国鲁燕齐之原始有所论列焉。

武王伐纣，"致天之届，于牧之野"。其结果诛纣而已，犹不能尽平其国。纣子禄父仍为商君焉。东土之未大定可知也。武王克殷后二

年即卒，周公摄政，武庚以奄商淮夷畔，管蔡流言，周室事业之不坠若线。周公东征，三年然后灭奄。

多士多方诸辞，其于殷人之抚柔盖致全力焉。营成周以制东国，其于守防盖甚慎焉。犹不能不封微子以奉殷社，而缓和殷之遗民，其成功盖如此之难且迟也。乃成王初立，鲁、燕、齐诸国即可越殷商故域而建都于海表之营丘，近淮之曲阜，越在北狄之蓟丘，此理之不可能也。今以比较可信之事实订之，则知此三国者，初皆封于成周东南，鲁之至曲阜，燕之至蓟丘，齐之至营丘，皆后来事也。兹分述之：

燕 《史记·燕世家》："周武王之灭纣，封召公于北燕。其在成王时，召公为三公。自陕以西，召公主之；自陕以东，周公主之。"召公既执陕西之政，而封国远在蓟丘，其不便何如？成王中季，东方之局始定，而周武王灭纣即可封召公于北燕，其不便又何如？按，燕字今经典皆作燕翼之燕，而金文则皆作郾。著录有郾侯鼎，郾侯戈，郾王剑，郾王喜戈，均无作燕者。郾王喜戈见《周金文存》卷六第八十二页，郾王大事剑见同卷补遗。其书式已方整，颇有隶意，其为战国器无疑。是知燕之称郾，历春秋战国初无二字，经典作燕者，汉人传写之误也。燕既本作郾，则与今河南之郾城，有无关系，此可注意者。在汉世，郾县与召陵县虽分属颍川汝南二郡，然土壤密迩，今郾城县实括故郾召陵二县境。近年郾城出许冲墓，则所谓召陵万岁里之许冲，固居今郾城治境中。曰郾曰召，不为孤证，其为召公初封之燕无疑也。

鲁 《史记·鲁世家》："周公卒，子伯禽固已前受封，是为鲁公。鲁公伯禽之初受封，之鲁三年，而后报政周公。周公曰：'何迟也？'伯禽曰：'变其俗，革其礼，丧三年，然后除之；故迟。'大公亦封于齐，五月而报政周公。周公曰：'何疾也？'曰：'吾简其君臣礼，从其俗为也！'及后闻伯禽报政迟，乃叹曰：'呜呼，鲁后世其北面事齐矣！'"按，今河南有鲁山县，其地当为鲁域之原。《鲁颂·閟宫》云：

后稷之孙，实维大王。居岐之阳，实始翦商。至于文武，缵大王之绪。致天之届，于牧之野。无贰无虞，上帝临女！敦商之旅，克咸厥功。王曰："叔父！建尔元子，俾侯于鲁。大启尔宇，为周室辅！"

此叙周之原始，以至鲁封。其下乃云：

乃命鲁公，俾侯于东。锡之山川，土田附庸。

此则初命伯禽侯于鲁，继命鲁侯侯于东，文义显然。如无迁移之事，何劳重复其辞？且许者，历春秋之世，鲁所念念不忘者。

《闷宫》："居常与许，复周公之宇！"《左传》隐公十一年秋，七月，"公会齐侯、郑伯伐许。庚辰，傅于许。……壬午，遂入许。……齐侯以许让公。"灭许尽鲁国先有之，鲁于许有如何关系，固已可疑。春秋只对许宿二国称男，男者，"侯田男"也，见近出土周公子明锡天各器。然则男实为附庸。宿介于宋鲁之间，《左传》僖二十一年，"任、宿、须、句、风姓也，实司太皥与有济之祀，以服事诸夏。"此当为鲁之附庸。许在春秋称男，亦当以其本为鲁附庸，其后郑实密迩，以势临之，鲁不得有许国为附庸，亦不得有许田，而割之于郑。然旧称未改，旧情不忘，歌于《颂》，书于《春秋》。成周东南既有以鲁为称之邑，其东邻则为"周公之宇"，鲁之本在此地无疑也。

楚者，荆蛮北侵后始有此号。《春秋》庄十、庄十四、庄二十三、庄二十八，皆称荆。僖公元年，"楚人侵郑"以下乃称楚。金文有"王在楚"之语，知其地必为嵩山迤南山麓之称。《史记》载周公当危难时出奔楚，如非其封地，何得于艰难时走之乎？此亦鲁在鲁山之一证也。

且周公事业，定殷平奄为先。奄当后来鲁境，王静安君论之是矣。周公子受封者，除伯禽为鲁公，一子嗣周公于王田中而外，尚有凡、蒋、邢、茅、胙、祭。如杜预所说地望可据，则此六国者，除蒋远在汝南之南境不无可疑外，其余五国可自鲁山县东北上，画作一线以括之。卫在其北，宋在其南，"周公之宇"东渐之形势可知也。

齐 齐亦在成周之南。《史记·齐世家》："太公望吕尚者，东海上人。其先祖常为四岳，佐禹平水土，甚有功。虞夏之际，封于吕，或封于申，姓姜氏。夏商之时，申吕或封枝庶子孙，或为庶人，尚其后苗裔也。本姓姜氏，从其封姓，故曰吕尚。吕尚盖尝穷困，年老矣，以渔钓奸周西伯。西伯将出猎，卜之曰：'所获非龙非彲，非虎非黑，所获霸王之辅。'于是周西伯猎，果遇太公于渭之阳。与语，大说。曰：'自吾先君太公曰：当有圣人适周，周以兴。子真是邪？吾太公望子久矣！'故号之曰太公望。载与俱归，立为师。或曰：太公博闻，尝事纣。纣无道，去之，游说诸侯。无所遇，而卒西归周西伯。或曰：吕尚处士，隐海滨。周西伯拘羑里，散宜生、闳夭素知而招吕尚。吕尚亦曰：'吾闻西伯贤，又善养老，盍往焉？'三人者为西伯求美女奇物，献之于纣，以赎西伯。西伯得以出返国。言吕尚所以事周虽异，然要之为文武师。西伯昌之脱羑里归，与吕尚阴谋修德以倾商政。其事多兵权与奇计，故后世之言兵及周之阴权皆宗太公为本谋。"

循此一段文章，真战国末流齐东野人之语也。相互矛盾，而自为传奇。《国语》："齐许申吕由大姜。"据此可知齐以外戚而得封，无所谓垂钓以干西伯。《诗·大雅·大明》："牧野洋洋，檀车煌煌，驷骤彭彭。维师尚父，时维鹰扬。凉彼武王，肆伐大商，会朝清明。"据此，可知尚父为三军之勇将、牧野之功臣，阴谋术数，后人托辞耳。凡此野语，初不足深论者也。

《史记》又云："于是武王已平商，而王天下，封师尚父于齐营丘。东就国，道宿，行迟。逆旅之人曰：'吾闻时难得而易失，客寝甚安，殆非就国者也。'太公闻之，夜衣而行，黎明至国。莱侯来伐，与之争营丘。营丘边莱，莱人夷也，会纣之乱，而周初定，未能集远方，是以与太公争国。"

据此可见就国营丘之不易。至于其就国在武王时否，则其可疑。

齐者，济也，济水之域也，其先有有济，其裔在春秋为风姓。而营丘又在济水之东。武王之世，殷未大定，能越之而就国乎？尚父侯伋两世历为周辅，能远就国于如此之东国乎？综合《经》《传》所记，则知太公封邑本在吕也。

《诗·大厎》："崧高维岳，骏极于天。"《毛传》曰："崧，高貌，山大而高曰崧。岳，四岳也。东岳岱，南岳衡，西岳华，北岳恒。"按，崧高之解固确，而四岳所指，则秦汉间地理，与战国末或秦汉时人托之以成所谓"粤若稽古"之《尧典》者合，与周地理全不合。吾友徐中舒先生谓，《左传》昭四年，"四岳、三涂、阳城、大室、荆山、中南，九州之险也"一句中各地名在一域，则此九州当为一域之名，非如《禹贡》所谓。按，此说是矣。《郑语》："公曰，'谢西之九州何如？'"此正昭四年传所谓九州。谢西之域，即成周之南，当今河南西南境，西接陕西，南接汉阳诸山脉。三涂、阳城、大室、荆山、中南，皆在此区域，四岳亦不能独异也。四岳之国，名号见于经籍者，有申、吕、许。申、吕皆在四岳区域中，可以《诗》证之。"崧高维岳，峻极于天。维岳降神，生甫及申。惟申及甫，为周之翰"是也。申在宣王时曾邑于谢。今南阳县境，此为召伯虎所定宅。《崧高》又云："亹亹申伯，王缵之事。于邑于谢，南国是式。王命召伯，定申伯之宅，登是南邦，世执其功。王命申伯，式是南邦。因是谢人，以作尔庸。"据此，知申在西周晚年曾稍向南拓土也。吕甫为一名之异文，彝器有吕王作大姬壶、吕仲彝等，而《礼记》引书作甫刑。《诗·王风》，申甫许并列。《左传》："楚子重请取于申、吕，以为赏田。申公巫臣曰：'不可！此申、吕所以邑也！是以为赋，以御北方。若取之，是无申、吕也！'"申既可知其在谢，吕当去之不远。《水经注》，宛西有吕城，四岳受封，此当不误也。许之地望则以地名至今未改故，更无疑问。四岳之义既得，吕之地望既知，再谈吕与周之关系。姬之与姜，纵非一家之支派，如祝融之八姓者，亦必累世之姻戚，如满洲之于蒙古。《晋语》："昔少典氏取于有蟜氏，生黄帝、炎帝。黄帝以姬水成，炎帝以姜水成。成而异德。故黄帝为姬，炎帝为姜。二帝用师以相济也，异德之故也。异姓则异德，异德则异类。异类虽近，男女相及，以生民也。"此真如后来之秦晋、齐鲁，累世相战，亦累世相姻也。《大雅·生民》："厥初生民，实维姜嫄。"《鲁颂·闵宫》述其远祖，而曰："赫赫姜嫄，其德不回。"此则姬姜共其神话，种族上当不无多少关系。

《诗》："思齐大任，文王之母，思媚周姜，京室之妇。"《周语》："齐许申吕由太姜。"是知四岳诸国，实以外戚显于周，逮西周之末，申伯犹以外戚强大。《诗·崧高》，"不显申伯，王之元舅"是也。其后申竟以外戚之势，亡宗周，而平王唯母族是党，当荆蛮之始大，北窥周南，且劳周民戍于申吕许焉。

传记称齐大公为吕望，《书·顾命》称丁公为吕伋。此所谓吕者，当非氏非姓。男子不称姓，而国君无氏。此之父子称吕者何谓耶？准以周世称谓见于《左传》等书者之例，此父子之称吕，必称其封邑无疑也。然则齐大公实封于吕，其子犹嗣吕称，后虽封于齐，当侯伋之身旧号未改也。《史记》所载齐就国事，莱夷来争，其初建国之飘摇可知也。《檀弓》："大公封于营丘，比及五世，皆返葬于周。"营丘之不稳可知也。《左传·僖四年》："管仲对曰：'昔召康公命我先君大公曰，五侯九伯，女实征之，以夹辅周室。赐我先君履，东至于海，西至于河，南至于穆陵，北至于无棣。'"似东海之封，始于太公矣。然细察此段文义，实是两句。"五侯九伯，女实征之，以夹辅周室"者，召康公命大公语也。"赐我先君履"者，此先君固不必即为太公，且其四至不括楚地。是则仅言封域之广，为诸侯之霸而已，与上文"五侯九伯女实征之"者非一事也。

吕既东迁而为齐，吕之故地犹为列国，其后且有称王者。彝器有"吕王□作大姬壶"，《书》有"吕命王，享国百年，旄荒"。《书·吕刑》："惟吕命王，享国百年，耄荒，度作刑，以诘四方。"《史记》云："甫侯言于王。"郑云："吕侯受王命入为三公。"此皆求其文理不可解而强解之之辞。吕命王，固不可解作王命吕。如以命为吕王之号，如周昭王之类，则文从字顺矣。且吕之称王，彝器有征。《吕刑》一篇王曰辞中，无一语涉及周室之典，而神话故事，皆在南方，与《国语》所记颇合。是知《吕刑》之王，固吕王，王曰之语，固南方之遗训也。引《吕刑》者，墨子为先，儒家用之不见于《戴记》之先，《论语》《孟子》绝不及之。此非中国之文献儒家之旧典无疑也。然后来吕之世系是否出之太公望，则不可知，其为诸姜则信也。

雒邑之形势，至今日犹有足多者，在当年实为形胜之要地，周人据之以控南方东方之诸侯者也。齐、燕、鲁初封于此，以为周翰，亦固其所。循周初封建之疆，南不逾于陈、蔡，毛郑所谓文王化行江汉者，全非事实，开南国者召伯虎也。东方者，殷商之旧，人文必高，而物质必丰。平定固难，若既平定之后，佐命大臣愿锡土于其地，以资殷富，亦理之常。夫封邑迁移，旧号不改，在周先例甚多，郑其著者。鲁燕移封，不失旧号。吕以新就大国，定宅济水，乃用新号，此本文之结论也。

二、周初东向发展之步骤

春秋战国之际，封建废，部落削，公族除，军国成，故兼并大易。然秦自孝公以来，积数世之烈，至始皇乃兼并六国，其来犹渐，其功犹迟。若八百年而前，部落之局面仍固，周以蕞尔之国，"壹戎殷而天下定"，断乎无是理也。故周之翦服时夏，安定东土，开辟南国，必非一朝之烈，一世之功。言"壹戎殷而天下定"者，诰语之修词；居然以为文武两代即能化行江汉，奠定东夷者，战国之臆说，汉儒之拘论耳。

《诗》《书》所载，周之成功，非一世也，盖自大王至宣王数百年中之功业。若其步骤，则大略可见：其一为平定密、阮、共，此为巩固豳岐之域。二步为灭崇而"作邑于丰"，于是定渭南矣。三步为断虞芮之讼，于是疆域至河东矣。四步为牧野之战，殷商克矣。五步为灭唐，自河东北上矣。六步为伐奄，定淮夷。七步为营成周。以上一二三为文王时事，四五为武王时事，六七为周公时事。至于论南国之疆域，则周初封建，陈蔡为最南。昭王南征而不复，厉宣之世，徐蛮等兵力几迫成周，金文中有证。大定南服，召虎之力为大。此其大略，其详不可得而考，所谓"书缺有间"者也。

三、周公之事功

周公之在周，犹多尔衮之在后金。原武王虽能平殷，而不能奠定其国。武王初崩之岁，管、蔡流言，武庚以淮夷叛，此其形势之危急，有超过玄烨既亲政后，吴三桂等之倒戈而北。盖三藩之叛，只是外部问题，周公时之困难，不仅奄淮，兼有三叔。此时周公在何处用兵，宜为考求。《诗》《书》所记，只言居东，未指何地为东。然武王渡河，实由盟津，牧野之战，在商北郊。是周人用兵商都，先自南渡河而北，又自西北压之向东南也。后来康叔既封于卫，卫在今黄河北，微子犹得保宋，宋在今黄河南。卫域实殷商之旧都，宋域乃临于淮夷，则周公用兵当经卫之一路。其成功后乃能东南行，而驱商人服象于东夷也，且周公之胤所封国中，凡胙邢三国皆邻于卫。据此可知周公东向戡定所及。奄在今山东境，当春秋时介于齐鲁，此当为今泰山南境。周兵力自卫逼奄，当居今河北省濮阳、大名等县，山东省茌博、聊濮等县境，此即秦汉以来所谓东郡者也。东郡之名源于何时，不可考。《史记》以为秦设，然秦开东土，此非最先，独以此名东，或其地本有东之专名，秦承之耳。此一区域必为周公屯兵向奄之所，按之卫邢胙封建之迹，及山川形势而信然。且此地后来又有东郡之号，则此为周初专名之东，实可成立之一说也。余又考之《逸周书·作雒解》，然后知周公所居之东为专名，更无疑义。《作雒解》曰："周公立，相天子，三叔及殷东徐奄及熊盈以略。周公召公内弭父兄，外抚诸侯……凡所征熊盈族十有七国。俘维九邑。俘殷献民，迁于九毕。俾康叔宇于殷，俾中旄父宇东。"此则东为国名，必袭殷商之旧。所谓东者，正指殷商都邑而言，犹邶鄘之北，指殷商都邑而言也。大小之别，每分后先。罗马人名希腊本土曰哥里西，而名其西向之殖民地一大区域曰大哥里西（Magna Grecia）。名今法兰西西境曰不列颠，而名其渡海之大岛曰大不列颠（Magna Britannia）。则后来居上，人情之常。小东在先，大东在后，亦固其宜。据《鲁颂》之词，荒大东者周公之孙，地乃龟蒙，则周公戡定之东，当是小东，地则秦汉以来所谓东郡者也。兹更表以明之：

泛名	对"西土"言	雒邑称东，东国雒（《书》）	
	对"中国"言	齐称东	王命仲山甫城彼东方（《诗·大雅》）
		鲁称东	乃命鲁公俾侯于东（《诗·鲁颂》）
		夷称东	用鄫子于次睢之社欲以属东夷（《左传·僖十九年》）等
专名	小东	其称东者就地望言实对殷商都邑而称小东	
		即周公所居以破奄者在秦汉为东郡	
	大东——小东迤东大山南之区域或兼及大山之东		

论所谓五等爵

一、五等称谓的淆乱

五等爵之说旧矣，《春秋》《孟子》《周官》皆为此说作扶持矣。然《孟子》所记史实无不颠倒。《周官》集于西汉末，而《春秋》之为如何书至今犹无定论。故此三书所陈五等爵之说，果足为西周之旧典否，诚未可遽断。吾尝反复思之，以为相传之五等爵说颇不能免于下列之矛盾焉。

一与《尚书》不合。《周书·康诰》："四方民大和会，侯甸男邦采卫，百工播民和，见士于周。"又《酒诰》："越在外服，侯甸男卫邦伯；越在内服，百僚庶尹。"《召诰》："周公乃朝，命庶殷侯、甸、男邦伯。"《顾命》："庶邦侯、甸、男卫。"郑玄以五服之称释此数词，而诂经者宗之，此不通之说也。按五服说之最早见者，为《周语上》，其文曰："夫先王之制，邦内甸服、邦外侯服、侯卫宾服、蛮夷要服、戎狄荒服。甸服者祭，侯服者祀，宾服者享，要服者贡，荒服者王。"此言畿内者为甸，畿外者为侯，侯之附邑为宾，蛮夷犹可羁縻，戎狄則不必果来王也。盖曰王者，谓其应来王，而实即见其不必果来王矣。又战国人书之《禹贡》所载五服为甸侯绥要荒，固与《周语》同，绥服即宾服，而与《周书》中此数词绝非指一事者。若《康诰》《召诰》《顾命》所说，乃正与此不类。甸在侯下，男一词固不见于五服，而要服荒服反不与焉，明是二事。近洛阳出周公子明数器，其词有云："唯十月，月吉，癸未，明公朝至于成周。徣命舍三事命，众卿事寮，众诸尹，众里君，众百工，众诸侯，侯田男，舍四方命。"持以拟之《尚书》，《顾命》之"庶邦侯、甸、男卫"者，应作庶邦侯，侯田男，犹云，诸侯，及诸侯封域中之诸男也。"侯甸男卫"者，"侯，侯田男，卫"，犹云，诸侯，及诸侯封域中之诸男，及诸卫也。"侯甸男邦采卫"者，犹云，诸侯，及诸侯封域中之诸男，及邦域之外而纳采之诸卫也。《韩诗外传·卷八》："所谓采者，不得有其土地人民，采取其租税尔。"此采之确解也。"侯甸男邦伯"者，犹云，诸侯，及诸侯封域中之诸男，及诸邦之伯也。"侯甸男卫邦伯"者，诸侯，及诸侯封域中之诸男，及卫，及诸邦之伯也。持周公子明器刻辞此语以校《尚书》，则知侯下有重文，传经者遗之。此所云云，均称呼畿外受土者之综括列举辞。而甸乃侯甸，非《国语》所谓王甸之服，与五服故说不相涉也。古来诏令不必齐一其式，故邦伯或见或不见，而王臣及诸侯亦或先或后。然《尚书》此数语皆列举畿外受土者之辞，果五等爵制为周初旧典者，何不曰"诸公侯伯子男"乎？此则五等爵之说显与《尚书》矛盾矣。

二与《诗》不合。《诗》言侯者未必特尊，如，"载驰载驱，归唁卫侯"。"齐侯之子，卫侯之妻"。而言伯者则每是负荷世业之大臣，如召伯、申伯、郇伯、凡伯。果伯一称在爵等之意义上不逮侯者，此又何说？

三与金文不合。自宋以来著录之金文刻辞无贯称"公侯伯子男"者。若周公子明诸器刻辞，固与《尚书》相印证，而与五等爵说绝不合。

四以常情推之亦不可通。前文一二三已证五等爵说既与可信之间接史料即《尚书》《诗》者不合，又与可信之直接史料即金文者不合矣，今更以其他记载考之，亦觉不可通。《顾命》："乃同召大保奭、芮伯、彤伯、毕公、卫侯、毛公、师氏、虎臣、百尹、御事。"以卫侯、毕公、毛公之亲且尊，反列于芮伯、彤伯之下，果伯之爵小于公侯乎？一也。"曹叔振铎，文之昭也"，而反不得大封，列于侯之次乎？二也。郑伯、秦伯，周室东迁所依，勋在王室。当王室既微，乃反吝于名器，以次于侯之伯酬庸乎？三也。如此者正不可胜数。

顾栋高《春秋大事表五·列国爵姓表》，所记爵姓，非专据经文，乃并据《左传》及杜预《集解》，且旁及他书者。经文与《左传》固非一事，姑无论《左传》来源之问题如何，其非释经之书，在今日之不守师说者中已为定论。而杜氏生于魏晋之世，其所凭依今不可得而校订。故顾栋高此表颇为混乱之结果。然若重为编订，分别经文、左氏、杜氏三者，则非将此三书作一完全之地名、人名索引不可：此非二三月中所能了事。故今仍录原文于下，兼附数十处校记。若其标爵之失，称始封之误，姑不校也。

国	爵	姓	始封	今补记
鲁	侯	姬	周公子伯禽	彝器中称鲁侯
蔡	侯	姬	文王子叔度	彝器中称蔡侯
曹	伯	姬	文王子叔振铎	彝器中有鄪① 侯，张之洞释为曹
卫	侯	姬	文王子康叔封	彝器中有康侯封鼎
滕	侯（后书子）	姬	文王子叔绣	彝器中有滕侯敦
晋	侯	姬	武王子叔虞	彝器中有晋公盦
郑	伯	姬	厉王子友	

---

① 原文模糊，编者考《张之洞全集》卷二百九十，名为"鄪侯敦"篇做此注释。

国	爵	姓	始封	今补记
吴	子（按《国语》本伯爵）	姬	太王子太伯	彝器中称工吴王
北燕	伯（《史记》本作侯）	姬	召公奭	彝器中称郾侯、郾公、郾王
齐	侯	姜	太公尚父	彝器中称齐侯
秦	伯	嬴	伯益后非子	彝器中有秦公敦
楚	子	芈	颛顼后熊绎	彝器中称公称王
宋	公	子	殷后微子启	彝器中有宋公䜌钟，或称商
杞	侯（后书伯或书子按《正义》本公爵）	姒	禹后东楼公	彝器中称杞伯
陈	侯	妫	舜后胡公	彝器中有"陈侯"者皆齐器，与此无涉
薛	侯（后书伯）	任	黄帝后奚仲	彝器中称辥侯
邾	子（本附庸进爵）	曹	颛顼苗裔挟	彝器中称邾公
莒	子	己	兹舆期	彝器中称□侯
小邾	子（本附庸进爵）	曹	邾公子友	
许	男	姜	伯夷后文叔	彝器中称鄦子
宿	男	风	太皞后	
祭	伯	姬	周公子	彝器中有祭中鼎
申	侯	姜	伯夷后	彝器中称申伯
东虢		姬	文王弟虢仲	
共	伯			
纪	侯	姜		彝器中称己侯

国	爵	姓	始封	今补记
夷		妘		
西虢	公	姬	文王弟虢叔	彝器中有虢季子白盘等
向		姜		
极	附庸	姬		
邢	侯	姬	周公子	彝器中称井伯、井侯
郕	伯	姬	文王子叔武	
南燕	伯	姞	黄帝后	
凡	伯	姬	周公子	
戴		子		
息	侯	姬		
郜	子	姬	文王子	
芮	伯	姬		彝器中称芮公、芮伯
魏		姬		
州	公	姜		
随	侯	姬		
縠	伯	嬴		
邓	侯	曼		彝器有邓公敦
黄		嬴		
巴	子	姬		
鄝	子			
梁	伯	嬴		彝器有梁伯戈

续表

国	爵	姓	始封	今补记
荀（或云即郇国）	侯	姬		
贾	伯	姬		
虞	公	姬	仲雍后虞仲	
贰				
轸				
郧（即邧国）	子			
绞				
州				
蓼				
罗		熊		
赖	子			
牟	附庸			
葛	伯	嬴		
於于邱				
谭	子	子		
萧	附庸	子	萧叔大心	
遂		妫		
滑	伯	姬		
原	伯	姬	文王子	
权		子		
郭				

国	爵	姓	始封	今补记
徐	子	嬴	伯益后	彝器中概称郐王
樊	侯		仲山甫	彝器中有樊君鬲。此为畿内之邑，晋文公定戎难时，王以赐晋。其称君不称侯正与金文之例合也。
鄣	附庸	姜		
耿		姬		
霍	侯	姬	文王子叔处	
阳	侯	姬		
江		嬴		
冀				
舒	子	偃		
弦	子	隗		
道				
柏				
温	子	己	司寇苏公	
鄫	子	姒	禹后	彝器中有曾伯簠
厉		姜	厉山氏后	
英氏		偃	皋陶后	
项				
密		姬		
任		风	太皞后	
须句	子	风	太皞后	

续表

国	爵	姓	始封	今补记
颛臾	附庸	风	太皥后	
顿	子	姬		
管		姬	文王子叔鲜	
毛	伯	姬	文王子叔郑	彝器中称毛公
聃		姬	文王子季载	
雍		姬	文王子	
毕		姬	文王子	
酆	侯	姬	文王子	
郇	侯	姬	文王子	彝器中有旬伯簋
邢		姬	武王子	
应	侯	姬	武王子	彝器中有应公敦
韩	侯	姬	武王子	
蒋		姬	周公子	
茅		姬	周公子	
胙		姬	周公子	
郜				彝器中皆称郜公,又有郜公平侯敦
夔	子	芈	熊挚	
桧		妘	祝融后	
沈	子	姬		
六		偃	皋陶后	
蓼		偃	皋陶后	

国	爵	姓	始封	今补记
偪		姞		
麇	子			
巢	伯（见《尚书》序）			
宗	子			
舒蓼		偃	皋陶后	
庸				
崇				
郯	子	己	少昊后	
莱	子	姜		
越	子	姒	夏后少康子	
刘	子	姬	匡王子	
唐	侯	祁	尧后	
黎	侯			
邿	附庸			
州来				
吕	侯	姜		彝器中有称吕王者
檀	伯			
钟离	子			
舒庸		偃		
偪阳	子	妘		
郱				
铸		祁	尧后	

续表

国	爵	姓	始封	今补记
杜	伯	祁	尧后	
舒鸠	子	偃		
胡	子	归		
焦		姬		
杨	侯	姬		彝器中有阳白鼎
邶				彝器中称邶伯、邶子
庸				
沈			金天氏苗裔台骀之后	
姒			同上	
蓐			同上	
黄			同上	
不羹				
房				
郯	子	妘		
钟吾	子			
桐		偃		
戎				
北戎				
卢戎	子		南蛮	
大戎		姬	唐叔后	
小戎		允	四岳后	
骊戎	男	姬		

国	爵	姓	始封	今补记
山戎			即北戎	
狄			有白狄赤狄二种	
犬戎			西戎之别在中国者	
东山皋落氏			赤狄别种	
扬拒泉皋伊雒之戎				
淮夷				
陆浑之戎又名阴戎	子	允	即小戎之徙于中国者	
廧咎如		隗	赤狄别种	
介			东夷国	
姜戎	子	姜	四岳后陆浑之别部	
白狄				
鄋瞒		漆	防风氏后	
群蛮				
百濮			西南夷	
赤狄				
根牟			东夷国	
潞氏	子		赤狄别种	彝器中有貉子卣不知即是潞否
甲氏			赤狄别种	
留吁			赤狄别种	
铎辰			赤狄别种	

续表

国	爵	姓	始封	今补记
茅戎			戎别种	
戎蛮 （即蛮氏）	子		戎别种	
无终	子		山戎种	
肃慎			东北夷	
亳			西夷《史记索隐》 盖成汤之胤	
鲜虞 （一名中山）		姬	白狄别种	
肥	子		白狄别种	
鼓	子	祁	白狄别种	
有莘			夏商时国	
有穷			夏时国（下同）	
寒				
有鬲		偃		
斟灌		姒		
斟䣏		姒		
过				
戈				
豕韦		彭	夏商时国	
观		姒	夏时国	
扈		姒	同上	
姺			商时国（下同）	

国	爵	姓	始封	今补记
邳				
奄		嬴		
仍			夏时国（下同）	
有缗				
骀				
岐				
蒲姑			商时国	
逄		姜	商时国	
昆吾		己	夏时国	
密须		姞	商时国	
阙巩			古国	
甲父			同上	
飂			古国	
飂夷		董	虞夏时国	
封父			古国	
有虞		姚	夏商时国	

　　补记诸节，大致据余永梁先生之《金文地名表》。但举以为例，以见杜说与金文之相差而已，不获一一考其详也。以下又录金文所有顾表所无者若干事。

国名	爵	姓	称号（自称者）	
召		姬	伯	彝器有召伯虎敦
散		姬	伯	彝器有散伯敦
矢			王	彝器有矢王鼎、矢王尊，散盘中亦称之为矢王
辅			伯	彝器有辅伯鼎
苏			公	彝器有苏公敦
相			侯	彝器有相侯鼎
龙			伯	彝器中有龙伯戈
铸			公、子	彝器中有铸公簠、铸子钟
邿			伯	彝器中有邿伯鼎
钟			伯	彝器中有钟伯鼎

据上列顾表，以公为称者五，宋、西虢、州、虞、刘，而刘标子爵。此则据杜氏之非。经文固明明言刘公，其后乃言刘子，此畿内之公，其称公乃当然也。今共得称公者五，而其三为畿内之君，虞虢刘皆王室卿士也。其一之州公最突兀，《公羊传·桓五年》，"冬，州公如曹。相如不书，此何以书？过我也"。"六年春正月，寔来。寔来者何？犹曰是人来也。孰谓？谓州公也。曷为谓之寔来？慢之也。曷为慢之？化我也"。此真断烂朝报中之尤断烂处。《春秋》全经中，外相如不书，意者此文盖"公如曹""公至自曹"之误乎？无论此涉想是否可据，而州之称公无先无后，固只能存疑，不能据以为例。然则春秋称公者，王室世卿之外，其唯宋公乎？此甚可注意者也。又姬姓在此表中除爵号不详者外；列于侯者十六，为最多数；列于伯者十二，曹、郑、祭、北、燕、郎、芮、凡、贾、滑、原、毛；列于子者，除刘子前文中已订正外，尚有吴、巴、郜、顿、沈；列于男者一，骊

戎；列于附庸者一，极。子男之姬姓者，非越在蛮夷，如吴如巴，即陈蔡间之小国；若部则仅以其大鼎见于经文，春秋前已灭；骊则本是戎狄之类。此数国受封之原，除吴、部外皆不可详。如顿、沈之是否姬姓，经文《左传》亦无说也。姬姓何以非侯即伯，号子者如此甚少？此又可注意者也。表中以子为号而从杜氏标姓为姬者，已如上所举，若其他号子者，则：

子姓有　谭；

姜姓有　莱，姜戎；

曹姓有　邾，小邾；

己姓有　莒，温，郯；

嬴姓有　徐；

姒姓有　鄫，越；

芈姓有　楚，夔；

隗姓有　弦；

偃姓有　舒，鸠舒；

妘姓有　偪阳；鄅；

归姓有　胡；

风姓有　须句；

祁姓有　鼓；

允姓有　陆浑之戎；

姓无可考者有　鄋，郧，赖，麇，宗，潞，戎蛮，无终，肥，钟离，钟吾，卢戎。

再以地域论之，则在南蛮东夷者十七，吴，楚，巴，鄋，郧，赖，舒，弦，顿，夔，宗，越，钟离，舒，鸠，卢戎（以上偏南），邾，莒，小邾，徐，鄫，须句，郯，莱，胡，鄅，钟吾（以上偏东）；在戎狄者七，姜戎，陆浑之戎，潞，戎蛮，无终，肥，鼓。至于谭，温，顿，沈，麇，偪阳，各邑中，则温在王畿之内，谭入春秋灭于齐，顿沈之封不详，偪阳则妘姓之遗，亦楚之同族也（见《郑语》）。约而言之，以子为号者，非蛮夷戎狄，即奉前代某姓之祀者，质言之，即彼一姓之子遗。其中大多数与周之宗盟不相涉。彼等有自称王者，如徐、楚、吴、越，春秋加以子号，既非其所以自称，恐亦非周室所得而封耳。

男之见于前表者，仅有三，许、宿、骊戎。准以周公子明器中"侯田男"一语，男实侯之附庸。戎骊之称男不见于《春秋》经，宿亦然。准以《鲁颂》"居常与许，复周公之宇"，及隐十一年《左传》，"秋七月，公会齐侯、郑伯伐许……壬午遂入许……齐侯以许让公"之文，则许在始乃鲁之附庸，故入其国先以让鲁，鲁思往事之强大，而欲居常与许也。意者许在初年，曾划入鲁邦域之内，其后自大，鲁不过但欲守其稷田耳。及郑大，并此亦失之矣。今彝器有许子簠许子钟，无而称许男者（鲁邦域所及，余另有文论之）。可知彼正不以"侯田男"自居也。

如上所分析，则五等称谓之分配颇现淆乱，其解多不可得。今先就字义论之；果得其谊，再谈制度。

二、公侯伯子男释字

公，君也。《尔雅》，"公，君也"，《释名》同。《左传》所记，邦君相称曰君，自称曰寡君，而群下则称之曰公。是公君之称，敬礼有小别，名实无二致也。

君，兄也。《诗·邶鄘卫风·鹑之奔奔》云：

> 鹑之奔奔，鹊之彊彊。人之无良，我以为兄。
> 鹊之彊彊，鹑之奔奔。人之无良，我以为君。

国风之成章，每有颠倒其词，取其一声之变，而字义无殊者。此处以君兄相易，其义固已迫近，而考其音声，接近尤多。《广韵》：君，上平二十文，举云切；兄，下平十二庚，许荣切。再以况贶诸字从兄声例之。况、贶均在去声四十一漾，许访切，似声韵均与兄界然。然今北方多处读音，况、贶诸字每读为溪纽或见纽，而哥字之音则见纽也（《唐韵》哥，古俄切）。《诗》以彊、兄为韵，则兄在古邨音中，必与彊同其韵部。此在今日虽不过是一种假设，然可借之连络处正多，今试详之。

公、兄、君、尹、昆、翁、官、哥，皆似一名之分化者。今先列其反切韵部如下，再以图表之：

公　上平　东部　古红切　见纽

兄　下平　庚部　许荣切　晓纽

君　上平　文部　举云切　见纽

尹　上平　准部　余准切　喻纽

昆　上平　魂部　古浑切　见纽

翁　上平　东部　乌红切　影纽

官　上平　桓部　古丸切　见纽

哥　唐韵　　　　古俄切　见纽

兹将上列各纽部表以明之。

收音 发音	浅喉 ng	舌头 n	元音
浅喉破裂 k、g	公 兄（古读）	昆 君　官	哥
浅喉摩擦 h、x	兄（今读）		
深喉及元音	翁	尹	

公、君、兄，已如上所述，至其余诸字之故训，分记如下：

尹　《广雅·释诂》："尹，官也。"王氏《疏证》曰："《尔雅》，'尹，正也。'郭璞注云'谓官正也。'《周颂·臣工传》云'工，官也。'《洪范》云：'师尹惟日。'《皋陶谟》云：'庶尹允谐。'《尧典》云：'允厘百工。'"又，尹犹君也。《左传》隐三年经文，"君氏卒"，《公羊》《穀梁》作尹氏卒。《左传·昭二年》，"棠君"，《释文》云，君本作尹。然金文中文之加口虽有时可有可略，而君尹之称实有别异。如周公子明诸器，"还诸尹，还里君"，盖尹司职，君司土，果原为一字，彼时在施用上已分化矣。

昆 《诗》《左传》《论语》中，用昆为兄之例甚多。《尔雅·释亲》，亦晜（昆）、兄错用。

翁 《广雅·释亲》："翁，父也。"《疏证》："《史记·项羽纪》云：'吾翁即若翁。'"此以翁为父。《方言》："凡尊老，周晋秦陇谓之公，或谓之翁。"此以翁为泛称老者。又，汉世公主称翁主，则汉世言翁，实即公矣。翁字虽有此多义，然尹翁归字子兄，此翁与兄同谊之确证也。翁与兄同谊，并不害其可用于称父。人每谓父兄为老，而父兄在家亦有其同地位。父没，兄之权犹父也。自老孳乳之殊字，可以分称父兄，初无奇异。如姐，《广雅》以为母也，今则南北人以称其姊。

官 《周礼》牛人，掌养国之公牛，巾车，掌公车之政令，注并云，"公犹官也"。

哥 后起字。然今俗语含古音甚多，而古字之读音，或反不如。例如爸之声固近于父之古读，而父之今读反远于父之古读。

循上列诸义，试为其关系之图。此虽只可作为假设，然提醒处颇多，充而实之，俟异日焉。

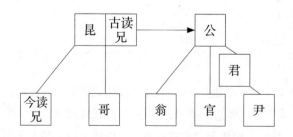

公一名在有土者之称谓中，无泛于此者。王室之元老称公，召公、毛公等是。王室之卿士邑君称公，刘子、尹子是。若宋则于公之外并无他号。伯亦得称公。《吴语》："董褐复命曰……'夫命圭有命，固曰吴伯，不曰吴王；诸侯是以敢辞。夫诸侯无二君，而周无二王。君若无卑天子，以干其不祥，而曰吴公，孤敢不顺从君命，长弟许诺？'吴王许诺，乃退就幕而会。吴公先歃，晋侯亚之。"是伯之称公可布于盟书也。侯在其国皆称公，不特《左传》可以为证，《诗》《书》皆然。

《书·费誓》："公曰，嗟！"《秦誓》："公曰，嗟！"子男亦称公。春秋于许男之葬固书公，不书男。至于由其孳生之词，如公子，不闻更有侯子、伯子。然则公者，一切有土者之泛称，并非班爵之号。

宋之称公，缘其为先朝之旧，并非周所封建之侯，而亦不得称王耳。虞、虢之称公，缘其为王甸中大宗。侯伯子男皆可于其国称公，或为邻国人称之曰公，非僭也。果其为僭者，何缘自西周之初即如此耶？以公称为僭者，宋人说经之陋，曾不顾及《春秋》本文也。

宋之不在诸侯列，可以金文证之。吴大澂释周窬鼎文云："□厥师眉见王，为周客。锡贝五朋，用为宝器；鼎二，敦二。其用享于乃帝考。"吴云："周王之客，殷帝之子，其为微子所作无疑也。"彼为周客则不得为周侯，周不容有二王，则彼不得为宋王，只得以泛称之公为称，最近情理者也。《春秋》之序，王卿霸者之后，宋公独先，亦当以其实非任诸侯之列，不当以其称公也。

侯者，射侯之义，殷周之言侯，犹汉之言持节也。《仪礼·大射仪》，"司马命量人量侯道。"郑注，"所射正谓之侯者，天子中之则能服诸侯，诸侯以下中之则得为诸侯。"此当与侯之初义为近。《周书·职方》，"其外方五百里，为侯服。"注，"孔曰，侯，为王斥侯也。"此当引申之义。侯之称见于殷墟卜辞。民国十七年董彦堂先生所获有"命周侯"之语，而前人所见有侯虎等词，是知侯之一称旧矣，其非周之创作无疑。至于何缘以射侯之称加于守土建藩之士，则亦有说。射者，商周时代最重之事。亦即最重之礼。《左传》，晋文公受九锡为侯伯时，辂服之次，彤弓、彤矢为先。《诗三百》中，王者之锡，亦只彤弓之赐独成一篇。又《齐风·猗嗟》，齐人美其甥鲁庄公也，除美其容止以外，大体皆称其射仪。其词曰：

猗嗟昌兮！颀而长兮！抑若扬兮！美目扬兮！巧趋跄兮！射则臧兮！

猗嗟名兮！美目清兮！仪既成兮！终日射侯，不出正兮！展我甥兮！

猗嗟娈兮！清扬婉兮！舞则选兮！射则贯兮！四矢反兮，以御乱兮。

是知纠纠武夫者，公侯之干城；射则贯者，王者之干城也。侯非王畿以内之称，因王畿以内自有王师，无所用其为王者斥侯也。而亦非一切畿外有土者之通称，因有土者不必皆得受命建侯。必建藩于王畿之外，而为王者有守土御乱之义，然后称侯。内之与王田内之有土称公者不同，外之与侯卫宾服者亦异。后世持节佩符者，其义实与侯无二。

伯者，长也。此《说文》说，而疏家用之，寻以经传及金文记此称谓诸处之义，此说不误也。伯即一宗诸子之首，在彼时制度之下，一家之长，即为一国之长，故一国之长曰伯，不论其在王田在诸侯也。在王甸之称伯者，如召伯虎，王之元老也，如毛伯，王之叔父也，芮伯，王之卿士也。在诸侯之称伯者，如曹伯、郕伯，此王之同姓也，如秦伯、杞伯，此王之异姓也。至于伯之异于侯者，可由侯之称不及于畿内，伯之称遍及于中外观之。由此可知伯为泛名，侯为专号，伯为建宗有国者之通称，侯为封藩守疆者之殊爵也。若子，则除蛮夷称子外，当为邦伯之庶国（论详下节）。果此设定不误，是真同于日耳曼制 graf，landgraf，markgraf 之别矣。graf 者，有土者一宗中之庶昆弟，当子；landgraf 者，有土者一宗中之长，当伯；markgraf 者，有土者斥侯于边疆，得以建节专征者也。

《春秋》、《左传》、杜解传说（即《春秋左传》杜解等，以顾表为代表）之称伯者，与金文中所见之称侯伯者，颇有参差，看前表即知之。金文称伯者特多，传说则侯多。已出金文之全部统计尚未知，而金文既非尽出，其中时代又非尽知，且金文非可尽代表当世，故如持今日金文之知识以正顾表，诚哉其不足。然亦有数事可得而论次者：一则王室卿士公伯互称，此可知伯之非所谓爵也。二则齐鲁侯国绝不称伯，此可知侯之为号，固有殊异之荣。三则公固侯伯之泛称也。又一趋向可由顾表推知者，即称侯之国，其可考者几无不是周初宗胤，后来封建，若郑若秦，虽大，不得为侯。意者侯之为封本袭殷商，周初开辟土宇，犹有此戎武之号。逮于晚业，拓土无可言，遂不用乎？周威烈王二十三年，命晋大夫魏斯、赵藉、韩虔为诸侯，后又以侯命田氏。此均战国初事，当时小国尽灭，列国皆侯称，威烈王但抄古礼而已，非当时之制矣。

侯伯之伯，论作用则为伯之引申，论文义反是伯之本义。犹云诸侯之长，与上文所叙宗法意义下之伯，在字义上全同，即皆就长而言，在指谓上全不同，即一为家长（即国长），一为众侯之长耳。

子者，儿也。下列金文甲文异形，观其形，知其义。今作子者借字也。

以子称有土者，已见于殷，微子箕子是。子者，王之子，故子之本义虽卑，而箕子微子之称子者，因其为王子，则甚崇。至于周世，则以子称有土者，约有数类。最显见者为诸邦之庶子。邦之长子曰伯，然一邦之内，可封数邦，一邦之外，可封某邦之庶子，仍其本国之称。然则此之谓子，正对伯而言。吴之本国在河东王甸之中，故越在东南者为子。鄫之本国何在，今不可考知，然能于宗周时与申同以兵力加于周室，其不越在东夷可知，而越在东夷者为子。然则子之此义，正仲叔季之通称，与公子之义本无区别，仅事实上有土无土之差耳。诸侯之卿士称子，亦缘在初诸为侯卿士者，正是诸侯之子。又王甸中之小君，无宗子称伯者可征，或亦称子，如刘子尹子。若然，则子之为称，亦王甸中众君之号，其称伯者，乃特得立长宗者耳。

　　至于蛮夷之有土者，则亦为人称子，自称王公侯伯。宗周钟："王肇遹省文茎，董疆土。南国服子敢臽虐我土。"是金文中之证。若《春秋》，则以子称一切蛮夷，尤为显然。此类子称，有若干即非被称者之自认，又非王室班爵之号。此可证明者：例如荆楚，彼自称王，诸侯与之订盟，无论其次序先后如何，准以散盘矢氏称王之例，及楚之实力，其必不贬号无疑也。然《春秋》记盟，犹书曰楚子。《国语·吴语》："夫命圭有命，固曰吴伯，不曰吴王，诸侯是以敢辞。夫诸侯无二君，而周无二王。君若无卑天子，以干其不祥，而曰吴公，孤敢不顺从君命，长弟许诺？吴王许诺，乃退就幕而会。吴公先歃，晋侯亚之。"《春秋》书曰"吴子"，既与吴之自号不同，又与命圭有异也；是以蛮夷待吴也。至命圭有命，固曰吴伯者，意者吴之本宗在河东者已亡，句吴遂得承宗为伯乎？今又以金文较《春秋》，则莒自称为侯，而《春秋》子之，邾自泛称公，而《春秋》子之，楚自称为王、为公，而《春秋》子之。虽金文亦有自称子者，如许，然真在蛮夷者，并不自居于子也。然则蛮夷称子，实以贱之，谓其不得比于长宗耳。子伯之称既无间于王甸及畿外，其初义非爵，而为家族中之亲属关系，无疑矣！

　　就子一称之演变观之，颇有可供人发噱者。子本卑称，而王子冠以地名，则尊，微子箕子是也。不冠地名，则称王子，如王子比干。此之为子，非可尽人得而子之。称于王室一家之内者，转之于外，颇有不恭之嫌。满洲多尔衮当福临可汗初年摄政时，通于福临之母，臣下奏章称曰叔父摄政王，此犹满人未习汉俗之严分内外。果有汉臣奏请，叔父者，皇之叔父，非可尽人得而叔父之；遂冠皇于叔父之上。此正如王子公子之造辞也。子一名在周初如何用，颇不了然，《周书》历举有土之君，子号不见。春秋之初，诸侯之卿，王室之卿，均称子，已见于典籍矣。前一格如齐之高国，晋之诸卿，鲁之三桓，后一格如刘子。至孔子时，士亦称子，孔子即其例也。战国之世，一切术士皆称子，子之称滥极矣。汉世崇经术，子之称转贵，汉武诏书，"子丈夫"，是也。其后历南北朝隋唐，子为严称。至宋则方巾之士，自号号人，皆曰子，而流俗固不以子为尊号。今如古其语言，呼人以子，强者必怒于言，弱者必怒于色矣。又"先生"一称，其运命颇可与子比拟。《论语》："有酒食，先生馔，有事弟子服其劳。"此先生谓父兄也。至汉而传经传术者犹传家，皆先生其所自出，此非谓父兄也。今先生犹为通称，而俚俗亦每将此词用于颇不佳之职业。又"爷"之一词亦然。《木兰辞》，"阿爷无大儿，木兰无长兄"，又云，"不闻爷娘唤女声"，爷者，父也。今北方俗呼祖曰爷，外祖曰老爷，犹近此义。明称阁部为老爷，以尊其亲者尊之也。历清代递降，至清末则虽以知县县丞之微，不愿人称之为老爷而求人称之为大老爷。此三词者，"子""先生""爷"，皆始于家族，流为官称，忽焉抬举甚高，中经降落，其末流乃沉沦为不尊之称焉。

男者，附庸之号，有周公子明诸器所谓"诸侯，侯田男"者为之确证。按以《周书》所称"庶邦侯田男卫"诸词，此解可为定论。男既甚卑，则称男者应多，然《春秋》只书许男，而许又自称子（许子钟、许子簠）。此由许本鲁之附庸，鲁之势力东移，渐失其西方之纲纪，许缘以坐大，而不甘于附庸之列。鲁虽只希望"居常与许"，终不能忘情，《春秋》遂一仍许男之称焉。鲁许之关系，别详拙著《大东小东说》，此不具论。

三、既非五等，更无五等爵制

以上之分析与疏通，义虽不尽新，而系统言之，今为初步。其中罅漏甚多，唯下列结语颇可得而论定焉。

（一）公伯子男，皆一家之内所称名号，初义并非官爵，亦非班列。侯则武士之义，此两类皆宗法封建制度下之当然结果。盖封建宗法下之政治组织，制则家族，政则戎事，官属犹且世及，何况邦君？如其成盟，非宗盟而何？周室与诸国之关系，非同族则姻戚，非姻戚则"夷狄"。盖家族伦理即政治伦理，家族称谓即政治称谓。自战国来，国家去宗法而就军国，其时方术之士，遂忘其古者之不如是，于是班爵禄之异说起焉。实则"五等爵"者，本非一事，既未可以言等，更未可以言班爵也。

（二）五名之称，源自殷商，不可以言周制。今于卜辞中侯伯具见，其义已显，上文叙之已详。若公则载于《殷虚书契前编》卷二第三页者凡二，子、男二字亦均见，特文句残缺，无从得知其确义耳。

（三）《春秋》虽断烂，其源实出鲁国，故其称谓一遵鲁国之习惯，与当时盟会之实辞，周室命圭之所命，各有不同。与其谓《春秋》有褒贬之义，毋宁谓其遵鲁国之习耳。

（四）男之对侯，子之对伯，一则有隶属之义，一则有庶长之别。其有等差，固可晓然。若伯之于侯，侯之于公，实不可徒以为一系统中之差别。

殷周（指西周，下文同）之世，在统治者阶级中，家即是国，国即是家。家指人之众，国指土之疆。有人斯有土，实一事耳。然世人春秋，宗法大乱。春秋初年，可称为列国群公子相杀时代，其结果或则大宗之权，落于庶支，例如宋鲁；或则异姓大夫，得而秉政，例如齐晋。晋为军国社会最先成立之国家，其原因乃由于献公前后之尽诛公族。桓庄之族死于先，献惠之子杀于后，故自重耳秉政，执政者尽为异姓之卿。在此情景之下，家国之别，遂判然焉。孟子以为国之本在家者，仍以春秋时代宗法之义言之也。自家国判然为二事，然后一切官私之观念生，战国初年，乃中国社会自"家国"入"官国"之时期，顾亭林所谓一大变者也。前此家国非二事也。《诗》曰："雨我公田，遂及我私。"此谓国君之公，非后世所谓公家之公。战国人狃于当时官国之见，以为古者之班爵整严，殊不知古时家、部落、国家，三者不分者，不能有此也。狃于当时家国之分，殊不知殷周本无是也。狃于当时君臣之义，殊不知古之所谓臣，即奴隶及其他不自由人。金文中时有锡臣若干人之说；《论语》："子疾病，子路使门人为臣……子曰，无臣而为有臣，将谁欺？欺天乎？且予死于臣之手也，毋宁死于二三子之手乎？"皆可为证。至春秋而王公之臣几与君子同列（君子初谊本如公子）。至战国而君臣之间义不合则去。此类家国之异、公私之分，皆殷周所不能有也。战国所谓君臣之义，有时即正如殷周时家长与其一家之众之义耳。吾辨五等爵之本由后人拼凑而成，古无此整齐之制，所识虽小，然可借为殷周"家国制"之证，于识当时文化程度，不无可以参考者焉。

第二章

秦汉史

张荫麟

张荫麟（1905—1942）
北京大学历史、哲学讲师

号素痴，广东东莞石龙人，历史学家、哲学家。被誉为
"二十世纪中国新史学的开山大匠"。一生治学格言，是
"为学贵自辟，莫依门户侧"。著有《中国史纲》。

秦始皇与秦帝国

一、吕不韦与嬴政

秦皇扫六合，虎视何雄哉！飞剑决浮云，诸侯尽西来。
明断自天启，大略驾群才。收兵铸金人，函谷正东开。
铭功会稽岭，骋望琅琊台。刑徒七十万，起土骊山隈。
尚采不死药，茫然使心哀！连弩射海鱼，长鲸正崔嵬。
额鼻象五岳，扬波喷云雷。鬐鬣蔽青天，何由睹蓬莱？
徐市载秦女，楼船几时回？但见三泉下，金棺葬寒灰！

（李白《古风》之一）

这首壮丽的诗是一个掀天揭地的巨灵的最好速写。这巨灵的来
历，说来话长。

当长平之战前不久，有一个秦国王孙，名子楚的，被"质"在
赵。他是太子安国君所生，却非嫡出，他的母亲又不得宠。因此赵人
待他很冷薄，他连王孙的排场也苦于维持不住。但是阳翟（韩地）大

贾吕不韦在邯郸做买卖，一看见他，便认为是"奇货可居"。

不韦见子楚，说道："我能光大你的门庭。"子楚笑道："你还是去光大自己的门庭罢！却来光大我的！"不韦说："你有所不知，我的门庭要等你的来光大。"子楚明白，便和他商量两家光大门庭的办法。原来安国君最爱幸的华阳夫人没有生育的希望，安国君还没有立嗣。不韦一面献上巨款，给子楚结交宾客，沽钓声名；一面挈了巨款，亲到秦国，替他运动。

不久华阳夫人便收到许多子楚孝敬的珍宝，不久她便时常听到人称赞子楚的贤能，不久她的姊姊便走来替她的前途忧虑，大意说道："妹妹现在是得意极了。但可曾想到色衰爱弛的一天？到有谁可倚靠！就算太子爱你到老，他百岁之后，继位的儿子，要为自己母亲吐气，你的日子就不好过。子楚对你的孝顺，却是少有的。何不趁如今在太子跟前能够说话的时候，把他提拔，将来他感恩图报，还不是同自己的儿子一般？"华阳夫人一点头，子楚的幸运便决定了。

不韦回到邯郸时，子楚已成了正式的王太孙。不韦也被任为他的师傅。他们成功之后，不免用美人醇酒来庆祝一番。邯郸在战国以美女著名。不韦的爱姬，尤其是邯郸美女的上选，妙擅歌舞。有次她也出来奉酒，子楚一见倾心，便要不韦把她相让。不韦气得要死，但一想过去的破费和将来的利益，只得忍气答应。赵姬既归子楚，不到一年（正当长平之战后一年），产了一子，即是后来做秦王和秦始皇帝的嬴政。当时传说，赵姬离吕家之时，已经孕了嬴政。但看后来不韦所受嬴政的待遇，这传说多半是谣言。

嬴政于前二四六年即王位，才十三岁。这时不韦是食邑十万户的文信侯，位居相国；他从前的爱妾，已做了太后，并且和他私续旧欢。不韦的权势可以想象。他的政治野心不小，他招贤礼士，养客三千，打算在自己手中完成统一的大业。但嬴政却不是甘心做傀儡的。他即位第九年，太后的姘夫缪毐在咸阳反叛，他用神速的手段戡定了乱事以后，乘机把太后的政权完全褫夺；并且株连到吕不韦，将他免职，逐归本封的洛阳，过了两年，又把他贬到蜀郡。在忧忿夹攻之下，不韦服毒自杀。

不韦以韩人而执秦政，他所客养和援用的又多三晋人，和他结交的太后又是赵女。这种"非我族类"的势力是秦人所嫉忌的。不韦罢相的一年（秦王政十年），适值"郑国渠"事件发生，更增加秦人对外客的疑惧。郑国也是韩人，为有名的水利工程师。韩廷见亡国的大祸迫在眉睫，派他往秦，劝秦廷开凿一条沟通泾水和洛水的大渠，借此消磨秦的民力，延缓它的对外侵略。这渠才凿了一半，郑国的阴谋泄露。其后嬴政虽然听了郑国的话，知道这渠也是秦国的大利，把它完成，结果溉田四万多顷，秦国更加富强；但郑国阴谋的发现，使秦宗室对于游宦的外客振振有词。嬴政于是下了有名的"逐客令"，厉行搜索，要把外籍的游士统统赶走。这命令因为李斯的劝谏而取消。但不韦自杀后，嬴政到底把所有送他丧的三晋门客驱逐出境。可见逐客令是和不韦有关的，也可见不韦的坍台是和种族之见有关的。

二、六国混一

嬴政既打倒了吕不韦，收揽了秦国的大权，便开始图谋六国。这时，六国早已各自消失了单独抗秦的力量。不过它们的合纵还足以祸秦。嬴政即位的第六年，秦国还吃了三晋和卫、楚的联军一次亏，当时大梁人尉缭也看到的，假如六国的君主稍有智慧，嬴政一不小心，会遭遇智伯、夫差和齐湣王的命运也未可知。但尉缭不见用于祖国，走到咸阳，劝嬴政道："愿大王不要爱惜财物，派人贿赂列国的大臣，来破坏他们本国的计谋，不过花三十万金，六王可以尽虏。"嬴政果然采纳了这策略。此后六国果然再不费一矢相助而静待嬴政逐个解决。

首先对秦屈服，希望以屈服代替牺牲，结果首先受牺牲的是韩。秦王政十四年，韩王安为李斯所诱，对秦献玺称臣，并献南阳地。十七年秦的南阳守将举兵入新郑，虏韩王，灭其国。李斯赴韩之前，韩王派了著名的公子韩非入秦，谋纾国难，嬴政留非，想重用他。但不久听了李斯和另一位大臣的谗言，又把他下狱。口吃的韩非有冤没处诉，终于被李斯毒死在狱中。

韩亡后九年之间，嬴政以迅雷烈风的力量，一意东征，先后把其余的五国灭了。这五国的君主，连够得上说抵抗的招架也没有，鸡犬似的一一被缚到咸阳。只有侠士荆轲，曾替燕国演过一出壮烈的悲剧。

秦王政十九年，赵国既灭，他亲到邯郸，活埋了所有旧时母家的仇人；次年回到咸阳，有燕国使臣荆轲卑辞求觐，说要进献秦国逃将樊於期的首级和燕国最膏腴的地域督亢的地图。献图的意思就是要纳地。秦王大喜，穿上朝服，排起仪仗，立即传见。荆轲捧着头函，副使秦舞阳捧着地图匣依次上殿。秦舞阳忽然股栗色变，廷臣惊怪，荆轲笑睨了舞阳，上前解释道："北番蛮夷的鄙人，未曾见过天子，所以惶恐失措，伏望大王包容，俾得完成使事。"秦王索阅地图，荆轲取了呈上。地图展到尽处，匕首出现！荆轲左手把着秦王的袖，右手抢过匕首，就猛力刺去，但没有刺到身上，秦王已断袖走开。秦王拔剑，但剑长鞘紧，急猝拔不出，荆轲追他，两人绕柱而走。秦廷的规矩，殿上侍从的人，不许带兵器，殿下的卫士，非奉旨不许上殿。秦王忙乱中没有想到殿下的卫士，殿上的文臣哪里是荆轲的敌手。秦王失了魂似的只是绕着柱走。最后，侍臣们大声提醒了他，把剑从背后顺力拔出，砍断了荆轲的左腿。荆轲便将匕首向他掷去，不中，中铜柱。这匕首是用毒药炼过的，微伤可以致命。荆轲受了八创，已知绝望，倚柱狂笑，笑了又骂，结果被肢解了。

　　　　风萧萧兮易水寒，壮士一去兮不复还！

这是荆轲离开燕国之前，在易水边的别筵上，当着满座白衣冠的送客，最后唱的歌，也可以做他的挽歌。

荆轲死后六年（前二二一年），当秦王政在位的第二十六年而六国尽灭。于是秦王政以一道冠冕堂皇的诏令，收结五个半世纪的混战局面，同时宣告新帝国的成立。那诏书道：

> ……异日韩王纳地效玺，请为藩臣。寡人以为善，庶几息兵革。已而倍约，与赵、魏合从畔秦，故兴兵诛之，虏其王。赵王使其相李牧来约盟，故归其质子。已而倍盟，反我太原，故兴兵诛之，得其王。赵公子嘉乃自立为代王，故举兵击灭之。魏王始约服入秦。已而与韩、赵谋袭秦，秦兵吏诛，遂破之。荆王献青阳以西，已而畔约，击我南郡，故发兵诛，得其王，遂定其荆地。燕王昏乱，其太子丹乃阴令荆轲为贼，兵吏诛，灭其国。齐王用后胜计，绝秦使，欲为乱，兵吏诛，虏其王，平齐地。

所有六国的罪状，除燕国的外，都是制造的。诏书继续说道：

> 寡人以眇眇之身，兴兵诛暴乱，赖宗庙之灵，六王咸伏其辜，天下大定。今名号不更，无以称成功，传后世。其议帝号。……

在睥睨古今，踌躇满志之余，嬴政觉得一切旧有的君主称号都不适用了。

战国以前，人主最高的尊号是王，天神最高的尊号是帝。自从诸侯称王后，王已失了最高的地位，于是把帝拉下来代替，而别以本有光大之义的"皇"字称最高的天神。但自从东西帝之议起，帝在人间，又失去最高的地位了。很自然的办法，是把皇字挪下来。秦国的神话里有天皇、地皇、泰皇，而泰皇为最贵。于是李斯等上尊号作泰皇。但嬴政不喜欢这旧套，把泰字除去，添上帝字，合成"皇帝"；又废除周代通行的谥法（于君主死后，按其行为，追加名号，有褒有贬的），自称为"始皇帝"，预定后世计数为二世皇帝，三世皇帝，

"至于万世，传之无穷"。

同时始皇又接受了邹衍的学说，以为周属火德，秦代周，应当属克火的水德；因为五色中和水相配的是黑色，于是把礼服和旌旗皆用黑色；又因为四时中和水相配的是冬季，而冬季始自十月，于是改以十月为岁首。

邹衍是相信政治的精神也随着五德而转移的。他的一些信徒认为与水德相配的政治应当是猛烈苛刻的政治，这正中始皇的心怀。

三、新帝国的经营

秦自变法以来，侵略所得的土地，大抵直隶君主，大的置郡，小的置县，郡县的长官都非世职，也无世禄。始皇沿着成例，每灭一国，便分置若干郡。而秦变法以来新设的少数封区，自从嫪毐和吕不韦的诛窜已完全消灭，既吞并了六国，秦遂成为一个纯粹郡县式的大帝国。当这帝国成立之初，丞相绾主张仿周朝的办法于燕、齐、楚等僻远的地方，分封皇子，以便震慑，但他的提议被李斯打消了。于是始皇分全国为三十六郡，每郡置守，掌民政；置尉，掌兵事；置监御史，掌监察。这种制度是仿效中央政府的。当时朝里掌民政的最高官吏有丞相，掌兵事的最高官吏有太尉，掌监察的最高官吏有御史大夫。

这三十六郡的名称和地位是现今史家还没有完全解决的问题。大概的说，秦在开国初的境域，北边包括今辽宁的南部，河北、山西及绥远、宁夏两省的南部；西边包括甘肃和四川两省的大部分；南边包括湖南、江西和福建；东以福建至辽东的海岸为界。从前臣服于燕的朝鲜，也成为秦的藩属。此外西北和西南边外的蛮夷君长称臣于秦的还不少。我们试回想姬周帝国初建时，西则邦畿之外，便是边陲，南则巴蜀、吴、楚皆属化外，沿海则有徐戎、淮夷、莱夷盘踞，北则燕、晋已与戎狄杂处；而在这范围里，除了"邦畿千里"外，至少分立了一百三十以上的小国。我们拿这种情形和三十六郡一统的赢秦帝国比较，便知道过去八九百年间，诸夏民族地盘的扩张和政治组织的进步了。峄山的始皇纪功石刻里说：

> 追念乱世，分土建邦，以开争理。攻战日作，流血于野。自泰古始，世无万数，陀及五帝，莫能禁止。乃今皇帝，壹家天下，兵不复起。灾害灭除，黔首康定，利泽长久。

这些话一点也没有过火。

在这幅员和组织都是空前的大帝国里，怎样永久维持皇室的统治权力，这是始皇灭六国后面对的空前大问题，且看他如何解答。

帝国成立之初，始皇令全国"大酺"来庆祝（秦法，平时是禁三人以上聚饮的）。当众人还在醉梦的时候，他突然宣布没收民间一切的兵器。没收所得，运到咸阳，铸成无数大钟和十二个各重一千石以上的"金人"，放在宫廷里。接着他又把全国最豪富的家族共十二万户强迫迁到咸阳，放在中央的监视之下。没有兵器，又没有钱财，人民怎能够作得起大乱来？

次年，始皇开始一件空前的大工程：建筑脉通全国的"驰道"，分两条干线，皆从咸阳出发，其一东达燕、齐，其一南达吴、楚。道宽五十步，道旁每隔三丈种一株青松，路身筑得坚而且厚，遇着容易崩坏的地段，并且打下铜桩。这宏大的工程，乃是始皇的军事计划的一部分。他灭六国后防死灰复燃，当然不让各国余剩的军队留存。但偌大的疆土若把秦国原有的军队处处分派驻守，则分不胜分。而且若分得薄，一旦事变猝起，还是不够应付；若分得厚，寖假会造成外重内轻的局面。始皇不但不肯采用重兵驻防的政策，并且把旧有六国的边城，除燕、赵北边的外，统统拆毁了。他让秦国原有的军队，依旧集中在秦国的本部，少数的地方兵只是警察的性质。驰道的建筑，为的是任何地方若有叛乱，中央军可以迅速赶去平定。历来创业之主的军事布置没有比始皇更精明的了。（1896年李鸿章聘使欧洲，过德国，问军事于俾斯麦，他的劝告有云："练兵更有一事须知：一国的军队不必分驻，宜驻中权，扼要地，无论何时何地，有需兵力，闻令即行，但行军的道路，当首先筹及。"这正是秦始皇所采的政策。）

武力的统治不够，还要加上文化的统治；物质的缴械不够，还要加上思想的缴械。始皇三十四年（始皇即帝位后不改元，其纪年通即王位以来计），韩非的愚民政策终于实现。先是始皇的朝廷里，养了七十多个儒生和学者，叫作博士。有一次某博士奉承了始皇一篇颂赞的大文章，始皇读了甚为高兴，另一位博士却上书责备作者的阿谀，并且是古非今地对于郡县制度有所批评。始皇征问李斯的意见。李斯复奏道：

> 古者天下散乱，莫能相一。是以诸侯并作，语皆道古以害今，饰虚言以乱实，人善其所私学，以非上所建立。今陛下并有天下，辨白黑而定一尊。而私学乃相与非法教之制，闻令下，即各以其私学议之，入则心非，出则巷议，非主以为名，异趣以为高，率群下以造谤。如此不禁，则主势降乎上，党与成乎下。禁之便，臣请诸有文学《诗》《书》百家语者，蠲除去之。令到，满三十日弗去，黥为城旦（城旦者，旦起行治城，四岁刑）。所不去者，医药、卜筮、种树之书。若有欲学者，以吏为师。

始皇轻轻地在奏牍上批了一个"可"字，便造成了千古叹恨的文化浩劫。

以上讲的是始皇内防反侧的办法。现在再看他外除边患的努力。

自从战国中期以来，为燕、赵、秦三国北方边患的有两个游牧民族，东胡和匈奴——总名为胡。东胡出没于今河北的北边和辽宁、热河一带，受它寇略的是燕、赵。匈奴出没于今察哈尔、绥远和山西、陕、甘的北边一带，燕、赵、秦并受它寇略。这两个民族，各包含若干散漫的部落，还没有统一的政治组织。它们在战国中期以前的历史十分茫昧。它们和春秋时代各种名色的戎狄似是同一族类，但是否这些戎狄中某些部分的后身，否则和各种戎狄间的亲谊是怎样，现在都无从稽考了。现在所知道秦以前的胡夏的关系史只有三个攘胡的人物的活动。第一个是和楚怀王同时的赵武灵王。他首先采用胡人的特长，来制胡人；首先脱却长裙拖地的国装，而穿上短衣露裤的胡服，以便学习骑战。他领着新练的劲旅，向沿边的匈奴部落进攻，把国土向西北拓展；在新边界上，筑了一道长城，从察哈尔的蔚县东北（代）至河套的西北角外（高阙）；并且沿边设了代、雁门和云中三郡。第二个攘胡的英雄是秦舞阳（随荆轲入秦的副使）的祖父秦开。他曾被"质"在东胡，甚得胡人的信任。归燕国后，他率兵袭击东胡，把他们驱逐到一千多里外。这时大约是乐毅破齐前后。接着燕国也在新边界上筑一道长城，从察哈尔宣化东北（造阳）至辽宁辽阳县北（襄平）；并且沿边设了上谷、渔阳、右北平、辽西和辽东五郡。秦开破东胡后，约莫三四十年，赵有名将李牧，戍雁门、代郡以备胡。他长期敛兵坚守，养精蓄锐，然后乘着匈奴的骄气，突然出战，斩了匈奴十多万骑，此后十几年间，匈奴不敢走近赵边。

当燕、赵对秦作最后挣扎时，无暇顾及塞外。始皇初并六国，忙着辑缓内部，也暂把边事抛开。因此胡人得到复兴的机会。旧时赵武灵王取自匈奴的河套一带，复归于匈奴。始皇三十二年，甚至听到"亡秦者胡"的谶语。于是始皇派蒙恬领兵三十万北征。不久把河套收复，并且进展至套外，始皇将新得的土地，设了九原郡。为谋北边的一劳永逸，始皇于三十三、三十四年间，又经始两件宏大的工程：其一是从河套外的九原郡治，筑了一条"直道"达到关内的云阳（今陕西淳化县西北，从此至咸阳有泾、渭可通），长一千八百里；其二是把燕、赵北界的长城，和秦国旧有的西北边城，大加修葺，并且把它们连接起来，傍山险，填溪谷，西起陇西郡的临洮（今甘肃岷县境），东迄辽东郡的碣石（在渤海岸朝鲜境），成功了有名的"万里长城"。

始皇的经营北边有一半是防守性质，但他的开辟南徼，则是纯粹的侵略。

　　现在的两广和安南，在秦时是"百越"（越与粤通）种族所居。这些种族和浙江的於越，大约是同出一系的，但文化则较於越远为落后。他们在秦以前的历史完全是空白。在秦时，他们还过着半渔猎、半耕稼的生活；他们还仰赖中国的铜铁器，尤其是田器。他们还要从中国输入马、牛、羊，可见牧畜业在他们中间还没发达。不像北方游牧民族的犷悍，也没有胡地生活的艰难，他们绝不致成为秦帝国的边患。但始皇却不肯放过他们。灭六国后不久（二十六年）即派尉屠睢领着五十万大军去征百越，并派监禄凿渠通湘、漓二水（漓水是珠江的上游），以便输运。秦军所向无敌，越人逃匿于深山丛林中。秦军久戍，粮食不继，士卒疲饿。越人乘机半夜出击，大败秦军，杀屠睢。但始皇续派援兵，终于在三十三年，把百越平定，将他们的土地，分置南海郡、桂林郡和象郡（南海郡略当今广东省，桂林郡略当广西省，象郡略当安南中北部）。百越置郡之后，当时中国人所知道的世界差不多完全归到始皇统治之下了。琅琊台的始皇纪功石刻里说：

　　　　六合之内，皇帝之土。西涉流沙，南尽北户，东有东海，北过大夏。人迹所至，无不臣者。

　　至是竟去事实不远了。

　　以上所述一切对外对内的大事业，使全国瞠眼咋舌的大事业，是始皇在十年左右完成的。

四、帝国的发展与民生

　　像始皇的励精刻苦，在历代君主中，确是罕见，国事无论大小，他都要亲自裁决。有一个时期，他每日用衡石称出一定分量的文牍，非批阅完了不肯休息。他在帝位的十二年中，有五年巡行在外；北边去到长城的尽头——碣石，南边去到衡山和会稽岭。他觉得自己的劳碌，无非是为着百姓的康宁。他对自己的期待，不仅是一个英君，而且是一个圣主。他唯恐自己的功德给时间淹没。他二十八年东巡时，登峄山，和邹鲁的儒生商议立石刻词，给自己表扬；此后，所到的胜地，大抵置有同类的纪念物。我们从这些铭文（现存的有峄山、泰山、之罘、琅琊、碣石、会稽六处的刻石文；原石唯琅琊的存一断片）可以看见始皇的抱负，他"夙兴夜寐，建设长利，专隆教诲"。他"忧恤黔首（秦称庶民为黔首），朝夕不懈"。他"功盖五帝，泽及牛马"。而且他对于礼教，也尽了不少的力量。他明立法："饰省宣义；有子而嫁，倍死不贞；防隔内外，禁止淫泆，男女絜诚；夫为寄豭，杀之无罪，男秉义程；妻为逃嫁，子不得母，咸化廉清；大治濯俗，天下承风，蒙被休经。"在他自己看来，人力所能做的好事，他都做了。而且他要做的事，从没有做不到的。他从没有一道命令，不成为事实。从没有一个抗逆他意旨的人，保得住首领。他唯一的缺憾就是志愿无尽，而生命有穷。但这也许有补救的办法。海上不据说有仙人所居的蓬莱、方丈、瀛洲三岛么？仙人不有长生不死的药么？他即帝位的第三年，就派方士徐福（一作市，音同）带着童男女数千人，乘着楼船，入海去探求这种仙药，可惜他们一去渺无消息（后来传说徐福到了日本，为日本人的祖先，那是不可靠的）。续派的方士回来说，海上有大鲛鱼困住船只，所以到不得蓬莱。始皇便派弓箭手跟他们入海，遇着这类可恶的动物便用连弩去射。但蓬莱还是找寻不着。

始皇只管忙着去求长生，他所"忧恤"的黔首却似乎不识好歹，只盼望他速死！始皇三十六年，东郡（河北、山东毗连的一带）落了一块陨石，就有人在上面刻了"始皇帝死而地分"七个大字。

始皇能焚去一切《诗》《书》和历史的记录，却不能焚去记忆中的六国亡国史；他能缴去六国遗民的兵器，却不能缴去六国遗民（特别是一班遗老遗少）的亡国恨；他能把一部分六国的贵族迁到辇毂之下加以严密的监视，却不能把全部的六国遗民同样处置。在旧楚国境内就流行着"楚虽三户，亡秦必楚"的谚语。当他二十九年东巡行到旧韩境的博浪沙（在今河南阳武县东南）中时，就有人拿着大铁椎向他狙击，中了副车，只差一点儿没把他击死。他大索凶手，竟不能得。

而且始皇只管"忧恤黔首"，他的一切丰功烈绩，乃是黔首的血泪造成的！谁给他去筑"驰道"，筑"直道"，凿运渠？是不用工资去雇的黔首！谁给他去冰山雪海的北边伐匈奴，修长城，守长城？谁给他去毒瘴严暑的南荒，平百越，戍新郡？谁给他运粮转饷，供给这两方的远征军？都是被鞭扑迫促着就道的黔首！赴北边的人，据说，死的十有六七；至于赴南越的，因为不服水土，情形只有更惨。人民被征发出行不论去从军，或去输运，就好像被牵去杀头一般，有的半途不堪虐待，自缢在路边的树上，这样的死尸沿路不断地陈列着。最初征发的是犯罪的官吏、"赘婿"和商贾；后来推广到曾经做过商贾的人；最后又推广到"闾左"——居住在里闾左边的人。（赘婿大概是一种自己卖身的奴隶，即汉朝的赘子。商人尽先被征发是始皇压抑商人的手段之一。战国时代，法家和儒家的荀子，都认商人为不事生产而剥削农民的大蠹，主张重农抑商，这政策为始皇采用。琅琊刻石有"上农除末"之语。"闾左"在先征之列者，盖春秋战国以来，除楚国外习俗忌左，居住在闾左的，大抵是下等人家。）征发的不仅是男子，妇女也被用去运输；有一次南越方面请求三万个"无夫家"的女子去替军士缝补，始皇就批准了一万五千。计蒙恬带去北征的有三十万人，屠睢带去南征的有五十万人，后来添派的援兵和戍卒，及前后担任运输和其他力役的工人，当在两军的总数以上。为这两方面的军事，始皇至少摧残了二百万家。

这还不够。始皇生平有一种不可多得的嗜好——建筑的欣赏。他东征以来，每灭一国，便把它的宫殿图画下来，在咸阳渭水边的北阪照样起造。

后来又嫌秦国旧有的朝宫（朝会群臣的大礼堂）太过狭陋，要在渭南的上林苑里另造一所，于三十五年动工。先在阿房山上作朝宫的前殿：东西广五百步，南北长五十丈，上层可以坐一万人，下层可以树五丈的大旗。从殿前筑一条大道，达到南山的极峰，在上面树立华表，当作朝宫的阙门；从殿后又筑一条大道，渡过渭水，通到咸阳。先时始皇即王位后，便开始在骊山建筑自己的陵墓，灭六国后拨了刑徒七十余万加入工作；到这时陵墓大半完成，乃分一部分工人到阿房去。这两处工程先后共用七十余万人，此外运送工粮和材料（材料的取给远至巴蜀荆楚）的伕役还不知数。这些却多半是无罪的黔首。

这还不够。上说种种空前的兵役和工程所需的粮饷和别项用费，除了向黔首身上出，还有什么来源？据说始皇时代的赋税，要取去人民收入的三分之二。这也许言之过甚，但秦人经济负担的酷重，却是可想见的了。

这还不够。苦役重税之上，又加以严酷而且滥用的刑罚。秦的刑法，自商鞅以后，在列国当中，已是最苛的了。像连坐、夷三族等花样，已是六国的人民所受不惯的。始皇更挟着虓虎的威势，去驭下临民。且看几件他杀人的故事。有一回他从山上望见丞相李斯随从的车骑太多，不高兴。李斯得知以后便把车骑减少，始皇追究走漏消息的人不得，便把当时在跟前的人统统杀了。又东郡陨石上刻的字被发现后，始皇派御史去查办，不得罪人，便命把旁边的居民统统杀了。又一回，有两个方士不满意于始皇所为，暗地讪谤了他一顿逃去。始皇闻之大怒，又刺探得别的儒生对他也有不敬的话，便派御史去把咸阳的儒生都召来案问。他们互相指攀，希图免罪，结果牵涉了四百六十余人，始皇命统统地活埋了。这便是有名的"坑儒"事件。始皇的执法如此，经过他的选择和范示，郡县的官吏就很少不是酷吏了。

始皇的长子扶苏，却是一个蔼然仁者，对于始皇的暴行，大不谓然。当坑儒命令下时，曾替诸儒缓颊，说他们都是诵法孔子的善士，若绳以重法，恐天下不安。始皇大怒，把他派去北边监蒙恬的军。但二世皇帝的位，始皇还是留给他的。及三十七年七月，始皇巡行至沙丘（今河北平乡县东北）病笃，便写定遗书，召他回咸阳会葬，并嗣位。书未发而始皇死。

书和玺印都在宦官赵高手。而始皇的死只有赵高、李斯和别几个宦官知道。赵高和蒙恬有仇隙，而蒙恬是太子的亲信，李斯也恐怕蒙恬夺去他的相位。于是赵李合谋，秘不发丧，一面把遗书毁了，另造两封伪诏，一传位给公子胡亥（当时从行而素与赵高亲昵的），一赐扶苏、蒙恬死。后一封诏书到达时，扶苏便要自杀，蒙恬却疑心它是假的，劝扶苏再去请示一遍，然后自杀不迟。扶苏说："父亲要赐儿子死，还再请示什么？"立即自杀。

胡亥即二世皇帝位时，才二十一岁；他别的都远逊始皇，只有在残暴上是"跨灶"的。赵高以拥戴的首功最受宠信；他处处要营私，只有在残暴上是胡亥的真正助手。在始皇时代本已思乱的人民，此时便开始磨拳擦掌了。

秦汉之际

一、陈胜之起灭

二世皇帝元年七月，在旧楚境的蕲县大泽乡停留着附近被征发去防守渔阳的闾左兵九百人。适值大雨，道路不通。这队伍已无法如期达到指定的处所。照当时的法律，将校误期，要被处斩。有两位下级将校陈胜和吴广，便秘密图谋免死的办法。他们想当今的二世皇帝并不是依法当立的，当立的乃是公子扶苏，百姓多称赞他的贤惠，却不知道他已死；又从前楚国最后抗秦而死的名将项燕，亲爱士卒，很得民心，民间传说他还活着，假如冒称扶苏、项燕起兵，响应的必定很多。他们去问卜，卜者猜到来意，连称大利；最后并说道，你们何不再向鬼神占卜一下？二人会意。

不几天，兵士买鱼，忽然在鱼肚里得着一小卷绢帛，上面写着朱字道："陈胜王"。晚间兵士又忽然发现附近树林中的神祠有了火光，同时怪声从那里传来，像狐狸作人语道："大楚兴，陈胜王。"这种怪声每每把兵士们从梦中惊醒。从此他们遇到陈胜每每指目着他窃窃私语。

有一天统领官喝醉了酒，吴广在旁，出言特别不逊。统领官大怒，鞭了他一顿，又把剑拔出。吴广素来很得兵士心，在旁的兵士都替他不平。他抢过了剑，把统领官杀掉。陈胜帮着他，把另外两个将官也结果了。

陈、吴号召军中，大意说道："你们因为大雨，已误了期，误了期就要处斩。即使不处斩，去戍守长城，也是十有六七要死的。大丈夫不死便了，死就要成个大名。王侯相将难道是有种的吗？"在全军喧豗应和之下，陈吴二人以扶苏和项燕的名义树起革命的旗帜。军士祖着右臂，自号大楚。陈胜自立为将军，吴广为都尉。

旬日之间大泽乡、蕲县、陈城和附近若干县城，皆落在革命军之手。而革命军在进攻陈城之时已有车六七百乘，骑千余，步卒数万人了。陈城在战国末年曾一度为楚国都，革命军即以此为根据地。先是魏遗民大梁名士张耳、陈余为秦廷悬赏缉捕，变姓名隐居于陈。陈胜既入陈，二人进谒。是时陈中父老豪杰正议推陈胜为王。二人却劝陈胜暂勿称王，而立即领兵西进，同时派人立六国王室之后，以广树秦敌，使秦的兵力因敌多而分散，因分散而薄弱，然后乘虚入据咸阳，以号令诸侯，诸侯感再造之德，必然归服，如此则帝业可成。陈胜不听，遂受推戴为张楚王，都于陈，以吴广为"假王"（假有副贰之意）。

自陈胜发难后，素日痛恨秦吏的郡县，随着事变消息的传到，纷纷戕杀守长，起兵响应。特别是在旧楚境内，几千人成一伙的不可胜数。陈胜遣将招抚略地，分途进取。举其要者，计有六路：（1）符离人葛婴略蕲以东；（2）陈人武臣及张耳、陈余略赵地；（3）魏人周市略魏地；（4）吴广西击荥阳；（5）陈人周文（为卜者，故项燕僚属）西进，向函谷关；（6）铚人宋留取道南阳向武关。

葛婴至东城，立襄强为楚王，后来闻得陈胜已立为张楚王，乃杀襄强，归陈复命，陈胜诛之。

武臣到邯郸即自立为赵王，分命张耳、陈余为将相。陈胜闻讯大怒，把三人的家属拘捕，将加诛戮，继而听了谋士的劝谏，又把他们迁到宫中，而派人去给武臣等道贺，并请他们速即进兵关中。他们哪里肯听，却派韩广去略取燕地。韩广至燕，旋即自立为燕王。

周市定了魏地，东进至齐，时齐王室之后田儋已自立为齐王，以兵拒之，市军败散，还归魏，魏人推戴他为王，他不肯，却要立魏王室之后魏咎，时咎在陈胜军中，市派人迎之，往返五次，陈胜才答应放他赴魏。

武臣之立在八月，韩广、田儋之立在九月。周文军越过函谷关到达戏亦在九月。戏离咸阳不到一百里，而此时周文的军队已增加到兵卒数十万、车千余乘了。东方变乱的真情，赵高一直瞒着二世，到这时已瞒不住了。可是秦廷有什么办法呢？帝国的军队几乎尽在北边和南越，急猝间调不回来，咸阳直是一座空城，只得赦免在骊山工作的刑徒，并解放奴隶所生的男子，派章邯带去应战。周文军来势虽盛，却经不起章邯一击便败走出关，章邯追至渑池，又大破之。周文自刎死，其军瓦解，这是二世二年十一月的事（秦以十月为岁首，二年十一月在是年正月之前，下仿此）。

章邯乘胜东下。先是吴广围荥阳不下，其部将田臧等私计，秦兵早晚要到，那时前后受敌，必无幸理，不如留少数军队看守住荥阳，而用全部精兵去迎击章邯；他们认为吴广骄不知兵，不足与谋，假托陈王的命令把他杀掉，并把他的首级传送至陈。陈王拜田臧为上将，并赐以楚令尹的印信。田臧迎击章邯于敖仓，一战败死。章邯进击至陈西，陈王出监战，军败遁走，他的御者某把他杀掉，拿他的首级去投降。这是十二月的事。

陈胜，字涉，少时在田间做工。有一次放下锄头叹气痴想了许久，却对一个同伴说道："有一天我富贵了，定不会忘记你。"那位同伴笑道："你做长工，怎样富贵法？"后来陈胜做了张楚王，这位同伴便去叩阍求见，阍人几乎要把他缚起来，凭他怎样解释总不肯给他传达。他等陈胜驾出，拦路叫喊，陈胜认得他，把他载归宫里。他看见殿堂深邃，帷帐重叠，不禁嚷道："夥颐！涉大哥为王！沉沉的！"楚人叫多为夥颐。由此"夥涉为王",传为话柄。这客人出入王宫,扬扬自得,谈起陈胜的旧事,如数家珍。有人对陈胜说:这客人无知妄言,轻损王威,陈胜便把他杀掉。由此陈胜的故旧尽皆退避。

宋留已定南阳。南阳人闻陈胜死,复叛归于秦。宋留既无法入武关,东还至新蔡与秦军遇,解甲投降,秦又把他解到咸阳,车裂示众。

章邯既破陈胜,进击魏王咎于临济,围其城。六月,齐王田儋救临济,败死。同月魏咎自杀,临济降于秦。其后儋子市继立为齐王,咎弟豹继立为魏王。

二、项羽与巨鹿之战

项燕的先人累世做楚将,封于项,因以项为氏,而家于下相。项燕有子名项梁,梁有侄名项籍,字羽。项羽少时学书写,不成,弃去;学剑,又不成。项梁怒责他。他说:"书写只可以记姓名罢了,剑是一人敌,也不值得学,要学万人敌!"项梁于是教他兵法。他略通大意,再不深求。项梁曾因事杀人,带着项羽,逃匿于吴(今吴县,秦会稽郡治),吴中名士大夫都奉他为领袖,遇着地方有大徭役或大丧事,每请项梁主办,项梁暗中用兵法部勒宾客子弟,因此他的干才为人所知。项羽长成,身材魁岸,力能扛鼎,尤为吴中子弟所敬畏。

二世元年九月,会稽郡守和项梁商议起兵响应陈胜,打算派项梁和某人为将,是时某人逃匿山泽中。项梁说,只有他的侄子知道某人所在。说完,离座外出,对项羽嘱咐了一番,又走进来,请郡守传见项羽,使召某人。项羽进见后,项梁向他使个眼色,说道:"可以了!"项羽拔剑,砍下郡守的头。项梁拿着郡守的首级,佩了他的印绶。项羽连杀了好几十人,阖署慑伏听命,共奉项梁为会稽守。项梁收召徒众,得八千人。项羽为裨将,时年二十四。

二世二年二月项梁叔侄率兵渡江而西。先是广陵人召平为陈胜取广陵不下，闻陈胜败走，秦兵将到。渡江至吴，假传陈胜之命，拜项梁为上柱国。项梁一路收纳豪杰，到了下邳（今江苏邳县）已有了六七万人。离下邳不远，在彭城之东，有秦嘉所领的一支义军，奉景驹（旧楚贵族景氏之后）为楚王。是时陈胜的下落，众尚不知。项梁声言秦嘉背叛陈王擅立景驹大逆不道，即进击之。秦嘉败死，军降，景驹走死。

既而项梁得知陈胜确实已死，乃从居巢老人范增之策，访得楚怀王之孙（名心）于牧场中，立以为王，仍号楚怀王，都于盱眙（安徽今县），项梁自号武信君。这是六月的事。

自四月至八月间，项梁叔侄军与秦军转战于今苏北、鲁南及豫东一带，连获大捷。项梁由此轻视秦军，时露骄色，部下宋义劝谏他道：“战胜而将骄卒惰乃是败征；现在士卒已渐形怠懈，而秦兵日增，大可忧虑。”项梁不以为意。九月章邯得到关中派来众盛的援兵之后，还击楚军，大破之于定陶，项梁战死。

章邯破项梁军，认为楚地无足忧虑，乃渡河击赵。先是赵地内乱，武臣被杀，张耳、陈余访得赵王室之后赵歇，继立为赵王，居信都。章邯入邯郸，迁其民于河内，夷其城郭。张耳与赵王走入巨鹿城，章邯使王离围之，而自军于巨鹿南。陈余北收兵于常山得数万人，军于巨鹿北。巨鹿城被围数月，粮乏兵单，危在旦夕，求援于陈余，而陈自以力薄非秦敌，按兵不肯动。

项梁死后，楚军集中于彭城附近，怀王亦移节于彭城。巨鹿围急，求救于诸侯，怀王拟派兵赴之。宋义自预言项梁之败而中，以知兵名于楚军。怀王召他来筹商，听了他的议论，大为赞赏，派他为援赵军的统帅，称上将军，以长安侯项羽为次将军，范增为末将。宋义行至安阳（河南今县），逗留四十六日不进，项羽主张急速渡河，与赵军内外夹击秦军。宋义却主张先让赵、秦决战；然后秦胜则乘其疲敝而击之，秦败则引兵西行，乘虚袭取咸阳。于是严申军令，禁止异动。宋义派其子某为齐相，大排筵席为其饯行。是时岁荒粮绌，又适值天寒大雨，士卒饥冻。项羽昌言军中，责备宋义但顾私图，不恤士卒，不忠楚王。一天早晨，项羽朝见宋义，就在帐中把他的头砍下，号令军中；说他通齐反楚，奉怀王令把他诛戮。诸将尽皆慑服，共推他为"假上将军"。项羽使人报告怀王，怀王就派他代为上将军。自杀了宋义之后，项羽威震楚国，名闻诸侯。

项羽既受了援赵军统帅之任，立即派二万人渡河救巨鹿，先锋连获小胜，陈余又请添兵。项羽于是率全军渡河。既渡，凿沉船只，破毁釜甑，焚烧房舍，令士卒每人只带三日粮，示以决死无归还之心。既至巨鹿，反围王离，九战秦军，绝其粮道，大破之，王离被虏，其部下将领或战死或自杀。这是二世三年十二月的事。先是诸侯援军营于巨鹿城外的，不下十几个壁垒，都不敢出战。及楚军开始进攻，诸侯军将领皆从壁上观看。楚兵无不以一当十，呐喊声动天地，诸侯军士卒无不心惊胆震。项羽既破秦军，召见诸侯军将领，他们将入辕门，个个膝行而前，不敢抬头瞻望。于是项羽成了联军的统帅，诸侯军将领皆隶他麾下。

是时章邯尚军于巨鹿南，外见迫于项羽，内受二世的责备，又见疾于赵高，陷入进退维谷之境。陈余乘机投书给他，说道：

> 白起为秦将，南征鄢郢，北坑马服（马服谓赵将马服君赵括，此指长平之战），攻城略地，不可胜计，而竟赐死。蒙恬为秦将，北逐戎人，开榆中地数千里，竟斩阳周。何者？功多，秦不能尽封，因以法诛之。今将军为秦将三岁矣，所亡失以十万数，而诸侯并起，滋益多。彼赵高素谀日久，今事急，亦恐二世诛之，故欲以法诛将军以塞责，使人更代将军，以脱其祸。夫将军居外久，多内隙，有功亦诛，无功亦诛。且天之亡秦，无愚智知之。今将军内不能直谏，外为亡国将，孤特独立，而欲常存，岂不哀哉！将军何不还兵，与诸侯为纵，约共攻秦，分王其地，南面称孤，此孰与身伏鈇质、妻子为戮乎？

章邯得书，心中更加狐疑，秘密派人和项羽议降。议未成，项羽连接进击章邯军，大破之。章邯遂决意投降。项羽以军中粮绌，许之。二世三年七月，章邯与项羽相会于洹水南殷墟上（即今安阳殷墟），立盟定约。章邯与项羽言及赵高事，为之泪下。

三、刘邦之起与关中之陷

当怀王派定了宋义等北上援赵之际，又派砀郡长武安侯刘邦西行略地，向关中进发。

刘邦，字季，泗川郡沛县（江苏今县）人。家世寒微。从小即不肯学习生产技艺。壮年做了本县的泗水亭长（秦制若干户为一里，十里为一亭，十亭为一乡）。他使酒好色，却和易近人，疏财乐施，县署的属吏，常给他嘻嘻哈哈地大开玩笑。有一次县令的旧友吕公来沛县作客，县中属吏都去拜贺，萧何替他收礼，声明贺礼不满千钱的坐在堂下。刘季骗阍人道："贺礼万钱！"实在不名一钱。阍人领了他进来，吕公一见，看了他的相貌大为惊讶，特加敬重。萧何笑道："刘季只会吹牛，本领有限。"刘季满不在乎地据了上位，嘲弄座客，言语之间，一点也没有屈服。酒罢，吕公暗中使眼色留他。客散之后，吕公对他说，生平喜欢看相，看过的相也不少，从未见过他这样好的相貌，望他自爱。就在这一次叙会中，吕公把女儿许嫁了给他，后来吕婆虽严重抗议也无效。

秦朝初年征各地刑徒赴骊山工作。沛县的刑徒，由泗水亭长押去。这些刑徒半路逃脱了许多。刘季预计到得骊山时，他们势必跑个精光。行至丰县西泽中，停下痛饮；半夜，把剩下的刑徒通通放了，自己也准备逃亡。刑徒中有十几个壮汉要跟随他。刘季于是领了这班人匿在芒、砀两县的山泽岩石之间。他们所以维持生活的方法似乎是不很名誉的，所以历史上没有交代。

陈胜发难后，沛县令打算响应。县吏萧何和曹参替他计议，以为他以秦吏背秦，恐怕沛中子弟不服，不如把本县逃亡在外壮士召来，可得几百人，有他们相助，众人就不敢不听命了。于是派樊哙去招刘季。这樊哙是刘季的党羽，以屠狗为业。刘季率领着部下约莫一百人，跟着樊哙回来，沛令反悔，闭城不纳，并打算把萧、曹二人杀掉。二人跳城投奔刘季。刘季射书城上，劝县人诛沛令起事，否则城破之后，以屠城对付，县人遂共杀沛令，开城相迎。刘季受父老的推戴为沛公，收县中子弟得二三千人。这是二世元年九月的事。此后七个月内刘季转战于今独山湖以西、苏鲁两省相接之境，先后取沛、丰、砀（皆江苏今县）做根据地。替刘季守丰的部将叛而附魏，刘季攻他不下，走去留县求助于景驹。他始终没有得到景驹的帮助，却在留县遇到了张良。张良原是韩国的贵公子，其先人五世相韩，亡国后散家财谋报国仇。秦始皇在博浪沙遇刺，那凶手就是他所买的。这时他领了一百多个少年，想投景驹，遇了刘季，情投意合，便以众相从。后来楚怀王既立，张良说动了项梁，更立故韩公子韩成为韩王，只得辞别刘季，往佐韩王。

景驹败死后，刘季往见项梁，项梁给他补充五千人。他得了这援助，才于二世二年四月把丰县攻下。从此刘季归附了项梁。他和项羽似乎很相得，两人总是共领一军出战或同当一面，像是形影不离的。据说当怀王派刘季西行时项羽也请求同往，只是怀王左右的老将们极力反对，以为项羽剽悍残暴，是屠城的能手；关中人民，久苦苛政，可以德服，他一去，反失人心；唯有刘季，忠厚长者，可胜宣抚之任；怀王因此不许项羽和刘季偕行。

宋义、项羽等北上救赵之军和刘季西进之军，同于二世二年闰九月（当时称后九月）分途出发。刘季转战于今豫东豫南，取道南阳以向武关。

这时秦军的主力被吸在河北，这一路的楚军并未遇着劲敌。刘季从洛阳南下，复与张良相会。先是，张良同了韩王领兵千余，西略韩地，取了数城，又被秦军夺回，只得在颍川一带作游击战。至是，领兵与刘季合，占领了韩地十余城。刘季令韩王留守阳翟，而同了张良前进，略南阳郡。

郡守兵败，退守宛城。刘季便越过宛城而西。张良谏道：现在虽急于入关，但关中兵尚众，且凭险相拒，若不攻下宛城，腹背受敌，这是危道。

刘季便半夜隐匿旗帜，绕道回军，黎明，围宛城三匝。南阳守以城降，刘季封他为殷侯。由此西至武关，一路所经城邑纷纷迎降。二世三年八月武关陷。是月，赵高弑二世，使人来约降，刘季等以为诈，继进。九月峣关陷。刘季初欲急攻峣关。张良以为守将乃屠户之子，可以利动。于是楚军一面派人先行，预备五万人的餐食，并在山上多树旗帜为疑兵；一面派人拿重宝去说守将，守将果然变志，愿和楚军同入咸阳。刘季将要答应他，张良以为只是守将要反，怕士卒不从，不从可危，不如乘其怠懈进击。刘季依计遂破峣关。是月秦军再战于蓝田南，复大败。次月刘季入咸阳。先是赵高既弑二世，继立其侄子婴，贬去帝号，称秦王，子婴又袭杀赵高。至是，子婴以绳系颈，乘素车白马，捧着皇帝的玺印，迎接刘季于霸上（长安东十三里）的帜道旁。

秦历以九月为岁终，而秦历可说是终于二世三年九月。后此五十四个月，即四年半，刘季乃即皇帝位，汉朝乃开始。中间纪事，系年系月，甚成问题。若用公元，年次固可约略相附，但月份则尚无正确的对照。汉人以二世三年之后为汉元年；汉初沿秦历法，以十月为岁首，故以汉元年十月接秦二世三年九月。但此时尚无汉朝，何有汉年？今别无善法，只得依之。

四、项羽在关中

刘季到了咸阳，看着堂皇的宫殿，缛丽的帷帐和无数的美女、狗马、珍宝，便住下不肯出。奈不得樊哙和张良苦劝婉谏，才把宫中的财宝和府库封起，退驻霸上，以等待各方的领袖来共同处分。他又把父老召来，宣布废除秦朝的苛法，只约法三章："杀人者死，伤人及盗抵罪。"人民大喜，纷纷送上牛羊来犒军，刘季一概辞谢不受。

项羽既定河北，率楚军诸侯军及秦降军西向关中，行至新安，闻秦降卒有怨声，虑其为变，尽坑之。

当初怀王曾与诸将约，谁先入关中，即以其地封他为王。刘邦因此以关中的主人自居。而项羽西进之前已封了章邯为雍王（秦地古称雍州），大有否认怀王初约之意。刘季闻讯，派兵守函谷关，拒外军入境，同时征关中人民入伍，以扩充实力。

项羽至函谷关，不得入，大怒，攻破之。进驻鸿门，与刘季军相距只四十里。是时外军四十万，号百万；内军十万，号二十万。项羽大飨军士预备进攻。项羽的叔父项伯曾受张良救命之恩，半夜去给张良通消息，劝张良快跟他走。张良却替他和刘季拉拢。刘季会项伯一见如故，杯酒交欢，约为婚姻。刘季道："我入关以来，秋毫不敢有所沾染，簿籍吏民，封闭府库，以等待项将军。派人守关，只是警备盗贼。日夜盼望项将军到，哪里敢反？"恳求项伯代为解释。项伯答应，并约他次早亲到鸿门营中来。

项羽听了项伯的话，芥蒂已消，又见刘邦亲到，反而高兴起来，留他宴饮。项羽、项伯坐西，范增坐北，刘季坐南，张良坐东。范增主张剪除刘季最力，席间屡次递眼色给项羽，同时举起所佩的玉玦。项羽默然不应。范增出去，一会又入来。随后不久，项庄入来奉酒祝寿。奉毕说道："君王和沛公饮酒，军营里没有什么可以助兴的，让我来舞剑！"项羽说："好！"他便舞起剑来。项伯亦拔剑起舞。项庄屡屡逼近刘季，项伯屡屡掩护着刘季。正对舞间，张良出去，一会又入来。随后，门外喧嚷声起，一人带剑持盾闯进来，鼓起眼睛盯着项羽。项羽按剑翘身（时席地坐）问："做什么？"张良说："那是沛公的骖乘樊哙。"项羽说："壮士！赏他酒！"

是一大杯。樊哙拜谢了，一口喝干。项羽说："赏他一个猪肩！"那是生的。樊哙把盾覆在地上，把猪肩放在盾上，拔剑切肉便啖。项羽问他可还能饮不，他说："臣死也不避，何况杯酒？"接着他痛陈刘季的功劳，力数项羽的不是。项羽无话可答，只请他坐，他便挨张良坐下。自从樊哙闯入，舞剑停止。樊哙坐下不久，刘季说要如厕走开，张良跟着他。过了许久，张良单独回来，带好些玉器。张良作礼道："沛公很抱歉，因饮酒过多，不能亲来告辞。托下臣带了白璧一对献与大王（项羽），玉斗（酒器）一对献与大将军（范增）。"项羽问沛公在哪里，张良说："他听说大王有意责难他，已回营去了。"项羽收下白璧，放在几上。范增把玉斗放在地下，拔剑撞个粉碎。

随后项羽入咸阳，屠城，杀子婴，烧秦宫室，收财宝妇女，然后发号施令，分割天下。他尊怀王为义帝，却只给他湘江上游弹丸之地，都于郴（今县）。自立为西楚霸王，占旧楚、魏地九郡，都于彭城；此外他封立了十八个王国，列表如下：

王号	姓名	原来地位	国都	领地	附注
汉王	刘季		南郑	汉中、巴蜀	
雍王	章邯	秦降将	废丘	咸阳以西	三人共分关中地，三国合称三秦
塞王	司马欣	章邯部下长史	栎阳	咸阳以东至河	
翟王	董翳	章邯部下都尉	高奴	上郡	
西魏王	魏豹	魏王	平阳	河东	
河南王	申阳	张耳部将，先定河南	洛阳	河南郡	
韩王	韩成	韩王	阳翟	韩地若干郡	
殷王	司马卬	赵将，先定河内	朝歌	河内	
代王	赵歇	赵王		代郡	
常山王	张耳	赵相，从项羽入关	襄国	赵地大部分	

续表

王号	姓名	原来地位	国都	领地	附注
九江王	英布	项羽部将	六	九江郡一带	后降刘季,封淮南王
衡山王	吴芮	百越君长,从入关	邾	楚地一部分	
临江王	共敖	怀王柱国	江陵	楚地一部分	死于汉三年,子尉嗣,四年十二月为汉所虏
辽东王	韩广	燕王		辽东	后拒臧荼,为所杀
燕王	臧荼	燕将,从项羽入关	蓟	燕地大部分	
胶东王	田市	齐王	即墨	齐地一部分	
齐王	田都	齐将	临淄	齐地大部分	
济北王	田安	齐王室后,项羽部将	博阳	齐地一部分	

我们看这表便可知道，其中哪些是不会悦服项羽的宰割的人。刘季指望割据关中而只得到僻远的汉中、巴蜀，不用说了。魏豹由魏王而缩为西魏王，赵歇由赵王而缩为代王，田市由齐王而缩为胶东王，韩广由燕王而缩为辽东王，都是受了黜降。此外项羽在瓜分天下时所树的敌人，不见于表中的还有故齐相田荣和故赵将陈余。当初田儋战死后，齐人立田假为王，田荣（田儋弟）逐田假更立儋子田市而专齐政。田假走依项梁，由此田荣与项氏有隙。项羽以齐地分王田市、田都、田安，而田荣无份。田荣怎肯甘心？陈余本与张耳为"刎颈交"。巨鹿之围，张求援于陈，而陈竟以利害的计较，按兵不动。两人从此成仇。但两人的"革命功绩"，实不相上下。项羽因张耳相从入关以赵地的大部分封他为常山王，而仅以南皮等三县之地封陈余为侯。陈

余由此深怨项羽。

五、楚汉之战及其结局

汉元年四月，在咸阳新受封的诸王分别就国。张良辞别刘季，往佐韩王，却送刘季到褒中，临别，劝他烧绝所过栈道，示无北还之心，刘季依计。

五月，田荣发兵拒田都，击走之。田荣留田市，不让他赴胶东。田市惧怕项羽，逃亡就国。田荣追杀之，而自立为齐王。是时昌邑人彭越（以盗贼起）聚众万余人于巨野，无所属。田荣给他将军印，使攻济北。越击杀济北王。于是田荣尽有全齐之地。彭越又进击楚军，大破之。陈余请得田荣的助兵，并尽发南皮三县兵，共袭常山，张耳败逃。二年十月陈余迎故赵王歇于代，复立为赵王。于是齐赵地尽反楚。是月义帝在就国途次，为项羽命人袭杀于江中。

刘季乘齐变，于元年八月突入关中。章邯兵败，被围于废丘（二年六月废丘始陷，章邯自杀）。塞王、翟王皆降汉。先是项羽挟韩王成归彭城，不使就国，继废之为侯，继又杀之。于是张良逃就刘季于关中。刘季以故韩襄王（战国时）孙信为韩太尉，使共张良将兵取韩地。二年十一月，韩地既定，刘季立信为韩王。先是河南王申阳亦降汉。

项羽权衡西、北两方敌人的轻重，决定首先击齐。二年正月，大败田荣于城阳。田荣遁逃，为人民所杀。项羽坑田荣降卒。提兵北进，一路毁城放火，掳掠妇女。齐人怨叛。荣弟田横，收散兵，得数万人，复反城阳。

项羽还战，竟相持不下。刘季乘齐、楚相斗之际东进，降西魏王豹，虏殷王卬，为义帝发丧，率诸侯兵五十六万伐楚，遂入彭城。项羽以精兵三万人还战，汉军大溃，被挤落谷水和泗水死的据说有十余万人。再战灵璧东，汉军又溃，被挤落睢水死的据说也有十余万人，睢水几乎被死尸填塞了。

楚军围了刘季三匝。适值大风从西北起，折树发屋，飞沙走石，阴霾蔽天，白昼昏黑。楚军逆着大风，顿时散乱，刘季才得带了几十骑遁走。但项羽一去齐，田横复定齐地，立田荣子田广为王。刘季收聚散卒，又得萧何征调关中壮丁转运关中粮食来援，固守荥阳、成皋（并在今河南成皋县境，荥阳在东，成皋在西），军势复振。先是魏王豹于汉军败后，复叛归楚。汉使淮阴人韩信击之。九月，韩信俘魏王豹，定魏地。

此后战争的发展，可分为三个阶段。

第一阶段尽汉三年九月。在这一阶段，汉正面大败，而侧面猛进。在正面，汉失荥阳、成皋。刘季先后从荥阳、成皋突围先遁。其出荥阳时，将军纪信假扮作他，从东门出，以诳楚军，他才得从西门逃走，纪信因此被烧杀。在侧面，韩信取赵。先是，张耳败走，投奔汉。刘季微时曾为张耳客，因善待之。及会诸侯兵伐楚，求助于赵，陈余以汉杀张耳为条件。

刘季把一个貌似张耳的人杀了，拿首级送去，陈余才派兵相助。后来陈余闻得张耳未死，便绝汉。汉使韩信击赵，杀陈余。在这阶段，还有两件大事可记。其一，楚将九江王英布先已离心，又受了汉所遣辩士的诱说，遂举九江降汉。英布旋被项羽击败，只身逃入汉，但项羽已失去一有力的臂助了。其二，项羽中了汉的反间计，对一向最得力的谋臣范增起了猜疑，范增愤而告退，归近彭城，疽发背死。

第二阶段尽汉四年九月。在这一阶段，韩信南下取齐，楚军援齐大败，韩信遂定齐地；而彭越（于田荣死后归汉）为汉守魏地，时出游兵断楚粮道，荥阳、成皋的楚军大窘；项羽抽军自领回击彭越，汉乘机收复成皋，并进围荥阳。项羽引兵还广武（在荥阳附近，荥泽与汜水之间），与汉相持数月。项羽以前方粮绌、后方又受韩信的抄袭，想和汉决一死战，而汉按兵不出，只得与汉约和。约定楚汉平分天下，以鸿沟（在广武荥泽间）为界准，其东属楚，其西属汉；楚放还前所掳汉王之父及妻。约成，项羽便罢兵东归。

以下入最后阶级。初时刘季也打算罢兵西归，张良等力劝乘势灭楚。

五年十月，汉追击项羽军于固陵（今河南淮阳县西北），大败之。刘季约韩信、彭越会师，而二人不至。先是韩信既定齐，自请立为齐王，刘季忍怒许之；彭越只拜魏相国。至是张良献计：韩信故乡在楚，指望做楚王；彭越据魏地亦指望做魏王；若能牺牲楚、魏地的一部分，许与他们，他们必然效命。刘季依计，二人立即会师。十一月，汉遣别将渡淮围寿春，又诱降楚舒城守将，使以舒屠六。十二月，项羽至垓下（今安徽灵璧县东南），兵少食尽，汉军围之数重。项羽率八百余骑溃围而出，所当辟易；到了长江西岸的乌江（今安徽和县东北乌江浦）只剩下二十六骑。乌江渡口单摆着一只小船。乌江亭长请他立即下渡。说道："江东虽小，也有几千里地，几十万人；现在只有这一只船，汉兵即使追来，也无法飞渡。"项羽说："我当初领江东子弟八千，渡江西去，如今无一人归还，即使江东父老怜恤我，奉我为王，我也有何面目再见他们？他们即使不说话，难道我不问心有愧？"于是把所乘的骓马赏给了亭长，令他先走。自与从人步行，持短兵接战。他连接杀了几百人，身上受了十几伤，然后拔剑自刎。

五年正月，汉王立韩信为楚王，领淮北，都下邳；立彭越为梁王，领魏地，都定陶。随后，诸侯向汉王上了一封献进书如下：

> 楚王韩信，淮南王英布，梁王彭越，故衡山王吴芮（项羽所立，旋废之），赵王张敖（汉立张耳为赵王，先已死，其子敖嗣），燕王臧荼昧死再拜言：大王陛下，先时秦为无道，天下诛之，大王先得秦王，定关中，于天下功最多。存亡定危，救败继绝，以安万民，功盛德厚，又加惠于诸侯王，有功者使得立社稷。地分已定，而位号比拟无上下之分，大王功德之著，于后世不宣。昧死再拜上皇帝尊号。

刘季经过一番逊让之后，于二月即皇帝位于定陶附近的氾水之北。是月封吴芮为长沙王，领长沙、象郡、桂林、南海四郡；又封故粤王无诸（秦所废，后从诸侯伐秦）为闽粤王，领闽中地。初定都洛阳，五月迁都于长安。

刘季做了七年皇帝（前二〇二年至前一九五年）而死，庙号太祖高皇帝（《广阳杂记》卷二："考得高祖起沛年四十八，崩时年六十三。"不知何据）。

大汉帝国的发展

一、纯郡县制的重建

　　刘邦即帝位之初，除封了七个异姓的"诸侯王"外，又陆续封了一百三十多个功臣为"列侯"。汉朝的封君，主要的就是这诸侯王和列侯两级。在汉初，这两级的差异是很大的。第一，王国的境土"多者百余城，少者乃三四十县"；这七个王国合起来就占了"天下"的一大半。但侯国却很少有大过一县的。刘邦序次功臣，以萧何为首，而萧何初受封为酂侯时，只食邑八千户；后来刘邦想起从前徭役咸阳时，萧何多送了二百钱的赆，又加封给他二千户；后来萧何做到相国，又加封五千户；合共才一万五千户。终汉之世，也绝少有超过四万户的列侯。

　　第二，诸侯王除享受本国的租税和徭役外，又握着本国政权的大部分。王国的官制是和中央一样的。汉代的官制大抵抄袭秦朝。中央有丞相，王国也有之；中央有御史大夫，王国也有之；中央有太尉，王国则有中尉。王国的官吏，除丞相外，皆由诸侯王任免。但列侯在本"国"，只享受额定若干户的租税和徭役（譬如某列侯食五千户，而该国的民户超过此数，则余户的租税仍归中央），并没有统治权。他们有的住长安，有的在别处做官，多不在本国。侯国的"相"实际是中央所派地方官，和非封区里的县令或县长相等（汉制万户以上的县置令，万户以下的县置长）。他替列侯征收租税，却不臣属于列侯。在封君当中，朝廷所须防备的只有诸侯王，列侯在政治上是无足轻重的。

最初，诸侯王都是异姓的。异姓诸侯王的存在，并非刘邦所甘愿。不过他们在新朝成立之前都早已据地为王。假如刘邦灭项之后，不肯承认他们既得的地位，他们在自危之下，联合起来，和刘邦对抗，刘邦能否做得成皇帝，还未可知。所以当刘邦向群臣询问自己所以成功的原因，就有人答道：

> 陛下慢而侮人，项羽仁而爱人。然陛下使人攻城略地，所降下者，因以予之，与天下同利也。项羽妒贤嫉能，有功者害之，贤者疑之，战胜而不予人功，得地而不予人利，此所以失天下也。

不过刘邦在未做皇帝之前，固能"与天下同利"；做了皇帝之后，就不然了。他在帝位未坐稳之前，不能把残余的割据势力一网打尽；在帝位既坐稳之后，却可以把他们各个击破。他最初所封诸王，除了仅有众二万五千户的长沙王外，后来都被他解决了。假如刘邦有意重振前朝的纯郡县制度，他很可以把异姓诸侯王的国土陆续收归中央。此时纯郡县制度恢复的主要障碍似乎只是心理的。秦行纯郡县制十五年而亡，周行"封建"享祀八百，这个当头的历史教训，使得刘邦和他的谋臣认"封建"制为天经地义。异姓的"诸侯王"逐渐为刘邦的兄弟子侄所替代，到后来，他立誓："非刘氏而王者天下共击之。"不过汉初的"封建"制和周代的"封建"制，名目虽同，实则大异。在周代，邦畿和藩国都包含着无数政长而兼地主的小封君；但在汉初，邦畿和藩国已郡县化了。而且后来朝廷对藩国的控制也严得多：藩国的兵符掌在朝廷所派的丞相手，诸侯王非得他的同意不能发兵。

在高帝看来，清一色的刘家天下比之宗室和异姓杂封的周朝，应当稳固得多了。但事实却不然。他死后不到二十年，中央对诸侯王国的驾驭，已成问题。文帝初即位的六年间，济北王和淮南王先后叛变。虽然他们旋即被灭，但拥有五十余城的吴王濞又露出不臣的形迹。他收容中央和别国的逃犯，用为爪牙；又倚恃自己镕山为钱、煮海为盐的富力，把国内的赋税免掉，以收买人心。适值吴太子入朝，和皇太子（即后日的景帝）赌博，争吵起来，给皇太子当场用博局格杀了，从此吴王濞称病不朝，一面加紧地"积金钱，修兵革，聚谷食"。文帝六年，聪明盖世的洛阳少年贾谊（时为梁王太傅）上了有名的《治安策》，认为时事有"可为痛哭者一，可为流涕者一（今本作可为流涕者二，据夏炘《贾谊政事疏考补》改），可为长太息者六"。其"可为痛哭者一"便是诸侯王的强大难制。他比喻道："天下之势，方病大瘇，一胫之大几如腰，一指之大几如股。"他开的医方是"众建诸侯而少其力"，那就是说，分诸侯王的土地，以封他们的兄弟或子孙，这一来诸侯王的数目增多，势力却减少。后来文帝分齐国为六，淮南国为三，就是这政策一部分的实现。齐和淮南被分之前，颍川人晁错提出了一个更强硬的办法，就是把诸侯王土地的大部分削归中央。这个提议，宽仁的文帝没有理会，但他的儿子景帝继位后，便立即采用了。临到削及吴国，吴王濞便勾结胶东、胶西、济南、菑川（四国皆从齐分出）、楚、赵和吴共七国，举兵作反。这一反却是汉朝政制的大转机。中央军在三个月内把乱事平定。景帝乘着战胜的余威，把藩国一切官吏的任免权收归朝廷，同时把藩国的官吏大加裁减，把它的丞相改名为相。经过这次的改革后，诸侯王名虽封君，实为食禄的闲员；藩国虽名封区，实则中央直辖的郡县了。往后二千余年中，所行的"封建制"多是如此。

景帝死，武帝继位，更双管齐下地去强干弱枝。他把贾谊的分化政策，极力推行。从此诸侯王剩余的经济特权也大大减缩，他们的食邑最多不过十余城，下至蕞尔的侯国，武帝也不肯放过，每借微罪把他们废掉。汉制，皇帝以八月在宗庙举行大祭，叫作"饮酎"，届时王侯要献金助祭，叫作"酎金"。武帝一朝，列侯因为酎金成色恶劣或斤两不够而失去爵位的，就有一百多人。

景、武之际是汉代统治权集中至极的时期，也是国家的富力发展至极的时期。

秦代十五年间空前的工役和远征已弄到民穷财尽。接着八年的苦战（光算楚汉之争，就有"大战七十，小战四十"），好比在嬴瘵的身上更加剃戕。这还不够。高帝还定三秦的次年，关中闹了一场大饥荒，人民相食，死去大半。及至天下平定，回顾从前的名都大邑，多已半付蒿莱。它们的户口往往什去七八。高帝即位后二年，行过曲逆，登城眺望，极赞这县的壮伟，以为在所历的都邑中，只有洛阳可与相比，但一问户数，则秦时本有三万，乱后只余五千。这时不独一般人民无蓄积可言，连将相有的也得坐牛车，皇帝也无力置备纯一色的驷马。

好在此后六七十年间，国家大部分享着不断的和平，而当权的又大都是"黄老"的信徒，守着省事息民的政策。经这长期的培养，社会又从苏复而趋于繁荣。当武帝即位的初年，据同时史家司马迁的观察："非遇水旱之灾，民则人给家足。都鄙廪庾皆满，而府库余货财。京师之钱累巨万（万万），贯朽而不可校（计算）。太仓之粟，陈陈相因，充溢露积于外，至腐败不可食。众庶街巷有马，阡陌之间（马聚）成群。"

政权集中，内患完全消灭；民力绰裕，财政又不成问题，这正是大有为之时。恰好武帝是个大有为之主。

二、秦汉之际中国与外族

在叙述武帝之所以为"武"的事业以前，我们得回溯秦末以来中国边境上的变动。

当秦始皇时，匈奴既受中国的压迫，同时它东边的东胡和西边的月氏（亦一游牧民族，在今敦煌至天山间，其秦以前的历史全无可考。《管子·揆度篇》和《逸周书·王会篇》中的禺氏，疑即此族），均甚强盛。因此匈奴只得北向外蒙古方面退缩。但秦汉之际的内乱和汉初国力的疲敝，又给匈奴以复振的机会。适值这时匈奴出了一个枭雄的头领冒顿单于。冒顿杀父而即单于位，约略和刘邦称帝同时。他把三十万的控弦之士套上铁一般的纪律，向四邻攻略：东边，他灭了东胡，拓地至朝鲜界；北边，服属了丁零（匈奴的别种）等五小国；南边，他不独恢复蒙恬所取河套地，并且侵入今甘肃平凉至陕西肤施一带；西边，他灭了月氏，把国境伸入汉人所谓"西域"中（即今新疆及其以西和以北一带）。这西域包含三十多个小国，其中一大部分不久也成了匈奴的臣属，匈奴在西域设了一个"僮仆都尉"去统辖它们，并且向他们征收赋税。冒顿死于文帝六年（前一七四年），是时匈奴已俨然一大帝国，内分三部：单于直辖中部，和汉的代郡、云中郡相接；单于之下有左右贤王，分统左右两部；左部居东方，和上谷以东的边郡相接；右部居西方，和上郡以西的边郡及氐羌（在今青海境）相接。胡俗尚左，左贤王常以太子充任。

匈奴的土地虽广，大部分是沙碛或卤泽，不生五谷，而除新占领的月氏境外，草木也不十分丰盛，因此牲畜不会十分蕃息。他们的人口还比不上中国的一大郡。当匈奴境内人口达到饱和的程度以后，生活的艰难，使他们不得不以劫掠中国为一种副业。而且就算没有生活的压迫，汉人的酒谷和彩缯，对于他们，也是莫大的引诱。匈奴的人数虽寡，但人人在马背上过活，全国皆是精兵。这是中国人所做不到的。光靠人口的量，汉人显然压不倒匈奴。至于两方战斗的本领，号称"智囊"的晁错曾作过精细的比较。他以为匈奴有三种长技：

1. 上下山阪，出入溪涧，中国之马弗如也。

2. 险道倾仄，且驰且射，中国之骑（兵）弗如也。

3. 风雨疲劳，饥渴不困，中国之人弗如也。

但中国却有五种长技：

1. 平原易地，轻车突骑，则匈奴之众易挠乱也。

2. 劲弩长戟，射疏（广阔）及远，则匈奴之弓弗能格也。

3. 坚甲利刃，长短相杂，游弩往来，什伍俱前，则匈奴之兵（器）弗能当也。

4. 材官（骑射之兵）驺（骤）发，矢道同的，则匈奴之革笥木荐弗能支也。

5. 下马地斗，剑戟相接，去就相薄，则匈奴之足弗能给也。

这是不错的。中国的长技比匈奴还多，那么，汉人对付匈奴应当自始便不成问题了。可是汉人要有效地运用自己的长技，比之匈奴，困难得多。匈奴因为是游牧的民族，没有城郭宫室的牵累，"来如兽聚，去如鸟散"，到处可以栖息。他们简直用不着什么防线。但中国则从辽东到陇西（辽宁至甘肃）都是对匈奴的防线，而光靠长城并不足以限住他们的马足。

若是沿边的要塞皆长驻重兵，那是财政所不容许的。若临时派援，则汉兵到时，匈奴已远飏，汉兵要追及他们，难于捉影。但等汉兵归去，他们又卷土重来。所以对付匈奴，只有两种可取的办法：一是一劳永逸的大张挞伐，拼个你死我活；二是以重赏厚酬，招民实边（因为匈奴的寇掠，边地的居民几乎逃光），同时把全体边民练成劲旅。前一种办法，武帝以前没有人敢采。后一种办法是晁错献给文帝的，文帝也称善，但没有彻底实行。汉初七八十年间对匈奴的一贯政策是忍辱修好，而结果殊不讨好。当高帝在平城被冒顿围了七昼七夜，狼狈逃归后，刘敬献了一道创千古奇闻的外交妙计：把嫡长公主嫁给单于，赔上丰富的妆奁，并且约定以后每年以匈奴所需的汉产若干奉送，以为和好的条件。这一来匈奴既顾着翁婿之情，又贪着礼物，就不便和中国捣乱了。高帝想不出更好的办法，只舍不得公主，于是用了同宗一个不幸的女儿去替代。不过单于们所希罕的毋宁是"蘗酒万石，稷米五千斛，杂缯万匹"之类，而不是托名公主，未必娇妍的汉女。所以从高帝初年到武帝初年间共修了七次"和亲"，而遣"公主"的只有三次。和亲使单于可以不用寇掠而得到汉人的财物。但他并不以此为满足，他手下没得到礼物或"公主"的将士们更不能满足。每度和亲大抵只维持三几年的和平。而堂堂中国反向胡儿纳币进女，已是够丢脸了，贾谊所谓"可为流涕"的事，就是指此。

上面讲的，是汉初七八十年间西北两方面的边疆状况，让我们再看其他方面的情形。

在东北方面，是时朝鲜半岛上，国族还很纷纭；其中较大而与中国关系较密的是北部的朝鲜和南部的真番。真番在为燕所征服之前无史可稽。朝鲜约自周初以来，燕、齐的人民或因亡命，或因生计所迫，移殖日众；至迟到了秦汉之际，朝鲜在种族上及文化上皆已与诸夏为一体，在语言上和北燕属同一区域。在战国末期（确年无考）燕国破胡的英雄秦开（即副荆轲入秦的秦舞阳的祖父）曾攻朝鲜，取地二千余里。不久，朝鲜和真番皆成了燕的属地，燕人为置官吏。秦灭燕后，于大同江外空地筑障以为界，对朝鲜控制稍弛，朝鲜名虽臣服于秦，实不赴朝会。汉朝初立，更无远略，把东北界缩到大同江。高帝死时，燕王卢绾率叛众逃入匈奴，燕地大乱，燕人卫满聚党千余人，渡大同江，居秦故塞，收容燕、齐的亡命之徒；继灭朝鲜，据其地为王，并降服真番及其他邻近的东夷小国。箕子的国祀，经八百余年，至此乃绝。卫满沿着朝鲜向来的地位，很恭顺地对汉称臣，约定各保边不相犯，同时半岛上的蛮夷君长要来朝见汉天子时，朝鲜不加阻碍。但到了卫满的孙右渠（与武帝同时），便再不和汉朝客气，一方面极力招诱逃亡的汉人，一方面禁止邻国的君长朝汉。

在南方，当秦末的内乱，闽越和西南夷，均恢复自主；南越则为故龙川县（属南海郡）令真定（赵）人赵佗所割据。汉兴，两越均隶藩封。但南越自高帝死后已叛服不常，闽越当武帝初年亦开始侵边。而西南夷则直至武帝通使之时，还没有取消独立。

以上一切边境内外的异族当中，足以为中国大患的只有匈奴。武帝对外也以匈奴为主要目标。其灭朝鲜有一部分为的是"断匈奴左臂"；其通西域全是为"断匈奴右臂"。

三、武帝开拓事业的四时期

武帝一朝对待外族的经过，可分为四期。

（一）第一期包括他初即位的六年（前一四一年至前一三六年），这是承袭文、景以来保境安民政策的时期。武帝即位，才十六岁，太皇太后窦氏掌握着朝政。这位老太太是一个坚决的"黄老"信徒。有她和一班持重老臣的掣肘，武帝只得把勃勃的雄心暂时按捺下去。当建元三年（前一三八年）闽越围攻东瓯（今浙江东南部），武帝就对严助说："太尉不足与计，吾新即位，不欲出虎符发兵郡国。"结果，派严助持"节"去向会稽太守请兵，"节"并不是发兵的正式徽识，严助几乎碰了钉子。在这一期里，汉对匈奴不但继续和亲，而且馈赠格外丰富，关市的贸易也格外起劲；可是武帝报仇雪耻的计划早已决定了。他派张骞去通使西域就在即位的初二年间。

（二）第二期从建元六年窦太后之死至元狩四年大将军霍去病之兵临瀚海，凡十六年（前一三五年至前一一九年），这是专力排击匈奴的时期。

窦氏之死，给汉朝历史划一新阶段。她所镇抑着的几支历史暗流，等她死后，便一齐进涌，构成卷括时代的新潮。自她死后，在学术界里，黄老退位，儒家的正统确立；政府从率旧无为变而发奋兴作，从对人民消极放任变而为积极干涉。这些暂且按下不表。现在要注意的是汉廷的对外政策从软弱变而为强硬。她死后的次年，武帝便派重兵去屯北边；是年考试公卿荐举"贤良"，所发的问题之一，便是"周之成、康……德及鸟兽，教通四海，海外肃慎，……氐、羌徕服。……呜呼，何施而臻此欤？"次年，便向匈奴寻衅，使人诈降诱单于入塞，同时在马邑伏兵三十万骑，要把单于和他的主力一举聚歼。这阴谋没有成功，但一场狠斗从此开始。

晁错的估量是不错的。只要汉廷把决心立定，把力量集中，匈奴绝不是中国的敌手。计在这一期内，汉兵凡九次出塞挞伐匈奴，前后斩虏总在十五万人以上，只最后元狩四年（前一一九年）的一次，也是最猛烈的一次，就斩虏了八九万人。先是元狩二年（前一二一年），匈奴左地的昆邪王惨败于霍去病将军之手，单于大怒，要加诛戮，他便投降汉朝，带领去的军士号称十万，实数也有四万多。光在人口方面，匈奴在这一期内，已受了致命的打击（匈奴比不得中国，便遭受同数目的耗折也不算一回事。计汉初匈奴有控弦之士三十万，后来纵有增加，在此期内壮丁的耗折总在全数一半以上）。在土地方面，匈奴在这一期内所受的损失也同样的大。秦末再度沦陷于匈奴的河套一带（当时称为"河南"）给将军卫青恢复了。武帝用《诗经》中赞美周宣王征伐玁狁"出车彭彭，城彼朔方"的典故，把新得的河套地置为朔方郡；以厚酬招募人民十万，移去充实它；又扩大前时蒙恬所筑凭黄河为天险的边塞。从此畿辅才不受匈奴的威吓。后昆邪王降汉，又献上今甘肃西北的"走廊地带"（中包括月氏旧地，为匈奴国中最肥美的一片地），武帝把这片地设为张掖、酒泉两郡（后来又从中分出武威、敦煌两郡，募民充实之）。从此匈奴和氐羌（在今青海境）隔绝，从此中国和西域乃得直接交通，从此中国自北地郡以西的戍卒减去一半。后来匈奴有一首歌谣，纪念这一次的损失道（依汉人所译）：

> 亡我祁连山，使我六畜不蕃息！
> 失我焉支（燕支）山，使我妇女无颜色！

最后在元狩四年的一役，匈奴远遁至瀚海以北，汉把自朔方渡河以西至武威一带地（今宁夏南部，介于绥远和甘肃间地）也占领了，并且在这里开渠屯田，驻吏卒五六万人（唯未置为郡县），更渐渐地向北蚕食。是年武帝募民七十余万充实朔方以南一带的边境。

（三）元狩五年至太初三年，凡十七年（前一一八年至前一○二年）间，是武帝对外的第三期。在这一期内，匈奴既受重创，需要休息，不常来侵寇；武帝也把开拓事业转向别方：先后征服了南越、西南夷、朝鲜，皆收为郡县；从巴蜀开道通西南夷，役数万人；戡定闽越，迁其种族的一大部分于江淮之间，并且首次把国威播入西域。

西域在战国时是一神话的境地，屈原在《招魂》里描写道：

> 西方之害，流沙千里些！
>
> 旋入雷渊，靡散而不可止些！
>
> 幸而得脱，其外旷宇些！
>
> 赤蚁若象，玄蜂若壶些！
>
> 五谷不生，丛菅是食些！
>
> 其土烂人，求水无所得些！

一直到张骞出使之时，汉人还相信那里的昆仑山，为日月隐藏之所，其上有仙人西王母的宫殿和苑囿。对这神话的境界武帝首先作有计划的开拓。

武帝在即位之初，早已留意西域。先时月氏国给匈奴灭了以后，一部分的人众逃入西域，占据了塞国（今伊犁一带），驱逐了塞王，另建一新国，是为大月氏（余众留敦煌、祁连间为匈奴役属的叫作小月氏），对于匈奴，时图报复。武帝从匈奴降者的口中得到这消息，便想联络月氏，募人去和它通使。汉中人张骞应募。这使事是一件很大的冒险。是时汉与西域间的交通孔道还是在匈奴掌握中，而西域诸国多受匈奴的命令。张骞未入西域，便为匈奴所获，拘留了十多年；他苦心保存着所持的使"节"，终于率众逃脱。这十多年中，西域起了一大变化。先前有一个游牧民族，叫作乌孙的，在故月氏国东，给月氏灭了。他们投奔匈奴，被收容着，至是，受了匈奴的资助，向新月氏国猛攻。月氏人被迫作第二次的逃亡，又找到一个富厚而文弱的国家——大夏（今阿富汗），把它鸠居雀巢地占据了；遗下塞国的旧境为乌孙所有。张骞到大夏时，月氏人已给舒服的日子软化了，再不想报仇；张骞留居年余，不得要领而返，复为匈奴所获，幸而过了年余，单于死，匈奴内乱，得间逃归。骞为人坚忍、宽大、诚信，甚为蛮夷所爱服。他出国时同行的有一百多人，去了十三年，仅他和一个胡奴堂邑父得还。这胡奴在路上给他射鸟兽充饥，否则他已经绝粮死了。

张骞自西域归还，是轰动朝野的大事。他给汉人的政治、商业和文化开了一道大门；后来印度佛教的输入，就是取道西域的。这次我国史上空前的大探险，不久成了许多神话的挂钉。《张骞出关志》《海外异物记》等类夸诞的书，纷纷地堆到他名下。可惜现在都失传了。

张骞第二次出使是在元狩四年，匈奴新败后。这回的目的是乌孙。原来乌孙自居塞地，国势陡强，再不肯朝事匈奴，匈奴派兵讨它，不胜，从此结下仇隙。张骞向武帝献计：用厚赂诱乌孙来归旧地（敦煌、祁连间），并嫁给公主，结为同盟，以断"匈奴右臂"；乌孙既归附，则在它西边大夏（即新月氏）等国皆可收为外藩。武帝以为然，因派张骞再度出使。这回的场面比前次阔绰得多。受张骞统率的副使和将士共有三百多人，每人马二匹，带去牛羊以万数，金币价值巨万。骞至乌孙，未达目的，于元鼎二年（前一一五年）归还，过了年余便死。但乌孙也派了一行数十人跟他往汉朝报谢。这是西域人第一次来到汉朝的京都，窥见汉朝的伟大。骞死后不久，他派往别些国的副使也陆续领了报聘的夷人回来；而武帝继续派往西域的使者也相望于道，每年多的十几趟，少的也五六趟，每一行大的几百人，小的也百多人；携带的礼物也大致同张骞时一般。于是请求出使西域，或应募前往西域，成了郡国英豪或市井无赖的一条新辟的出路。西域的土产，如葡萄、苜蓿、石榴等植物；音乐如摩诃、兜勒等曲调，成了一时的风尚。乌孙的使人归去，宣传所见所闻，乌孙由此重汉；匈奴闻它通汉，要讨伐它。乌孙恐惧，乃于元封中（前一一〇年至前一〇五年）实行和汉室联婚，结为兄弟。但匈奴闻讯，也把一个女儿送来，乌孙王也不敢拒却，也就一箭贯双雕地做了两个敌国的女婿。中国在西域占优势乃是元封三年至太初三年（前一〇八年至前一〇二年）间对西域的两次用兵以后的事。第一次用兵是因为当路的楼兰、姑师两小国，受不了经过汉使的需索和骚扰，勾通匈奴，攻劫汉使。结果，楼兰王被擒，国为藩属；姑师兵败国破，虽尚倔强，其后十八年（前九〇年）终被武帝征服。第二次用兵因为大宛国隐匿着良马，不肯奉献；结果在三年苦战之后，汉兵包围大宛的都城，迫得宛贵人把国王杀了投降。楼兰、姑师尚近汉边，大宛则深入西域的中心。大宛服，而汉的声威震撼西域，大宛以东的小国纷纷遣派子弟，随着凯旋军入汉朝贡，并留以为质。于是汉自敦煌至罗布泊之间沿路设"亭"（驿站）；又在渠犁国驻屯田兵数百人，以供给使者。

自汉结乌孙，破楼兰，降大宛，匈奴渐渐感到西顾之忧。初时东胡为匈奴所灭后，其余众分为两部：一部分退保鲜卑山，因号为鲜卑；一部分退保乌桓山，因号乌桓（二山所在，不能确指，总在辽东塞外远北之地）。汉灭朝鲜后，又招来乌桓，让它们居住在辽东、辽西、右北平、渔阳、上谷五郡的塞外。从此匈奴又有东顾之忧。元封六年（前一〇五年）左右，匈奴大约因为避与乌桓冲突，向西退缩；右部从前和朝鲜、辽东相接的，变成和云中郡相当对；定襄以东，无复烽警，汉对匈奴的防线减短了一半。

武帝开拓事业，也即汉朝的开拓事业，在这第三期，已登峰造极。计在前一期和这一期里，他先后辟了二十五新郡；此外他征服而未列郡的土地尚有闽越、西域的一部分和朔方以西、武威以东一带的故匈奴地。最后一批的新郡，即由朝鲜所分的乐浪、临屯、玄菟、真番四郡（四郡占朝鲜半岛偏北的大部分及辽宁省的一部分。此外在半岛的南部尚有马韩、弁韩、辰韩三族谓之三韩，包含七十八国，皆臣属于汉），置于元封三年（前一〇八年）。越二年，武帝把亲自扩张了一倍有余的大帝国，重加调整，除畿辅及外藩，分为十三州；每州设一个督察专员，叫作"刺史"。这是我国政治制度史上一个重要的转变。

刺史的制度，渊源于秦朝各郡的监御史。汉初，这一官废了；有时丞相遣使巡察郡国，那不是常置的职官。刺史的性质略同监御史，而所监察的区域扩大了。秦时监御史的职权不可得而详。西汉刺史的职权是以"六条"察事，举劾郡国的守相。那"六条"是：

1.强宗豪右田宅逾制，以强凌弱，以众暴寡。

2.二千石（即食禄"二千石"的官，指郡国的守相）不奉诏书，遵承典制，倍公向私，旁诣牟利，侵渔百姓，聚敛为奸。

3.二千石不恤疑狱，风厉杀人，怒则任刑，喜则淫赏，烦扰刻暴，剥截黎元，为百姓所疾；山崩石裂，妖祥讹言。

4.二千石选署不平，苟阿所爱，蔽贤宠顽。

5.二千石子弟恃怙荣势，请托所监。

6.二千石违公下比，阿附豪强，通行货赂，割损政令。

第一条和第六条的对象都是"强宗豪右"，即横行乡曲的地主。这一流人在当时社会上的重要和武帝对他们的注意可以想见了。

（四）武帝对外的第四期——包括他最后的十五年（前一〇一年至前八七年）。在这一期，匈奴巨创稍愈，又来寇边。而中国经了三四十年的征战，国力已稍疲竭，屡次出师报复，屡次失利。最后，在征和三年（前九〇年）的一役，竟全军尽覆，主帅也投降了。祸不单行，是年武帝又遭家庭的惨变，太子冤死。次年，有人请求在西域轮台国添设一个屯田区，武帝在心灰意冷之余，便以一道忏悔的诏书结束他一生的开拓事业，略谓：

> 前有司奏，欲益民赋三十（每口三十钱）助边用。是重困老弱孤独也。而今又请遣卒田轮台！……乃者贰师（李广利）败，军士死略离散，悲痛常在朕心。今请远田轮台，欲起亭隧，是扰劳天下，非所以优民也。今朕不忍闻。……当今务在禁苛暴，止擅赋，力本农，修马复令（马复令谓许民因养马以免徭役之令），以补缺，毋乏武备而已。

又二年，武帝死。

不过这一期中匈奴的猖獗只是"回光返照"的开始。在武帝死后三十四年内（前八六年至前五三年），匈奴天灾人祸，外患内忧，纷至沓来，弄成它向汉稽首称臣为止。其间重要的打击凡三次。第一次（前七二年），匈奴受汉和乌孙夹攻，人畜的丧亡已到了损及元气的程度；单于怨乌孙，自将数万骑去报复，值天大雪，一日深丈余，全军几尽冻死；于是乌孙从西面，乌桓从东面，丁零又从北面，同时交侵，人民死去什三，畜产死去什五；诸属国一时瓦解。又一次（前六八年）闹大饥荒，据说人畜死去什六七。最后一次，国内大乱，始则五单于争立，终则呼韩邪与郅支两单于对抗；两单于争着款塞纳降，为汉属国，并遣子入侍。后来郅支为汉西域都护所杀，匈奴重复统一，但终西汉之世，臣服中国不改。跟着匈奴的独立而丧失的是它在西域的一切宗主权。它的"僮仆都尉"被汉朝的西域都护替代了。都护驻乌垒国都（今新疆库车），其下有都尉分驻三十余国。

四、武帝的新经济政策

武帝的开拓事业，论范围，论时间，都比秦始皇的加倍；费用自然也加倍。军需和边事有关的种种工程费，募民实边费（徙民衣食仰给县官数年，政府假与产业），犒赏和给养降胡费，使节所携和来朝蛮夷所受的遗赂——这些不用说了。光是在元朔五、六年（前一二四至前一二三年）间对匈奴的两次胜利，"斩捕首虏"的酬赏就用去黄金二十余万斤。武帝又厉行水利的建设，先后在关中凿渠六系：其中重要的是从长安引渭水傍南山下至黄河，长三百余里的运渠；为郑国渠支派的"六辅渠"和连接泾渭长二百余里的白公渠。又尝凿渠通褒水和斜水，长五百余里，以联络关中和汉中；可惜渠成而水多湍石，不能供漕运之用。这些和其他不可胜述的水利工程，又是财政上一大例外的支出。加以武帝笃信幽冥，有神必祭，大礼盛典，几无虚岁。又学始皇，喜出外巡行，却比始皇使用更豪爽。元封元年第一次出巡，并登封泰山，所过赏赐，就用去帛百余万匹，钱以巨万计。可是武帝时代的人民，除商贾外，并不曾感觉赋税负担的重增。这真仿佛是一件奇迹。

汉朝的赋税是例外地轻的，在武帝以前只有四项。一是田租：自景帝以后确定为三十税一。二是算赋和口赋：每人从十五岁至五十六岁年纳百二十钱，商人与奴婢加倍，这叫作算赋；每人从三岁至十四岁，年纳二十钱，这叫作口赋。三是郡国收来贡给皇帝的献费：每人年纳六十三钱。四是市租：专为工商人而设的。

这些赋税当中，只有口赋武帝加增了三钱，其余的他不曾加增过分文。此外他只添了两种新税，一是舟车税：民有的轺（小车）车纳一算（百二十钱），商人加倍；船五丈以上一算。二是工商的货物税：商家的货品，抽价值的百分之六（缗钱二千而一算），工业的出品减半，这叫作"算缗钱"（货物的价值听纳税者自己报告，报不实或匿不报的，罚戍边一年，财产没收，告发的赏给没收财产的一半，这叫作"告缗"）。无论当时悭吝的商人怎样叫苦连天（据说当时中产以上的商人大抵因"告缗"破家），这两种新税总不能算什么"横征暴敛"。

那么武帝开边的巨费大部分从何而出呢？除了增税，除了鬻爵（民买爵可以免役除罪，武帝前已然。武帝更设"武功爵"，买至五级的可以补官），除了募民入财为"郎"，入奴婢免役；除了没收违犯新税法的商人的财产（据说政府因"告缗"所得，财产以亿计，奴婢以万计；田，大县数百顷，小县百多顷；宅亦如之）外，武帝的生财大道有二：新货币政策的施行和国营工商业的创立。

（一）武帝最初的货币政策，是发行成本低而定价高的新币。以白鹿皮方尺，边加绘绣，为皮币，当四十万钱，限王侯宗室朝觐聘享必须用作礼物。又创铸银锡合金的货币大小凡三种：龙文，图形，重八两的当三千；马文，方形的当五百；龟文，椭圆形的当三百。又把钱改轻，令县官销镕"半两钱"，更铸"三铢钱"；后因三铢钱轻小易假，令更铸"五铢钱"。

又由中央发行一种"赤仄钱"（赤铜做边的），以一当五，限赋税非赤仄钱不收。但银币和赤仄钱，因为抵折太甚，终于废弃。而其他的钱币，因为盗铸者众，量增价贱。于是武帝实行币制的彻底改革。一方面集中货币发行权，禁各地方政府铸钱；一方面统一法币，由中央另铸新钱，把从前各地方所造质量参差的旧钱收回镕销。因为新钱的质量均高，小规模的盗铸无利可图，盗铸之风亦息。汉朝的币制到这时才达到健全的地步。集中货币发行权和统一法币的主张是贾谊首先提出的。

（二）武帝一朝所创的国家企业可分为两类：一、国营专利的实业；二、国营非专利的商业。

国营专利的实业，包括盐铁和酒。酒的专利办法是由政府开店制造出售，这叫作"榷酤"。盐的专利办法是由"盐官"备"牢盆"等类煮盐器具，给盐商使用，而抽很重的税，同时严禁民间私造煮盐器具。铁的专利办法是由政府在各地设"铁官"主办铁矿的采冶及铁器的铸造和售卖。盐铁官多用旧日的盐铁大贾充当。

国营非专利的商业有两种。其一是行于各地方的。以前郡国每年对皇帝各要贡献若干土产。这些贡品有的因为道路遥远，还不够抵偿运费，有的半途坏损了。有人给武帝出了一条妙计：让这些贡品不要直运京师，就拿来做货本，设官经理，运去行市最高的地方卖了，得钱归公。这叫作"均输"。其二是行于京师的。武帝在长安设了一所可以叫作"国立贸易局"，网罗天下货物，"贱则买，贵则卖"。这叫作"平准"。当时许多商人之被这贸易局打倒是可想见的。

均输、平准和盐铁专利终西汉之世不变。唯榷酤罢于武帝死后六年（前八一年）。是年郡国所举的"贤良文学"议并罢盐铁专卖。主持这些国营实业的桑弘羊和他们作了一次大辩论。这辩论的记录便是现存的《盐铁论》。

改制与“革命”

一、外戚王氏的专权

武帝死后，经昭帝和宣帝两朝，和平而繁荣的两朝，凡四十四年，而至元帝。

当元帝做太子时，他的爱妃夭死，临死时，自言死于非命，由姜婢诅咒所致。太子悲痛到极，许久不去接近宫里任何女人，长日精神恍惚的。

宣帝很替他担心，叫皇后觅些女子，可以开解他的。皇后选了五人，等他来朝时，给他瞧见，并嘱近身的太监暗中探听太子的意思。太子本来没有把这五人看在眼里，怕拂母后意，勉强答道内中有一人可以，却没明说是谁。那太监见五人中独有一人穿着镶大红边的长褂，并且坐得挨近太子，认为就是她，照禀皇后，皇后便命人把她送到太子宫里。她叫作王政君，当年她就生了嫡皇孙，即后来的成帝。

元帝即位，王政君成了皇后，嫡皇孙成了太子。元帝晚年，太子耽于宴乐，很使他失望。而皇后又已失宠。他常想把太子废掉，而另立他新近所恋一个妃嫔的儿子。当他最后卧病时，这妃嫔母子常在他跟前，而皇后和太子难得和他见面；他屡次查问从前景帝易置太子的故事。是时皇后、太子和太子的长舅王凤，日夜忧惧，却束手无策，幸亏因一位大臣涕泣力谏，元帝竟息了心。

成帝之世，王凤四兄弟相继以"大司马"（大司马乃是当时最高的军政长官）的资格辅政。据王凤的同僚刘向在一封奏章里的观察：

> 王氏一门，乘朱轮华毂者二十三人。青紫貂蝉，充盈幄内，鱼鳞左右。大将军（王凤）乘事用权，五侯（凤诸弟）骄奢僭盛，并作威福，击断自恣。……尚书九卿，刺史郡守，皆出其门。筦执枢机，朋党比周，称誉者登进，忤恨者诛伤。游谈者助之说，执政者为之言，排摈宗室，孤弱公族，其有智能者，尤非毁而不进。……兄弟据重，宗族盘互。历上古至秦汉，外戚僭贵，未有如王氏者也。

王凤诸弟继任时，虽然不能像他那样专权独断，但王家的势焰，并没有稍减。

王太后的兄弟共八人，唯独弟曼早死，没有封侯，太后很怜念他，他的寡妇住在宫里，抚育着幼子王莽。王氏众侯的公子，个个骄奢淫逸，只知讲究车马声伎。唯独王莽谦恭俭朴，勤学博览，交结贤俊，穿着得同儒生一般。他对寡母，对诸伯叔，对寡嫂孤侄，无不处处尽道，为人所不能为。王凤病，他在跟前侍候，亲自尝药，蓬头垢面，衣不解带，一连好几个月。王凤临死，特别把他托付给太后和成帝，其他诸伯叔也无不爱重他。他不久便被升擢到侍中（宿卫近臣）并封新都侯。他爵位愈尊，待人愈敬谨。散赏财车马衣裘，以赠送宾客，赡养名士，又广交名公巨卿。于是在朝的推荐他，在野的颂赞他，他隐然为一时人望所寄了。

成帝绥和元年（前八年），王莽的叔父大司马王根因病辞职，荐莽自代。这时莽才三十八岁。他虽位极人臣，自奉仍如寒素。有一回，他的母亲病，公卿列侯的夫人来问候，他的夫人出迎，衣不拖地（是时贵妇的衣服是拖地的），用粗布做"蔽膝"，来宾只当她是婢仆，问知是大司马夫人，无不吃惊。他把受赏赐所得的赀财完全散给寒士。又延聘贤良，以充属吏。

他的声誉随爵位而起。

次年三月，成帝死，绝后，以侄定陶王嗣位，是为哀帝。王政君虽然升级为太皇太后，王氏的权势却暂时为哀帝的祖母家傅氏和母家丁氏所压倒。是年七月，王莽称病去职。

二、哀帝朝的政治

王莽去职前一月，汉廷议行一大改革，这改革方案的主要条目如下：

（一）一切贵族、官吏及平民，"名田"（谓私有田土）皆不得过三十顷。三年后，过限的充公。

（二）商人皆不得"名田"为吏。

（三）诸侯王蓄奴婢不得过二百人，列侯公主不得过一百人，关内侯及吏民不得过三十人。年六十以上，十以下，不在数中。三年后过限的充公。

（四）官奴婢，年五十以上，解放为平民，宫人年三十以下，出嫁之。

（五）废除"任子令"。任子令的规定是，官吏二千石以上，任职满三年，得荫子弟一人为"郎"，即皇帝的侍从（这种特权的废除，宣帝时已有人主张）。

（六）增加三百石以下的官吏的俸禄。

这改革案的发动人师丹在建议里说道：

古之圣王莫不设井田，然后治乃可平。孝文皇帝承亡

> 周乱秦兵革之后……民始充实，未有并兼之害，故不为民田
> 及奴婢为限。今累世承平，豪富吏民，赀数巨万，而贫弱愈
> 困。盖君子为政贵因循而重改作；然所以有改者将以救急
> 也。亦未可详，宜略为限。

我们把这些话和董仲舒对武帝说的话对读，便可见一个时代要求的持续性。

这改革案和王莽的关系，史无明文，但从他日后在政治上的措施看来，他赞成这改革案是无可疑的。

这改革案奏上后，一时奴婢田地的价值大减。但丁、傅两家和哀帝的嬖臣董贤觉得它于自己不便，哀帝诏暂缓施行，这就等于把它判了无期徒刑。不久，哀帝赐董贤田二千顷，就把这改革案中最重要的项目宣告死刑。

董贤是我国历史中一个极奇特的角色。哀帝即位时，他才十七岁，比哀帝少三岁。他生得异常姣好，哀帝做太子时早已倾心于他，即位后，依然时常与他同卧起。他们间有一件千古传为话柄的事，一日午睡，董贤枕着哀帝的衫袖，哀帝要下床，却怕惊醒了董贤，把衫袖剪断而起。他对董贤的赏赐，使得他死后董氏家产被籍没时，卖得四十三万万，这还不足为奇。董贤甫二十二岁，在政治上没有做过一点事，便被册为大司马，册文里并且用了"允执厥中"的典故，那是《书经》所载帝尧禅位于舜时说的话。这册文已够使朝野惊骇了。不久哀帝宴董贤父子，酒酣，从容对董贤说道："吾欲法尧禅舜何如？"

哀帝想效法帝尧，原有特殊的历史背景。秦汉以来深入人心的"五德终始"说早已明示没有一个朝代能够永久。而自昭帝以来，汉运将终的感觉每每流露于儒生、方士之口。昭帝时有一位眭孟因天变上书，有一段说道：

> 先师董仲舒有言，虽有继体守文之君，不害圣人之受
> 命。汉家尧后（谓汉高帝为帝尧的后裔）有传国之运，汉帝

宜……求索贤人，禅以帝位，而退自封百里，如殷、周二王
后，以承顺天命。

睦孟虽然以妖言伏诛，其后二十年，在宣帝时，有一位盖宽饶，
亦以同类的言论送死。成帝时，大臣谷永因天变上书，也说道："白
气起东方，贱人将兴之征也；黄浊（尘）冒京师，王道微绝之应也。"
稍后，亦在成帝时，方士甘忠可昌言："汉家逢天地之大终，当更受命
于天。"并且供献种种重更"受命于天"的法术。忠可虽以"假鬼神
罔上惑众"死于狱中，他的弟子夏贺良又把他的一套向哀帝进献。原
来哀帝即位后，久病无子。贺良用这类的话恫吓他："汉运已经中衰，
应当重新接受天命。成帝不应天命，所以绝嗣。如今陛下久病，天变
屡次出现，这就是上天的谴告。"哀帝信了他的话，改建平二年（前
五年）为"太初元将"元年，自号为"陈圣刘太平皇帝"，改刻漏百
度为百二十度，并大赦天下。这些就是"更受天命"的法术。但是一
切实行后，毫无效验。哀帝在计穷望绝之下，又被一种异常的情感所
驱使，便自觉或不自觉地要实行睦孟的主张了。

哀帝册命董贤为大司马是在元寿元年（前二年）十二月。次年六
月，他还没有"法尧禅舜"，便仓卒死了。

三、从王莽复起至称帝

王莽罢政后不久，被遣归"国"（即本封的新都，在今河南），闭
门韬晦了三年。吏民上书替他讼冤的有一百多次。后来应举到朝廷考
试的士人又在试策里大大颂赞王莽的功德。哀帝于是召他还京，陪侍
太皇太后。他还京年余，而哀帝死。哀帝又是绝后，他的母后及祖母
又皆已前死，大权又回到太皇太后手，这时她七十二岁了。王莽于哀
帝死后不几日，以全朝几乎一致的推举，和太皇太后的诏令，复大司
马职。是年九月，他才选了一个年方九岁的中山王做继任的皇帝，这

时朝中已没有和王莽不协，或敢和王莽立异的人了。次年，王莽既进号太傅安汉公，位诸侯王上，太皇太后又从群臣的奏请，下诏道：

> 自今以来，惟封爵乃以闻。他事，安汉公、四辅平决。州牧（成帝末王莽为大司马时，罢刺史，于每州设长官，称州牧）、二千石及茂材吏初除奏事者，辄引入，至近署对安汉公，考故官，问新职，以知其称否。

平帝虽名为天子，连自己的母亲卫后也不得见面。她被禁锢在中山，因谋入长安，全家被诛灭，不久平帝亦郁郁而死。他一共做了五年傀儡。

在这五年间，王莽行了不少的惠政和善政，举其要者如下：他大封宗室和功臣的后裔，前后不下二百人。他令官吏自"比二千石"以上，年老退休的，终身原俸三分之一。值凶年，他献田三十顷，钱百万，以与贫民，同僚仿行的二百三十人。他在长安城中起了五条街，房屋二百所，给贫民居住。他立法，妇女非身自犯法，不受株连；男子八十以上七岁以下，非家犯大逆不道，被诏名捕，不得拘系。他赐天下鳏寡孤独及高年人以布帛。他在郡（王国同）、县（侯国同）、乡、聚（较乡为小）皆设公立学校；在郡的称"学"，在县的称"校"，每所置经师一人；在乡的称"庠"，在聚的称"序"，每所置《孝经》师一人（《孝经》是战国末出现的一部劝孝的书，托为孔子和弟子对话的记录）。他扩充太学，增加博士人数至每经五人；于五经之外又添立《乐经》；学生增加至万余人，又给太学建筑宏伟的校舍，其中学生宿舍就有万多间。他征求全国通知逸经、古记、天文、历算、乐律、文字训诂、医药、方技和以五经、《论语》、《孝经》、《尔雅》（秦汉间出现的讲训诂的书）教授的人，由地方官以优礼遣送到京；前后应征的凡数千人，皆令在殿廷上记述所学。他又曾奏上"吏民养生，送终，嫁娶，田宅，奴婢之品"；所谓"品"就是分等级的限制。董仲舒、师丹的建议他又打算实行。可惜这方案提出不久，适值卫氏之狱，又被搁起，后来不知何故，竟没有重提；其详细节目不得而考了。

讴歌和拥戴王莽的人自然不会缺少。当平帝选后，王莽拒绝把女儿参加候选时，就每日有千余人，包括平民、学生和官吏，守阙上书，"愿得公女为天下母"，结果他的女儿不待候选便直接做了皇后。当皇后正位后，群臣请求给他"大赏"时，就有八千多人上书附和。当他拒绝接受赏田时，就先后有吏民四十八万七千五百七十二人，上书朝廷，声言对他"宜亟加赏"。

在这时期，王莽处处以周公为榜样，朝野也以周公看待他。传说周公辅政时，有南方远夷越裳氏来献白雉，为周公功德及远的表征；是时也有益州塞外（今安南境）蛮夷，自称越裳氏，来献白雉和黑雉，其后四夷声言因慕义而来朝贡的络绎不断。周公"托号于周"，所以朝廷的公论要给王莽以安汉公的称号。周公位居总领百僚的太宰，所以朝廷的公论要为他特设"宰衡"一职，位在诸侯王之上（宰衡是兼采太宰和阿衡之号，商汤大臣伊尹，号阿衡，曾辅汤孙太甲）。周公的七个儿子都封为诸侯，所以朝廷的公论要把他的两个儿子（他原有四子：一因杀奴，为他迫令自杀；一因助卫氏，伏诛；后来又一因谋杀他，为他迫令自杀）都封侯。最后，传说周公当成王幼小时，曾暂时替代他做天子，谓之"居摄"，于是就有一位侯爵的宗室上书，说"今帝富于春秋，宜令安汉公行天子事，如周公"。这件想象的史事正要开始重演时，平帝病死，又是绝后。是月就有人奏称，武功县长淘井，得白石，上有丹漆写的文字："告安汉公莽为皇帝。"王莽却经问卜和看相之后，选了一个最吉的两岁的宗室子婴，做平帝的后嗣，同时他受同僚的推戴和太皇太后勉强下的诏令，实行"居摄"。他令臣民称他为"摄皇帝"，他祭祀及朝见太皇太后时，自称"假皇帝"（假有代理之意，非言伪）。

在王莽"居摄"的头两年间，安众侯刘崇及东郡太守翟义先后起兵讨伐他，皆败死。第三年（公元八年），宣示天意要王莽做皇帝的"符命"接叠而起。是年十一月，王莽奏上太皇太后，请（许莽）：

共事神祇宗庙，奏言太皇太后、孝平皇后，皆（仍）称假皇帝，其号令天下，天下奏言事，毋言摄，以居摄三年为初始元年，漏刻以百二十为度，用应天命。臣莽夙夜养育，隆就孺子，令与周之成王比德；宣明太皇太后威德于万方，期于富而教之。孺子加元服，"复子明辟"（谓待子婴长大后，还他帝位），如周公故事。

次月，某日黄昏时，有梓潼人哀章，穿着黄衣，拿了一个铜盒，送到汉高祖庙。盒里装着两卷东西：一卷题为《天帝行玺金匮图》，一卷题为《赤帝行玺刘邦传予黄帝金策书》。策书的大意是说王莽应为真天子，太皇太后应从天命。守庙的人奏闻王莽。次日一早王莽便到高庙拜受这铜盒，即所谓"金匮"，然后谒见太皇太后，然后还坐殿廷，下书道：

予以不德，托于皇初祖考黄帝之后，皇始祖考虞帝之苗裔，而太皇太后之末属。皇天上帝隆显大佑，成命统序，符契图文，金匮策书，神明诏告，属予以天下兆民。赤帝汉氏高皇帝之灵，承天命传国金策之书，予甚祇畏，敢不钦受？以戊辰直"定"（定是建除等十二日次之一），御王冠，即真天子位。定有天下之号曰"新"。其改正朔，易服色，变牺牲，殊徽帜，异器制。以十二月朔癸酉为始建国元年正月之朔。……

四、王莽的改革

王莽即真后，除了"改正朔，易服色"等外，还要改变全国的经济机构。他自从少年得志以来，可谓从心所欲，无不成为事实。现在他要依照先圣的启示，理性的唤召，为大众的福利和社会的正义，去推行一种新经济的制度，还会遇到不可克服的阻碍吗？孟子所提倡而认为曾经存在过的"井田"制度，时常闪烁于西汉通儒的心中。不过董仲舒和师丹都认为"井田"制"难猝行"，不得已而思其次，提出"限民名田"的办法。王莽在胜利和乐观、信古和自信之余，便完全看不见董仲舒和师丹所看见的困难了。他不但要实行"井田"制度，并且要同时改革奴隶的制度，始建国元年（公元九年）王莽下诏道：

> 古者设庐井八家，一夫一妇田百亩，什一而税，则国给民富而颂声作。此唐、虞之道，三代所遵行也。秦为无道……坏圣制，废井田，是以兼并起，贪鄙生，强者规田以千数，弱者曾无立锥之居。又置奴婢之市，与牛马同栏，制于民臣，专断其命（谓吏民得擅杀奴婢）。奸虐之人，因缘为利，至略卖人妻子。逆天心，悖人伦，谬于"天地之性人为贵"（语出《孝经》）之义。……汉氏减轻田租，三十而税一，常有更赋，罢癃咸出。而豪民侵陵，分田劫假。厥名三十税一，实什税五也。父子夫妇，终年耕耘，所得不足以自存。故富者犬马余菽粟，骄而为邪；贫者不厌糟糠，穷而为奸。俱陷于辜，刑用不措。……今更名天下田曰王田，奴婢曰私属，皆不得卖买。其男口不盈八而田过一井者，分余田予九族邻里乡党。故无田，今当受田者如制度。敢有非井田圣制，无法惑众者，投诸四裔，以御魑魅，如皇始祖考虞帝故事。

这道诏书亦宜与董仲舒请限民名田及废除奴婢的奏章对读。这道诏书所提出的改革，分析如下：

（一）田地国有，私人不得买卖（非耕种的土地，似不在此限）。

（二）男丁八口以下之家占田不得过一井，即九百亩。关于男丁八口以上之家无明文，似当以"八丁一井"的标准类推，有爵位食赏田的当不在此限。

（三）占田过限的人，分余田与宗族乡邻。

（四）无田的人，政府与田；所谓"如制度"，似是依"一夫一妇田百亩"的办法。有田不足此数的亦当由政府补足。

（五）现有的奴婢，不得买卖（但没有解放）。买卖自由人为奴婢，虽没有提及，当亦在禁止之列。现有的奴婢的子孙是否仍听其承袭为奴婢，亦没有明文。若是，则是王莽要用渐进的方法废奴；若否，则他并不是要完全废奴。

这道诏令实际上曾被施行到什么程度，不可确考，据说"坐卖买田宅奴婢……自诸侯卿大夫至于庶民，抵罪者不可胜数"。可惜这几句话太笼统了。这道诏令的推行所必当碰到的困难和阻碍是怎样，历史上亦没有记载。但是到了始建国四年，有一位中郎区博进谏道：

> 井田虽圣王法，其废久矣。……今欲违民心，追复千载绝迹，虽尧、舜复起，而无百年之渐，弗能行也。天下初定，万民新附，诚未可施行。

王莽听了他的话，便下诏：

> 诸名、食、王田，皆得卖之，勿拘以法。犯私买卖庶人者，且一切勿治。

这里只涉及上列的第一项及第五项的一部分。其余各节不知是否亦连带撤销。但我们要注意，他的解禁并不否认始建国元年的诏令在四年间所已造成的事实。

除了关于土地和奴婢的新法外，王莽在民生及财政上还有六种重要的兴革：

（一）国营专利事业的推广。武帝时国家已实行盐铁和酒的专卖，其后酒的专卖废于昭帝时；盐铁的专卖，元帝时废而旋复。王莽除恢复酒的专卖外，更推广国家独占的范围及于铜冶和名山大泽的资源的开采，同时厉禁人民私自铸钱。

关于这一项立法的用意，王莽曾有诏说道：

> 夫盐，食肴之将（将帅）；酒，百药之长，嘉会之好；
> 铁，田农之本；名山大泽，饶衍之藏；五均赊贷，百姓所取
> 平，仰以给赡；钱布铜冶，通行有无，备民用也。——此六
> 者非编户齐民所能家作，必仰于市，虽贵数倍，不得不买。
> 豪民富贾，即要（要挟）贫弱。先圣知其然也，故斡（谓由
> 国家经营）之。

（二）国家放款的创始。人民因祭祀或丧事所需，得向政府借款，不取利息；还款期限，祭祀十日，丧事三月。人民因经营生业，得向政府借款，每年纳息不过纯净赢利的十分之一。

（三）国营"平价"贸易的创始。五谷布帛丝绵等类日常需用之物，遇滞销时，由政府照本收买。政府在各地算出这类货物每季的平均价格（各地不必同）。若货物的市价超过平均价，则政府照平均价出卖，若低过平均价，则听人民自由买卖。这制度虽然与武帝所行的平准法有点相似，但用意则极不相同，后者目的在政府赢利，前者则在维持一定的物价水准，便利消费者而防止商人的囤积居奇。

（四）荒弃土地税的创始。不耕的田和城郭中不种植的空地皆有税。

（五）处理无业游民的新法。无业的人每丁每年须缴纳布帛一匹，不能缴纳的由县官征服劳役，并供给其衣食。

（六）所得税的创始。对一切工商业（包括渔猎牧畜，巫医卜祝，旅店经营以至妇女之养蚕、纺织和缝补），取纯利十一分之一，叫作"贡"，政府收入的贡即为放款与人民的本钱。贡税与现代所得税的异点在前者没有累进的差别，亦没有免征的界限。

以上的制度，除铜冶的专利公布于始建国元年外，其余皆在始建国二年以后陆续公布，其被实际施行的程度和推行时所遇的困难和阻

碍，历史上亦均无记载。铜冶的专利弛于始建国五年，山泽的专利弛于地皇三年（公元二二年），次年王莽便败死。

五、新朝的倾覆

王莽对于立法的效力有很深的信仰，他认为"制定天下自平"。除上述一切关于民生和财政的新法外，他对于中央和地方的官名官制，行政区域的划分，以及礼乐刑法无不有一番改革。他自即真以来，日夜和公卿大臣们引经据典地商讨理想的制度，议论连年不休。他沿着做大司马时的习惯，加以疑忌臣下，务要集权揽事，臣下只有唯诺敷衍，以求免咎。他虽然忙到每每通宵不眠，经常的行政事务，如官吏的遴选、讼狱的判决等却没有受到充分的理会。有些县甚至几年没有县长，缺职一直被兼代着。地方官吏之多不得人是无足怪的。更兼他派往各地的镇守将军，"绣衣执法"，以及络绎于道的种种巡察督劝的使者又多是贪残之辈，与地方官吏相缘为奸。在这样的情形之下，即使利民的良法，也很容易变成病民。何况像贡税和荒地税本属苛细。国家专利的事业禁民私营。像铸钱和铜冶，犯者邻里连坐，这又给奸吏以虐民的机会。

在王莽的无数改革中有一件本身甚微而影响甚大的，即王爵的废除，因此从前受汉朝册封为王的四夷的君长都要降号为侯，并且更换玺印。为着这事，朝鲜的高句骊、西南夷句町先后背叛。王莽对他们纯采高压政策。他派十二将，领甲卒三十万，十道并出，去伐匈奴。因为兵士和军用的征发的烦扰，内郡人民致有流亡为盗贼的，并州、平州尤甚。出征的军队屯集在北边，始终没有出击的机会。边地粮食不给，加以天灾，起大饥荒，人民相食，或流入内郡为奴婢。边地的屯军，生活困苦，又荼毒地方，五原、代郡，受祸尤甚；其人民多流为盗贼，数千人为一伙，转入旁郡，经一年多，才被平定。北边郡县却大半空虚了。为伐匈奴，强征高句骊的兵，结果高句骊亦叛，寇东北边。征句町的大军，十分之六七死于瘟疫，而到底没有得到决定的胜利。为给军用，赋敛益州人民财物，至于十收四五，益州因而虚耗。以上都是王莽即真以来八年间的事。

从新朝的第九年（是年莽六十二岁）至第十四年（公元一七年至二二年）间，国内连年发生大规模的天灾，始而枯旱，继以飞蝗。受灾最重的地方是青、徐二州（今山东的东南部和江苏的北部）和荆州（今河南的南部和湖北的北部）。灾害的程度，除了表现于四方蜂起的饥民暴动外，还有二事可征：其一，山东饥民流入关中求食的就有数十万人；其二，王莽分遣使者往各地，教人民煮草木为"酪"，以代粮食，这种"酪"却被证明是无效的替代品。

暴动的饥民，起初只游掠求食，常盼年岁转好，得归故里；不敢攻占城邑，无文告旗帜，他们的魁帅亦没有尊号，他们有时俘获大吏也不敢杀害。因将吏剿抚无方，他们渐渐围聚，并和社会中本来不饥的枭悍分子结合，遂成为许多大股的叛党。其中最著者为萌芽于琅琊而蔓延于青、徐的"赤眉"（暴动者自赤其眉，以别于官军，故名）和最初窟穴于绿林山（在今湖北当阳）而以荆州为活动范围的绿林军。二者皆兴起于新朝的第九年。绿林军后来分裂为下江兵和新市兵。

第十三年（即地皇二年，公元二一年），王莽遣太师羲仲景尚、更始将军王党将兵击青、徐。同时又遣将击句町，并令天下转输谷帛至北边的西河、五原、朔方和渔阳诸郡，每郡以百万数，预备大举伐匈奴。是年曾以剿贼立大功，领青、徐二州牧事的田况，上平贼策道：

> 盗贼始发，其原甚微，部吏伍人所能擒也。咎在长吏不为意，县欺其郡，郡欺朝廷，实百言十，实千言百。朝廷忽略，不辄督责，遂致延蔓连州。乃遣将率（率乃新朝将帅之称）多发使者，传相监趣（促）。郡县力事上官，应塞诘对。供酒食，具资用，以救断斩。不给（暇）复忧盗贼，治官

事。将率又不能躬率吏士，战则为贼所破，吏气寖伤，徒费百姓。前幸蒙赦令，贼欲解散，或反遮击，恐入山谷转相告语。故郡县降贼，皆更惊骇，恐见诈灭。因饥馑易动，旬日之间，更十余万人。此盗贼所以多之故也。今洛阳以东，米石二千。

　　窃见诏书欲遣太师、更始将军（指羲仲景尚与王党）。二人爪牙重臣，多从人众，道上空竭；少则无以威视远方。宜急选牧尹以下，明其赏罚。收合离乡、小国、无城郭者，徙其老弱，置大城中，积藏谷食，并力固守。贼来攻城则不能下，所过无食，势不得群聚。如此招之必降，击之则灭。今空复多出将率，郡县苦之，反甚于贼。宜尽征还乘传诸使者，以休息郡县，委任臣况以二州盗贼，必平定之。

王莽不听，反免田况职，召还京师。

第十四年二月，羲仲景尚战死。四月，莽继派太师王匡和更始将军廉丹，将锐士十余万，往征青、徐。大军所过，百姓唱道：

　　宁逢赤眉，不逢太师。
　　太师尚可；更始杀我！

十月，廉丹战死，全国震动。十一月，下江、新市兵与平林、春陵兵联合。平林、春陵兵，皆以其兴起之地名，先后皆于是年兴起。春陵兵的领袖乃汉朝皇室的支裔刘縯和刘秀两兄弟。

第十五年，二月，下江、新市等联军拥立刘玄为皇帝，改元更始。刘玄亦汉朝皇室的支裔，他即位之日，对群臣羞愧流汗，举手不能言语。

是时联军攻宛城未下，他驻跸宛城下。三月王莽诏发郡国兵四十余万，号百万，会于洛阳，以司空王邑、司徒王寻为将。五月，二王率其兵十余万由洛阳向宛进发，路过昆阳，时昆阳已降于联军，二王首要把它收复。部将严尤献议道："今僭号的人在宛城下，宛城破，其他城邑自会望风降服，不用费力。"王邑道："百万大军，所过当灭，如今先屠此城，喋血而进，前歌后舞，岂不快哉！"于是纵兵围城数十重，城中请降，王邑不许。严尤又献计：兵法上说"归师勿遏，围城为之阙"，可依此而行，使城中贼得路逃出，好惊怖宛下。王邑不听。先是当城尚未合围时，刘秀漏夜从城中逃出，请救兵。六月刘引救兵到，自将步骑千余为前锋。二王亦派兵迎击，却连战皆败。刘秀乃率敢死队三千人从城西水上冲官军的中坚。二王根本轻视他，自将万余人出阵，令其他营伍各守本部，不得擅动。二王战不利，大军又不敢擅来救援。二王阵乱，刘秀乘势猛攻，杀王寻。城中兵亦鼓噪而出，内外夹击，震呼动天地，官军大溃，互相践踏，伏尸百余里。是日风雷大作，雨下如注，近城的河川盛潦横溢，官兵溺死以万计，得脱的纷纷奔还本乡。王邑只领着残余的"长安勇敢"数千，遁归洛阳。消息所播，四方豪杰，风起云涌地举兵响应，旬月之间，遍于国中，他们大都杀掉州牧郡守，自称将军，用更始的年号，等候着新主的诏命。九月，响应更始的"革命"军入长安，城中市民亦起暴动相应，王莽被杀，手刃他的是一个商人。他的尸体被碎裂，他的首级被传送到宛。

做过王莽的"典乐大夫"的桓谭在所著《新论》里曾以汉高帝与王莽比较，指出王莽失败的原因，说道：

> 维王翁（即莽）之过绝世人有三焉：其智足以饰非夺是，辩能穷诘说士，威则震惧群下，又数阴中不快己者。故群臣莫能抗答其论，莫敢干犯匡谏，卒以致亡败。其不知大体之祸也。夫（知）帝王之大体者，则高帝是已。高帝曰：张良、萧何、韩信，此三子者，皆人杰也。吾能用之，故得天下。此其知大体之效也。王翁始秉国政，自以通明贤圣，而谓群下才智莫能出其上，是故举措兴事，辄欲自信任，不肯与诸明习者通……稀获其功效焉。故卒遇破亡。此不知

大体者也。高帝怀大智略，能自揆度群臣。制事定法，常谓曰：庳而勿高也，度吾所能行为之。宪度内疏，政合于时。故民臣乐悦，为世所思。此知大体者也。王翁嘉慕前圣之治……欲事事效古……而不知己之不能行其事。释近趋远，所尚非务。……此不知大体者也。高祖欲攻魏，乃使人窥视其国相，及诸将卒左右用事者。乃曰：此皆不如吾萧何、曹参、韩信、樊哙等，亦易与耳。遂往击破之。此知大体者也。王翁前欲北伐匈奴，及后东击青、徐众郡，赤眉之徒，皆不择良将，但以世姓及信谨文吏，或遣亲属子孙素所爱好，或无权智将帅之用。猥使据军持众，当赴强敌。是以军合则损，士众散走。……（此）不知大体者也。

六、东汉的建立及其开国规模

新朝倒塌后，革命势力的分化和冲突，乘时割据者的起仆和一切大规模和小规模的屠杀、破坏，这里都不暇陈述。总之，分裂和内战，继续了十四年，然后全中国统一于刘秀之手。

刘秀成就帝业的经过，大致如下。

他起兵初年追随其兄刘縯之后。昆阳之战后不久，刘縯为更始所杀。时秀统兵在外。闻讯立即驰往宛城，向更始谢罪，沿途有人吊唁，他只自引咎，不交一句私语，他没有为刘縯服丧，饮食言笑，一如平常。更始于是拜他为破虏大将军，封武信侯。是年，更始入驻洛阳，即派他"行大司马事"，去安抚黄河以北的州郡。当他渡河时，除了手持的麾节外，几乎什么实力也没有。他收纳了归服的州郡，利用他们的兵力去平定拒命的州郡。在两年之间，他不独成黄河以北的主人，并且把势力伸到以南。在这期间，更始定都于长安，封他为萧王；他的势力一天天膨胀；更始开始怀疑他，召他还京了；他开始抗拒更始的命令了，他开始向更始旗下的将帅进攻了。最后，在更始三年六月，当赤眉迫近长安，更始危在旦夕的时候，他即皇帝位于鄗南，改元建武，仍以汉为国号（史家称刘秀以后的汉朝为后汉或东汉，而别称刘秀以前的汉朝为前汉或西汉）。先是，有一位儒生从关中带交他一卷"天书"，上面写着：

> 刘秀发兵捕不道，四夷云集龙斗野；四七之际火为主。

是年，赤眉入长安，更始降。接着，刘秀定都于洛阳。十二月，更始为赤眉所杀。赤眉到了建武三年春完全为刘秀所平定。至是，前汉疆域未归他统治的，只相当于今甘肃、四川的全部和河北、山东、江苏的各一小部分而已。这些版图缺角的补足，是他以后十年间从容绰裕的事业。

刘秀本是一个没有多大梦想的人。他少年虽曾游学京师，稍习经典，但他公开的愿望只是：

> 作官当作执金吾，娶妻当娶阴丽华。

执金吾仿佛京城的警察厅长，是朝中的第三四等的官吏。阴丽华是南阳富家女，著名的美人，在刘秀起兵的次年，便成了他的妻室。他的起兵并不是抱着什么政治的理想。做了皇帝以后，心目中最大的政治问题似乎只是怎样巩固自己和子孙的权位而已。他在制度上的少数变革都是朝着这方向的。第一是中央官制的变革。在西汉初期，中央最高的官吏是辅佐君主总理庶政的丞相和掌军政的太尉、掌监察的御史大夫，共为三公。武帝废太尉设大司马，例由最高的统兵官"大将军"兼之。成帝把御史大夫改名为大司空，哀帝又把丞相改名为大司徒。在西汉末期，专政的外戚例居大司马、大将军之位，而大司徒遂形同虚设了。刘秀把大司徒、大司空的大字去掉，把大司马复称太尉，不让大将军兼领。同时他"愠数世之失权，忿强臣之窃命，矫枉过直，政不任下，虽置三公，备员而已"（东汉人仲长统语）。他把三公的主要职事移到本来替皇帝掌管文书出纳的尚书台。在官职的等级上，尚书台的地位是很低的。它的长官尚书令禄只千石，而三公禄各万石。他以为如此则有位的无权，有权的无位，可以杜绝臣下作威作福了。第二是地方官制的变革。西汉末年，把刺史改称为州牧，把他的秩禄从六百石增到二千石，但他的职权并没有改变。州牧没有一定的治所，每年周行所属郡国，年终亲赴京师陈奏。他若有所参劾，奏上之后，皇帝把案情发下三公，由三公派员去按验，然后决定黜罚。刘秀定制，州牧复称刺史，有固定治所，年终遣吏入奏，不用亲赴京师，他的参劾，不再经三公按验，而直接听候皇帝定夺。这一来三公的权减削而刺史的权提高了。第三是兵制的变革。刘秀在建武七年三月下了一道重要的诏令道：

> 今国有众军，并多精勇。宜且罢轻车、骑士、材官、楼船士。

这道诏令的意义，东汉末名儒应劭（曾任泰山太守）解释道：

> （西汉）高祖命天下郡国选能引关蹶张、材力武猛者，以为轻车、骑士、材官、楼船。常以立秋后，讲肄课试，各有员数。平地用（轻）车、骑（士），山阻用材官，水泉用楼船。……今悉罢之。

这道诏令使得此后东汉的人民虽有服兵役的义务，却没有受军事训练的机会了。应劭又论及这变革的影响道：

> 自郡国罢材官、骑士之后，官无警备，实启寇心。一方有难，三面救之。发兴雷震……黔首嚣然。不及讲其射御……一旦驱之以即强敌，犹鸠鹊捕鹰鹯，豚羊弋豺虎。是以每战常负。……尔乃远征三边，殊俗之兵，非我族类，忿鸷纵横，多

僵良善，以为己功，财货粪土。哀夫！民氓迁流之咎，见出在兹。"不教民战，是为弃之。"迹其祸败，岂虚也哉！

末段是说因为郡国兵不中用，边疆有事，每倚靠雇佣的外籍兵即所谓胡兵；而胡兵凶暴，蹂躏边民，又需索犒赏，费用浩繁。应劭还没有说到他所及见的一事：后来推翻汉朝的董卓，就是胡兵的领袖，凭借胡兵而起的。

郡国材官、骑士等之罢，刘秀在诏书里明说的理由是中央军队已够强众，用不着他们。这显然不是真正的理由。在征兵制度之下，为国家的安全计，精强的兵士是岂会嫌多的？刘秀的变革无非以强干弱枝，预防反侧罢了。郡国练兵之可以为叛乱的资藉，他是亲自体验到的。他和刘缤当初起兵，本想借着立秋后本郡"都试"，即壮丁齐集受训的机会，以便号召，但因计谋泄露而提早发难。当他作上述的诏令时，这件故事岂能不在他心头？

汉帝国的中兴与衰亡

　　当新莽之世及建武初二十年间，匈奴不断侵扰中国的边境。但这时期匈奴的强梁只是他将届末日之前的"回光返照"。约在建武二十年以降，"匈奴中连年旱蝗，赤地数千里，草木尽枯，人畜饥疫，死耗大半"。二十四年，匈奴复分裂为南北。南单于复称"呼韩邪单于"，以所主南边八郡众四五万人降汉。汉朝听他们入居云中。其后南匈奴与北匈奴战失利，汉朝又让他们入居西河美稷（今山西汾县离石一带）。南单于派所部分驻北边的北地、朔方、五原、云中、定襄、雁门及代八郡，为郡县侦逻耳目，以防北虏。汉廷在西河置官监督匈奴，并令西河长史领骑二千，弛刑五百人，以卫护匈奴，冬屯夏罢，岁以为常。这是建武二十六年（公元五○年）的事。

　　直至明帝永平十六年（公元七三年）以前，东汉对匈奴一向取容忍羁縻的态度。是年，明帝始大发缘边兵，遣将分道出塞，会合南匈奴，挞击北虏。北虏闻风渡大沙漠远去，汉军未得和他们的主力接触。只取了伊吾卢的地方。不数年后，北匈奴内部复起分裂，党众离叛，南匈奴攻其前，丁零攻其后，西域攻其右，鲜卑攻其左，内忧外患之余，加以饥蝗。章和二年（公元八八年）章帝（东汉第三帝）死，和帝继位，窦太后临朝，南单于上书请求乘机灭北匈奴。适值窦太后兄窦宪犯了重罪，请求击匈奴赎死。乃拜窦宪为车骑将军，耿秉为副，将汉兵、南匈奴兵及其他外夷兵伐匈奴。

次年，汉将所领的南匈奴兵与北单于战于稽落山，大破之，敌众溃散，降者八十一部二十余万人。宪等登燕然山，立石刻铭而还。铭文的作者即著《汉书》的班固，为东汉一大手笔，是役以中护军的资格从行。兹录铭文如下：

> 惟永元元年秋七月，有汉元舅曰车骑将军窦宪，寅亮圣明，登翼王室，纳于大麓，惟清缉熙。乃与执金吾耿秉，述职巡御，理兵于朔方。鹰扬之校，螭虎之士，爰该六师，暨南单于、东乌桓、西戎氐羌，侯王君长之群，骁骑三万。元戎轻武，长毂四分，云（一作雷）辐蔽路，万有三千余乘。勒以八阵，莅以威神。玄甲耀日，朱旗绛天。遂陵高阙，下鸡鹿，经碛卤，绝大漠，斩温禺以衅鼓，血尸逐以染锷。然后四校横徂，星流彗扫，萧条万里，野无遗寇，于是域灭区单，反旆而旋。考传验图，穷览其山川。遂逾涿邪，跨安侯，乘燕然，蹑冒顿之区落，焚老上之龙庭。上以摅高、文之宿愤，光祖宗之玄灵；下以安固后嗣，恢拓境宇，振大汉之天声。兹所谓一劳而久逸，暂费而永宁者也。乃遂封山刊石，昭铭上德。其辞曰：铄王师兮征荒裔，剿凶虐兮截海外，敻其邈兮亘地界，封神丘兮建隆碣，熙帝载兮振万世。

次年，宪方遣班固等招降北匈奴，而南匈奴深入追击，北单于大败，受伤遁走，其阏氏及男女五人皆被虏。宪见北胡微弱，便想趁势把他灭掉。次年遣耿夔将精骑八百出居延塞，直奔北单于廷于金微山。汉兵凌厉无前，斩杀五千余级。单于领数骑逃亡，他的珍宝财畜尽为汉兵所得。夔等追至去塞五千余里而还。单于远走，当时汉人不知其下落。近今史家或疑四世纪末叶侵入欧洲而引起西方民族大移徙之"匈人"，其前身即此次北单于率以远遁之残众云。但据《后汉书·耿夔传》，是时从北单于逃亡的不过"数骑"，其后裔如何能成为偌大的势力？故吾人于此说不无疑问。北单于既走，其余众降汉，后复叛，为汉所破灭。

耿夔灭北匈奴之后三年，即永元六年（公元九四年）班超亦把西域完全平定。班超，平陵（今陕西兴平）人，班固之弟。超之始露头角是在永平十六年伐匈奴之役。是役超为"假司马"，领兵击伊吾卢，战于蒲类海，斩虏很多，因被朝廷赏识。东汉自取伊吾卢后，乃开始经营西域，因派班超往使鄯善（即楼兰）。班超初到，鄯善王敬礼备至，后来忽然疏懈，超料定北匈奴有人派来，鄯善王因而动摇，考问服侍的胡奴，果得其实。于是把他关起来，尽召随从的吏士三十六人共饮，酒酣，说道："你们和我都身在绝域，想立大功以取富贵。现在虏使才到了几天，鄯善王的态度便大变，假如他奉令要把我们收送匈奴，又为之奈何？"吏士都道："现今处在危亡之地，死生从司马。"班超便道："不入虎穴，不得虎子。为今之计，只有趁夜放火袭攻虏使，他们不知我们人数多少，必然大起恐慌，可以杀尽。把虏使一行诛灭，鄯善破胆，便功成事立了。"是夜班超领众直奔虏舍，适值有大风。他令十人携鼓藏虏舍后，约定一见火起即擂鼓呐喊，其余的人尽持刀剑弓弩，夹门埋伏。于是乘风放火，前后鼓噪。虏众慌乱。

班超亲手格杀三人，吏士斩虏使并从士三十余级，余下的一百人左右通通烧死。明日，班超传召鄯善王，拿虏使的首级给他看。鄯善全国震怖，即纳王子为质，归服汉朝。事变的经过奏上朝廷，朝廷便令超继续往使其他诸国，以竟前功，并要给他增兵。他说：原有的三十六人就够了，倘有不测，人多反而为累。

是时于阗新破莎车，雄霸天山南路，而服属匈奴，匈奴遣使监护之。超离鄯善，西至于阗，其王待他甚冷淡。于阗俗信巫。巫者说：神怒于阗王向汉，要他取汉使的骍马来献祭。他便向班超求马。超秘密探知这事的详情，便答应他，却要那巫者亲自来取。一会巫者果到，班超立即把他斩首，拿他的首级送给于阗王，并责备他。他早已知道班超在鄯善的伟绩，见了巫者血淋淋的首级，更加惶恐，便攻杀匈奴的使者而投降于班超。超厚赏王以下，优加抚慰。

永平十七年，汉始复置西域都护。是年班超去于阗，从间道至疏勒。先是龟兹倚仗匈奴的威势，雄据天山北路，攻破疏勒，杀其王，而立龟兹人兜题以代之。超既至疏勒，先派属吏田虑去招降兜题，并嘱咐他道："兜题本非疏勒种，国人必不替他出死力，他若不降，便把他拘执。"兜题果然无意归降，田虑便乘他无备，把他缚了，他左右的人惊骇而散。班超赶到，召集疏勒将吏，宣布龟兹无道之状，改立旧王的侄子忠为王，疏勒人大悦。忠和官属请杀兜题，班超却把他放了，遣送回国。

永平十八年，明帝去世，章帝继位，龟兹和焉耆乘中国的大丧，攻杀都护陈睦，于是班超孤立无援。龟兹、姑墨屡次出兵攻疏勒，班超率着那三十几个吏士，协同疏勒王拒守了一年多。章帝初即位，见他势力单薄，怕蹈陈睦的覆辙，便召他回国，疏勒都尉见留他不住，拔刀自刎。他行到于阗，于阗的王侯以下号泣留他，抱住他的马脚。他于是复回疏勒。时疏勒已有两城降于龟兹，和尉头国连兵。班超捕斩叛徒，击破尉头，杀了六百多人，疏勒复安。

章帝建初三年（公元七八年），班超率领疏勒、康居、于阗和拘弥兵一万人攻破了姑墨（时姑墨附龟兹，其王为龟兹所立）的石城，斩首七百级。班超想趁势平定西域诸国，上疏请兵。五年，朝廷派弛刑及应募千人来就。先是，莎车以为汉兵不出，降于龟兹，而疏勒都尉番辰亦反叛。援兵既至，超击番辰，大破之，斩首千余级，获生口甚众。超欲图龟兹，建议先联乌孙，朝廷从之。八年，拜超将兵长史。九年，又给他增兵八百。超于是征发疏勒、于阗兵击莎车。莎车秘密勾结疏勒王忠，啖以重利，忠遂反叛。超改立疏勒王，率效忠的疏勒人以攻忠，相持半年，而康居派精兵助忠，超不能下。是时月氏新和康居联姻，相亲善。超派人带了大批的锦帛送给月氏王，请他晓谕康居罢兵，果达目的。忠势穷，被执归国。其后三年，忠又借康居兵反，既而密与龟兹谋，遣使诈降于超。超知道他的奸谋，却装着答应他。他大喜，亲来会超，超暗中布置军队等待他。他到，设筵张乐款待他。正行了一轮酒，超呼吏把他缚起，拉去斩首。继击破他的部众，杀了七百多人，疏勒全定。次年，超征发于阗等国兵二万五千人复击莎车，而龟兹王遣左将军征发温宿、姑墨、尉头兵合五万人救莎车。

超召集将校和于阗王等商议道："现在我们兵少，打不过敌人，计不如各自散去，于阗军从这里东归，本长史亦从这里西归，可等夜间听到鼓声便分途进发。"同时暗中把夺得的生口放了。龟兹王得到这消息大喜，自领万骑在西界拦截班超，而命温宿王领八千骑在东界拦截于阗军。超探知他们已出发，密令诸部准备，于鸡鸣时突击莎车营。敌军大乱四窜。追斩五千多级，获马畜财物无算。莎车穷蹙纳降，龟兹等各自散去。班超由此威震西域。

和帝永元二年（公元九〇年），超又定月氏。先是，月氏以助汉有功，因求汉公主，为超所拒绝，因怀怨恨。是年派其副王领兵七万攻超。超的部众自以人数单少，大为忧恐。超晓谕军士道："月氏兵虽多，但越过葱岭，经数千里而来，并无运输接济，何须忧惧呢？我们只要把粮食收藏起来，据城坚守，他们饥饿疲困，自会投降，不过几十天便了结。"月氏攻超不下，钞掠又无所得，超预料他们粮食将尽，必向龟兹求援。于是伏兵数百，在东界等候。果然遇到月氏派去龟兹的人马，带着无数的金银珠玉。伏兵把他们解决了。班超把使人的首级送给月氏副王。他看了大惊，派人请罪并求放他生还。班超答应了他。月氏由此慑服，每年纳贡。永元三年，即耿夔灭北匈奴的一年，龟兹、姑墨、温宿皆向班超投降。朝廷拜超为西域都护。超设都护府于龟兹，废其王，拘送京师，而另立新王。是时西域五十多国，除焉耆、危须、尉犁因从前曾攻杀都护，怀着二心外，其余尽皆归附汉朝。其后，永元六年这三国亦为班超所平定。

自北匈奴为耿夔击败，逃遁无踪，其部众瓦解，本居于辽西、辽东塞外的鲜卑，乘机而进，占取北匈奴的土地。是时北匈奴余众尚有十余万落，皆自号为鲜卑。鲜卑由此强盛，自和帝永元九年（公元九七年）至顺帝阳嘉二年（公元一三三年）凡三十七年间，平均每隔一年，入寇一次，先后杀渔阳、云中及代郡太守。此后鲜卑忽然敛迹了二十年，而檀石槐兴起。

檀石槐在鲜卑民族史中的地位，仿佛匈奴的冒顿。他把散漫的鲜卑部落统一，尽取匈奴的旧地，建一大帝国，分为三部：东部从右北平至辽东，接夫余、濊貊；中部从右北平以西至上谷；西部从上谷以西至敦煌。每部置一大人主领。他南侵中国，北拒丁零，西击乌孙，东侵夫余以至倭国。他有一次俘了倭人一千多家，迁到"秦水"上，令他们捕鱼，以助粮食。他死于灵帝光和四年（公元一八一年），溯自桓帝永寿二年（公元一五六年），他开始寇掠云中以来，他为中国患凡二十二年。在这期间，鲜卑几于年年入寇；有时连结乌桓及南匈奴，为祸更烈。北边州郡东起辽东，西至酒泉，无不遭其蹂躏。桓帝延熹九年（公元一六六年），遣使持印绶封檀石槐为王，想同他讲和，被他拒绝。灵帝熹平六年（公元一七七年），曾派三万多骑，三路（高柳、云中、雁门）并进，讨伐鲜卑。结果，三路皆惨败，三将各率数十骑逃归，全军覆灭了十七八。汉廷对于鲜卑，盖已和战之策两穷。幸而檀石槐死后，鲜卑帝国旋即分散。

第三章

六朝史

范文澜

范文澜 （1893—1969）
北京大学讲师

浙江绍兴人。历史学家，学部委员。中华人民共和国成立后，任中国科学院近代史研究所所长。主要研究中国古代史、中国经学史、中国近代史，为中国马克思主义史学的开创者之一。著有《中国通史简编》《中国近代史》《范文澜历史论文选集》等。

内战时代——三国

一、人民浩劫与三国的形成

农民起义军如黄巾、黑山，只是杀官吏、掠财物，并没有屠杀人民。大量屠杀人民，使生产破败，户口骤减，造成"出门无所见，白骨蔽平原"的惨象，完全是统治阶级军阀们的暴行。

刘协在位时期，镇压起义农民的军阀们，割据土地，互相攻杀，东汉名存实亡。后来曹操、孙坚、刘备三大军阀，消灭其他军阀，形成三足鼎立的形势，仍是连年战争。据历史记载，杀人数目显著可见的，不下几百万人。经这一次军事大破坏，此后三四百年，没有恢复过两汉盛况，社会发展呈现出严重的停滞状态。

董卓——陇西临洮（甘肃岷县）大土豪，性残忍。曾大宴朝官，当众杀降人数百，先割舌，次或斩手足，或凿眼，或投镬中煮烂，惨状无限，卓饮食如常，好似没有看见。河南尹朱儁讨卓，卓遣部下李傕（音确）等屠杀陈留、颍川二郡，男女不留一人。其次派兵到阳城（河南登封县），正是春季乡村大庙会，卓兵突然包围，男子头全数割下，挂车辕车轴上，载妇女财物回洛阳，声称攻贼大胜。卓迁都长安，先烧洛阳周围二百里内城市村落，又烧城内宫殿宗庙府库民家，驱人口数百万入关。饥饿困顿，积尸满路。富人杀死无数，货物没收。繁华的东都，变成一片焦土。

李傕等——卓部将。卓被王允、吕布杀死，傕等替卓报仇，攻破长安，焚烧屠杀，老少全灭。长安四周几百里内，还有户口几十万，傕等放兵掠夺，人民饥困，两三年间，人相食略尽，几百里不见烟火。傕等又互相攻击，死伤用万计算。

袁绍——汝南人，贵族。刘宏死后，绍杀阉宦二千余人。占据冀、青、幽、并四州。杀黑山数万人。绍与曹操战，被杀八万人。绍死后子袁谭、袁尚互争。曹操围尚根据地邺，城中人大半饿死。

袁术——贵族。占据扬州，自称皇帝。术生活奢侈，赋役苛暴，江淮间人自相食，田园大量荒废。吕布与术屡次战争，杀术军数万人。

公孙瓒——辽西令支（河北迁安县）人，世家，名儒卢植的门徒。占据幽州。青徐黄巾三十万众，入渤海（河北沧县）郡界，瓒率步骑二万人迎击，斩首三万余级。黄巾逃退，瓒又追杀数万人，俘虏七万，财物车甲无数。瓒与袁绍连战数年，瓒杀绍兵七八千，绍杀瓒兵二三万，两军没有粮食，都向人民掠夺，人民食青草活命，良田变成白地。瓒造大楼，搜括民谷三百万斛，积储楼内。

陶谦——丹阳（安徽宣城县）人，儒生。占据徐州。曹操父曹嵩被谦部下抢劫杀死。曹操攻谦，屠彭城（江苏铜山县）等五县，杀男女数十万人，尸体投泗水，水壅塞不流。关中人民避李傕乱，流徙徐州，全数遭难。

曹仁——曹操族弟。南阳人民苦赋税过重，守将侯音与吏民共反曹操，仁屠宛，斩侯音。

军阀混战，养成一般人战斗杀人的习惯，例如刘表攻西鄂（河南南阳县南），西鄂县长杜子绪率县民男女守城。南阳功曹柏孝长也在城中，起初听到战斗声，吓得关上房门，用被蒙头，不敢出气。过了半天，稍敢露面。第二天早晨，敢扶着墙听声音，第三天，敢出房门打听消息，第四、五天，居然拿着刀上城战斗。他对杜子绪说，勇气是可以学的。这说明统治阶级能战的人愈多，战争时期愈延长，人民死伤愈增加。

以上只是极简略的记载，实际死丧还要多无数倍。大抵当时最富庶地方，也就是战争最激烈地方。东西两京及其周围几百里，彻底破坏了，人口集中的黄河流域，千里无人烟了，邺、宛等大都市，杀掠一空了，全国精华，在军阀手里成了灰烬。

在不可想象的军事大破坏时期，社会里最有权力的人怎样生活呢？

皇帝——刘协从长安逃到安邑，住处没有门户，用荆棘做篱。百官朝见，兵士伏篱上，互相挤压开玩笑。从安邑回洛阳，路上饥饿，张杨献粮食，封杨做大司马。宫女多数没有衣服，或饿死，或流落逃散。

百官——刘协被李傕劫持，从官乏食，协求米五斛，牛骨五具。傕说，你有饭吃，要米干什么？给烂牛骨，臭秽不可食。协到安邑，从官吃枣和野菜。回到洛阳，穷饿更甚，官员自出打柴，往往倒毙在路上。

军队——各部军队都没有粮食，饿了出去掠夺，吃饱作践剩余。袁绍军在河北，靠桑椹生活，袁术军在江淮，靠蚌蛤生活。二袁在当时算是富裕的军队，其他可想而知。曹操军乏食，东阿（山东阳谷县东北）人程昱搜括本县粮食，其中杂有人肉干，供操三天军用。很多军队，因饿自动溃散。

据说，孔融曾主张吃不认识的人，好比吃猩猩、鹦鹉，不算有罪。孔融是否这样主张，无从证明，程昱拿人肉干给曹操，却是事实。军阀们剥削人民，酿成大乱，又借平乱为名，争夺私利，不但杀人，而且吃人。军阀们罪恶滔天，真是孟子所谓"率兽食人"。建安七年，曹操下一道命令说，"吾起义兵，为天下除暴乱，旧土人民，死丧略尽，国中终日行，不见所识，使吾凄怆伤怀"。谁闹成"死丧略尽"的悲惨景况呢?

中原地区变作屠场,人民不是被杀被吃被虏,就是逃避比较偏远的地方,苟延生命。

辽东——公孙度占据辽东,东伐高句骊,西击乌桓,威行海外。中国人到辽东避难的很多。

汉中——道士张陵学道鹄鸣山(在四川崇庆县),创五斗米教,陵子衡,曾在汉中起义。衡子张鲁,占据汉中,自号师君。学徒起初称鬼卒,信道深的升做祭酒,率领部众。位次更高的称治头大祭酒。祭酒所在地各设义舍(旅店),义舍里放着义米义肉,行路人随意食宿,不取报酬,人民犯罪,原谅三次,最后犯罪才用刑,犯小罪罚修路一百步。禁酒,春夏两季禁杀生物。祭酒管理政治,不别设官吏。张鲁用宗教组织民众,虽说迷信,比杀人吃人的那些"暴乱"及"除暴乱者",多少还站在人民利益方面,所以本地居民和蛮夷都拥护他,关中人民从子午谷(山中小路)投奔他的数万户。张鲁统治汉中三十年,被曹操攻破。

益州——刘焉占据益州(四川),南阳及关中人民数万户流入益州,焉强迫编作军队,号东州兵,作为压迫益州人民的主要武力。

荆州——刘表占据荆州(湖北),关中及兖豫名士千余家投奔他。海内俊杰,大抵流寓荆州,诸葛亮就是其中之一,普通流民多至十余万户。

江东——汉末大乱,名士如周瑜、鲁肃、张昭、诸葛瑾、吕蒙等流寓江东,后来助孙策、孙权建立吴国。孙氏所用文武官吏,很少是江东土著。

交州——西汉末,士燮六世祖避难交州(安南),至燮做交趾太守。董卓乱起,中国士人百余家投奔交州。

鲜卑——轲比能本是鲜卑小酋长,部落近边塞。袁绍据河北,中国人多投奔轲比能,教他造兵器甲盾,并学中国文字制度,轲比能成鲜卑强族。

人民大死丧、大流徙的结果,中原户口十不存一,曹操削平群雄，统一北方，占有十二州土地，人口却只抵得汉时一州或一大郡。四百年来统一的汉朝，此时不能不分成三国。

黄河流域是人力、财力、文化、政治的中心地区，现在中心地区被破坏了。孙权占据扬、荆、交、广四州，刘备占据益、凉二州，单独一国，敌不过占据中心地区的魏，两国协力，才能自存。因此诸葛亮、鲁肃都主张蜀吴合作，共同反魏。

汉末历史证明，内战是最可怕的罪恶，几百年积累的经济、文化、人口，挡不住内战残酷的破坏，所以发动内战的野心军阀应该永远被历史咒骂。

二、孙吴始末

富春（浙江富阳县）人孙坚，世代做郡县小吏。坚从朱儁屠杀黄巾，积军功封乌程侯。袁术占据扬州，使坚击刘表，被表部将黄祖射死。长子孙策年幼英俊，交结豪杰，与周瑜、张纮友善。策说袁术愿助术平定江东，术付还坚旧部千余人、马数十匹。策渡江攻扬州刺史刘繇，繇败走。策军令整肃，民间鸡犬菜果，一无所犯，大得民众欢心，郡县官吏，相率降附。策夺得会稽（浙江绍兴县）、丹阳（安徽宣城县）、豫章（江西南昌县）、庐陵（江西吉安县）、吴（江苏吴县）、庐江（安徽庐江县）六郡。破庐江时，获得袁术部下百工及鼓吹（音乐队）部曲（类似奴隶的亲兵）三万余人。袁术曾在寿春（安徽寿县）做皇帝，中原技术工人多因避难投奔到寿春。术死，大将张勋等率众逃庐江。孙策这一次虏获，对江东工业建设，有巨大意义，所以他很重视，送工人到根据地吴郡居住。策已平定江东，计划袭击曹操，遇刺客受伤死，年二十六。

策死，弟孙权继位，文武官吏有张昭、周瑜、程普、黄盖、吕范、鲁肃、诸葛瑾等人，吴国基础，逐渐巩固。建安十三年，荆州牧（州长）刘表死，曹操驱大兵攻荆州，表子刘琮降操。操得荆州水军，声势更盛，写信给孙权说："我整顿水军八十万，同你到吴郡狩猎。"孙权部下众官惊慌失色，张昭为首的一群文官，力劝权降，理由是用卵击石，一定破败。会议中只有鲁肃不发言。

当初鲁肃听说刘表病死，对孙权说，荆州地势重要，刘表二子不和，势不能自保；刘备寄寓在那里，可劝备安抚表部众，与吴同心一意，共敌曹操。权遣肃往荆州，琮已降操，肃、备在当阳会见，商议孙刘合作的大计。肃同诸葛亮来见孙权，约定协力击操。此时张昭力主投降，孙权狐疑，失了主意，鲁肃请权召还周瑜共商和战，周瑜先受命去番阳（江西鄱阳县），回来对权说，操军号称八十万，其实不过二十余万，请给我精兵五万，包为将军破贼。

周瑜将精兵三万，进到赤壁（湖北嘉鱼县）用火攻大破曹操军。周瑜、刘备水陆并进，操引残军逃走。赤壁大胜，是决定三国局势的主要战争。周瑜不久病死，鲁肃代瑜执政，劝孙权借荆州给刘备。曹操正在写字，听得这个消息，手中笔不觉掉在地上。鲁肃认清曹操的强大，所以他力主联络刘备。鲁肃死后，孙权夺还荆州，与刘备失和，怕曹操袭击，上表请降，甚至无耻地劝操做皇帝。曹丕篡汉，封权做吴王，权俯首称臣，不敢不受。

建安二十五年曹丕篡汉，建立魏朝。接着刘备在蜀称帝。孙权也想做皇帝，又不敢得罪曹丕，丕派人命权立誓效忠，并送长子到魏做保证。权上表哀求饶恕，曹丕不答应，出兵来征讨。权危急，只好向刘备讲和，与魏连战两三年，魏兵才退去。

孙权做吴王七年，改称吴皇帝（二二九年），建都建业（南京）。蜀汉承认他的位号，约定互相援助，同讨魏贼，成功后平分中国。这当然只是一种外交上的辞令，实际孙权对魏防御，对蜀无时不想乘机进攻。可是他内部弱点很多，忙着维持自己的地位，不能完成他的野心。孙权的政治，主要的是：

造谣言——要证明自己命该做皇做帝。经常造"黄龙出现，凤凰出现，麒麟出现，赤鸟出现，白虎出现，嘉禾生，甘露降"等谣言，甚至敬礼妖人王表，请求降福。

掠人口——连年动兵杀人，需要补充人口。民间传说大海中有夷洲、亶洲，洲上居民是秦始皇时徐福带去的童男女的后裔。权派兵万人，求夷洲、亶洲，据说得夷洲人数千回来。又常浮海到辽东掳掠男女。

杀贤能——权性猜忌多疑，对臣下严刑杀戮。边境守将，必须留妻子家口在都城，叫作保质。喜用贪污卑鄙人，才名盛大的如沈友、张温等，认为自己不能用，借罪名杀害。当然，他的子孙学他，杀人更凶暴。

伐山越——山越是蛮族，伏居丹阳一带深山中，不纳租税。孙权想征服他们当兵纳粮，进行长期的侵略。权曾对张温说，如果山越平定，就要大举攻蜀。可是山越的英勇反抗，迫使孙权无力发挥他的野心。

孙权死后（二五二年），幼子孙亮继位。亮被废黜（二五八年），权第六子孙休继位。休死（二六三年），权曾孙孙皓继位。皓粗暴淫凶，专用阴险小人，寻人罪过，大臣及宗族，几乎被他杀尽。

魏攻蜀，皓只是虚声援救，却在国内用剥面皮、凿眼睛等酷刑杀人，穷凶极恶，全国怨恨。晋武帝司马炎利用蜀汉水军，遣大将杜预、王浑、王濬并进攻吴，吴兵不战溃散。孙皓自己捆绑，头上涂泥，抬着棺材，投降司马炎。吴亡（二八〇年）。

三、蜀汉始末

刘备，涿县（河北涿县）人。远祖是汉宗室，封侯爵。备幼孤贫，随母贩履织席为业。年十五，与公孙瓒师事名儒卢植，略通经学。性沉默不多说话，喜怒不表现在面上，别人有长处，不存妒忌心。大商人张世平、苏双等见备性格非凡，赠送很多财物，助备聚众。

黄巾起义，各州郡强族大姓、地主土豪，纷纷举兵镇压。刘备也是屠杀黄巾起家，势力逐渐扩大。先从公孙瓒攻袁绍，后归陶谦御曹操，谦死，备得徐州。与袁术战，吕布袭破下邳（江苏邳县），虏备妻子。备军乏粮，吏兵自相杀食，穷饿不能生存，向布求和。布见备军势又振，率兵来攻，备败归曹操。受刘协密旨谋杀操，发觉后逃奔袁绍。后又去绍归荆州刘表。曹操曾无意中对备说："天下英雄，只有你我两人，袁绍等辈算不得什么。"因此操认定刘备是大敌，亲自追逐，不让他立足停留。吕布、袁绍、刘表也都心怀疑忌，防止他发展。刘备到处做客，得不到土地，在当时军阀中，声名最大，势力最弱。

阳都（山东沂水县）人诸葛亮，年二十六，避乱隐居隆中（湖北襄阳县西），刘备三次往见，恳求出山相助。亮说，曹操、孙权，都已造成实力，应该结好孙权，同抗曹操。刘表、刘璋，庸弱无能，如果取得荆、益两州，内修政治，外和东吴，坐看时局变化，一军从荆州北攻宛洛，一军从汉中进取关中，汉室危亡，还可挽救。刘备大喜，请亮做军师。

曹操攻破荆州，备与孙权合力大战赤壁下，操败退，周瑜占领南郡（湖北江陵县），分南岸地给备。备驻军油口（湖北公安县），攻取武陵（湖南溆浦县）、长沙（湖南长沙县）、桂阳（湖南郴县）、零陵（湖南零陵县）四郡。孙权看了害怕，周瑜劝权软禁刘备，分散关羽、张飞，消灭他的势力。孙权又怕曹操再来，没有帮手，不敢采用瑜计。周瑜死，鲁肃劝权借备江北四郡，备因此得荆州全部。备留关羽镇守襄阳，自率步兵数万入益州。建安十九年，刘璋降备。益州人物殷富，地势险要，刘备奔走二十余年，才得到这个地盘。

孙权见备已得益州，派人索还荆州。刘备答应取得凉州（甘肃）后，归还荆州。孙权忿怒，使吕蒙袭夺长沙、零陵、桂阳三郡，备引兵来公安，曹操乘机攻入汉中，备与权讲和，平分荆州，还军击操，连战两三年，操军败退，备自称汉中王。同时关羽在荆州，声势大振。

关羽围攻樊城，魏守将曹仁被困危急，曹操遣于禁督七军救仁，羽斩魏将庞德，禁大败降羽。河南反曹民军，受羽委任官号，纷纷起事。羽威震华夏，中原摇动。曹操议放弃许都（魏都许，河南许昌县），迁徙河北。司马懿献计道，关羽得志，孙权一定不愿意，可派人说权攻羽后路，允许割江南封权，樊城自然解围。曹操从懿计，孙权果使吕蒙袭破江陵，虏羽士众妻子，羽军溃散，羽走，被吴将潘璋杀死。权送羽头给曹操，表示服从命令。据《蜀记》说，关羽将出兵攻曹仁，梦中被猪咬坏了脚。这当然是《蜀记》假托的寓言，意思是说孙权贪而又蠢，行为同猪一样。

建安二十五年，曹丕篡汉，刘备在蜀称帝，建都成都。备恨孙权杀羽，率大军伐吴。吴、蜀相拒七八月，吴将陆逊用火攻，大败备军，备逃回白帝城（四川奉节县）。孙权被魏讨伐，又闻刘备住白帝，不回成都，怕两面受敌，遣使见备请和。备许诺，两国又通使来往。

刘备在白帝城病死。子刘禅继位，年十七岁。丞相诸葛亮全权辅政。亮料孙权将有阴谋，遣邓芝去通和好。权果狐疑不见芝。芝上书说："我来也为了吴，不单为蜀，请赐见商议。"芝告权道："吴蜀相助，好比唇齿，进可以兼并天下，退可以鼎足三分，你如果还认降魏为得计，魏定要你入朝，要你送儿子做担保。你不听从，魏下令讨叛，蜀也顺流而下，那时候江南危险了。"权想了好久，说："你的话很是。"从此蜀、吴连和，彼此不相侵犯，诸葛亮得专力对魏。

魏闻刘备死，司徒华歆、司空王朗、尚书令陈群、太史令许芝等一群弃汉降魏、弃魏准备降晋的无耻名士，各写信给亮，大谈天命人事，劝蜀投降称臣。亮一概不理，发表一篇文章叫作正议，作为答复，大意说，你们说的全是废话，大人君子不会像你们这样无聊的。兵法说"万人必死，横行天下"，何况蜀有数十万大兵，正名伐罪，胜利可必呢！

亮整顿内政，奖励农耕，息民练兵，准备大举。南方诸郡（云南）叛乱，亮率众征伐，所向克捷。大豪孟获，向来为夷汉人所推尊，亮采用马谡"攻心为上，攻城为下，心战为上，兵战为下"的建议，与孟获战，七纵七擒。获最后心服道，诸葛公天威，南人不再反了。夷人纳税安居，蜀汉内部平安。

亮息民五年，亲率诸军北驻汉中。刘禅六年春，亮攻祁山（甘肃西和县西北），阵势整齐，号令严明。南安（甘肃陇西县）、天水（甘肃天水县）、安定（甘肃定西县）三郡叛魏响应。魏国朝野恐惧，曹叡（魏明帝）自率大军来抵御。先锋马谡违亮节度，被魏战败，亮退还汉中，上表请贬官三等。七年，拔魏武都（甘肃成县）、阴平（甘肃文县）二郡。亮连年征伐，都因粮尽退军，决心在渭河旁分兵屯田，准备久居。不幸发病卒。年五十四。

亮原来计划，是占有荆益，和吴攻魏。荆州被孙权夺去，蜀势孤弱。每次出兵，魏用全力抵御，魏兵常多四五倍，所以亮虽然智谋无敌，却不能有什么成就。

史称亮有巧思，造木牛、流马，转运军粮，这也许是夸大的传说，未必实有。他确制造一种连弩，十矢俱发，号称奇巧，蒲元给他造刀三千口，用竹筒装铁珠，举刀斫筒，如断刍草。炼钢术进步，大概由于他的奖励。

亮曾上表刘禅说："臣家在成都，有桑树八百株，薄田十五顷，一家可以温饱。臣随身衣食，公家发给，决不增长私产尺寸。"亮事刘禅忠敬，出于至诚，禅做太子时，亮亲抄《韩非子》等书送给他，希望他做个能干的皇帝，绝对没有自恃才能、把持政权的意思。世俗流传亮认"阿斗"（小说讹传禅小名阿斗）无能，自己揽权到死，这种话不符合史实。

亮死后二十九年，魏司马昭遣邓艾、钟会攻蜀，刘禅听名儒谯周劝告，降司马昭，蜀亡（二六三年）。

四、曹魏始末

曹操，谯县（安徽亳县）人。祖父曹腾，汉刘志时做大阉官。父曹嵩（腾的义子），家产极富，官至太尉。董卓擅权，操在陈留（河南陈留县）散家财招募徒众。陈留绅士卫兹出钱助操，得兵五千人，准备起事。

起初董卓封操做骁骑校尉，操辞官改姓名逃归乡里。路过成皋

（河南泥水县），访友人吕伯奢，伯奢不在家，五个儿子出来殷勤招待，操怀疑他们，夜里把吕家八口一起杀死。临走说"宁可我害人，不要等人害我"。这就是曹操一生行动的指南。

各州郡长官联盟讨董卓，合兵十余万，推袁绍做盟主。他们讨卓只是一种号召，真意在争夺权利，割据称雄，军阀混战从此开始。曹操参加联盟，因不满袁绍等行为，率部属独立发展。青州黄巾入兖州，操与兖州刺史刘岱合力击破黄巾，得降兵三十余万，男女百余万口，选拔精锐，扩大军队，这是曹操独霸中原的初步胜利。

刘协颠沛流离，困在洛阳，军阀们谁也不重视他。曹操亲到京都，保卫天子，借口洛阳残破，迁都许。建立宗庙社稷，恢复汉朝制度，改元建安。操得大将军、丞相等名号，地位高出一切军阀，行动都算名正言顺，"挟天子以令诸侯"，造成政治上极大的优势。

东汉豪强长期兼并的结果，名宗大族，布满全国，他们筑堡垒，聚宗族，招集徒党，叫作宾客，役属佃户，叫作部曲。这种地主武装，镇压农民起义，拥护军阀政权，起了很大的作用。刘备、孙权，都得到他们的助力，曹操所得更多。如李典宗族部曲三千余家，一万三千余人，许褚聚少年及宗族数千家，任峻收宗族宾客家兵数百人，吕虔将家兵守湖陆（山东鱼台县），李通率亲戚部曲攻破周直部众二千余家，张赤部众五千余家。这些北方地主武装，大都归附曹操，构成曹操政权坚固的基础。

各军阀最感困难的是民散田荒，军队乏食。曹操迁汉帝到许，当年就创立屯田制度。兴修许地河渠，开辟稻田，募农民耕种，一岁得谷百万斛。按照户口数目，比较垦田多少，作为赏罚地方官吏的标准。各州郡遍设田官，到处积谷，大军出征，不必运粮。当时铁的生产，大遭破坏，改铁制刑具为木制。足见铁非常缺乏。旧法冶铁用马排（风箱），一百匹马力，制成一石（一百二十斤）熟铁，用人排，费力更多。韩暨做冶官，利用河流造水排，省费三倍，六七年间，器用充实。张既做雍州刺史，教陇西、天水、南安三郡富豪作水碓。梁习到上党取木材，置屯田都尉一人，领客（雇农）六百夫，耕种路旁，供人牛费用。曹操对农耕特别重视，所以足食兵强，所向克捷。

某次行军，经过麦田，下令："损坏田麦处死刑。"他自己的马跃入麦中，教部属议罪。算是主帅不可自杀，割发置地上当作斩首。这自然是他骗人权术，但也说明他对农耕的注意。

盘踞河南的军阀吕布、张绣、袁术等先后被操攻灭。袁绍占河北四州，拥兵十余万，武力比操强大。操渡河击绍，大战五年，杀绍主力军八万人。某次战争，甚至来不及割绍军战死人首级，改割人鼻和牛马唇舌，作为战功的凭证。操夺得河北土地，禁止厚葬，严禁豪强兼并，令人民纳田租每亩四升，每户出绢二匹，绵二斤，不许额外多取。以前袁绍部属任意夺田，强迫农民代出租赋，卖子破产，不够赔累，曹操这一法令，多少给农民解除些痛苦，因此河北成了曹操的根据地。

建安十三年，操在荆州大治水军，想顺流下取孙权，屯军赤壁，心骄气扬，以为一举可以平定江东，统一中国。不料刘备、孙权，合力猛攻，操军大败，退出荆州。此后屡次伐吴，不能取胜。刘备夺得益州，建立蜀汉，操攻入汉中，又被备驱退。曹操两次战败，形势上不得不三分天下了。

曹操知道三国相持是长期的，军事以外，应该做篡汉的准备。他先教刘协封自己做魏公，位在诸侯王上。又叫刘协封自己做魏王，用皇帝仪仗。本来土地人民，都归曹操所有，汉帝只存空名号，现在名号也相差极微，随时可以代做皇帝。无耻的孙权，上书劝曹称帝，操对群臣说："这小儿想骗我蹲在炉火上么？"群臣都说孙权的话很对。操说："我如果该受天命，我要学周文王，让我的儿子做皇帝。"建安二十五年操死，太子曹丕当年就教刘协让位给自己，建立魏朝。

曹操有二十五个儿子，他活着的时候，儿子们抢太子名位，争斗很激烈。长子曹丕能装孝顺的样子，终于获得继承权。曹操刚死，曹丕就把操宠爱的妾侍都取过来，气得他的生母卞太后大骂："狗鼠不吃的东西，该死！该死！"丕做皇帝后，对争位的同母兄弟曹植、曹彰怨仇极深。他和曹彰在卞太后屋里下围棋，同吃枣子。有些枣子蒂中藏着毒药，他拣好的吃，曹彰不知道，中毒暴死。他又想害曹植，卞太后竭力救护，幸得免死。

曹丕封兄弟们都做国王，防范却非常严密。曹植封东阿王，给兵一百五十人，全是六十至七十岁的老夫，其中卧床不起、仅存呼吸的三十七人，半身不遂、瘫病、聋子、瞎子二十三人。诸王游猎不得过三十里，不得互通聘问，不得到京都。各国派有监视者，专寻诸王过失，轻罪受罚，重者赐死。

曹操暴虐，但生活还不甚奢侈。曹丕暴虐而又奢侈，自然，人民痛苦更增重了。丕刚登帝位，就向降臣孙权要大贝、明珠、象牙、犀角、玳瑁、孔雀、翡翠、斗鸭、长鸣鸡、雀头香。农民租税，不能满足他的贪欲，他教各州郡农官拨出一部分吏民经营商业，求加倍的利息，剩下田地，强迫农民代耕，纳加倍的租税。汉律："罪人妻子没为奴婢，黥面。"罪人子孙永远面上刻黑字做奴婢，本是古代传下的暴法，曹丕更进一步，不仅剥削奴婢的子孙，并剥削将死的老奴婢，他制定法律将七十岁或残废老病不中用的官奴婢发到市上售卖，谁买与鬼为邻的奴婢呢？还不是硬派给没势力的人民！

经军阀们长期混战，全国生产力遭受大破坏，中原地区尤甚。刘备铸值百大钱，孙权铸值五百及值千大钱，曹丕索性废五铢钱，令百姓用谷帛作交换媒介。曹叡时生产力逐渐恢复，五铢钱又行用起来。

曹丕的儿子曹叡，暴虐奢侈比丕更甚。他大量养鹿，夺取广大农田算是牧场，人民杀鹿处死刑，没收财产入官。叡时有著名巧人马钧，利用水力作发动机，使木人击鼓吹箫，跳丸掷剑，缘绳倒立，出入自在；舂米、磨谷、斗鸡，变巧百端。又改良发石车，大石数十悬轮上，用机鼓轮，飞石接连击敌城。曾用砖试验，能飞数百步，他主要的功绩是改良翻车，儿童转车机，水连续上升，功效比普通水车高百倍。又改良织绫机，旧绫机五十缕要五十蹑，六十缕要六十蹑，钧改为十二蹑，节省时间，出品更精。耕织机械的进步，促使中原地区富力增加，奠定西晋灭蜀、吴两国的经济基础。

曹叡在位十三年，死后政权落在司马懿手里。过了二十七年，司马炎教魏帝曹奂让位，建立晋朝。魏亡（二六四年）。

外族侵入时代——两晋

一、腐朽的统治阶级

司马炎死，子衷继位。衷在华林园听得蛤蟆叫声，问侍从："那叫的为官呢，还为私？"听说人民饿死，他说："为什么不吃肉粥？"皇后贾南风，荒淫污浊，专权悍虐，衷成南风的傀儡。整个统治阶级贪暴放荡，无恶不作，看他们罪行重叠，想见人民的痛苦非常。

豪侈——石崇的生活，为一般贵族所模仿。王恺曾和崇斗富，恺用麦糖洗锅，崇用白蜡当柴；恺制紫丝布屏障四十里，崇制锦绸屏障五十里；恺屋涂赤石脂，崇屋涂香椒泥；恺得珊瑚树高三尺，自谓无比，崇执铁如意一击粉碎，拿出自己的珊瑚六七株，都高三四尺。崇厕所陈设华丽，美婢十余人，预备锦香囊、沉香汁、新衣服，客人出厕，照例换一套新衣服。崇宴客常令美女劝酒，客饮酒不多，崇当场杀美女。有些恶客故意不饮，看他接连杀人，表示豪气。

贪污——鲁褒作一篇《钱神论》，讥刺士大夫，大意说："钱之为体，有乾坤之象（边圆像天，孔方像地），亲之如兄，字（名）曰孔方。无德而尊，无势而热，排（推开）金门（宫门），入紫闼（皇宫），危可使安，死可使活，贵可使贱，生可使杀。是故（所以）忿争非钱不胜，幽滞（卑贱）非钱不拔（升迁），怨仇非钱不解，令闻（名誉）非钱不发。洛中（京城）朱衣（王公）当涂（大臣）之士，爱我家兄，皆无已已（贪不多止），执我之手，抱我终始。凡今之人，唯钱而已。"统治阶级爱好金钱，真是古今无异。

放荡——行为愈放荡，声名也愈高。贵族子弟群聚狂饮，散发裸体，对弄婢妾。名士胡毋彦国关房门饮酒，被儿子谦之窥见，大声叫道："彦国老儿，不该独乐。"彦国欢笑，呼入共饮。士大夫甚至提倡男色，互相仿效，夫妻离异，不以为耻。统治阶级的思想行动，任意发展，一定变到"衣冠禽兽"的地步。

清谈——清谈从魏代何晏、王弼开始，他们研求《易经》、老、庄的哲学，主张虚无，不做实事。何晏性淫，喜着妇女衣服，随身带香粉，走路赏鉴自己的影子。王弼的官职，被好友王黎夺去，弼痛恨黎。他们口头上讲虚无，实际非常贪鄙。何、王以后，有所谓竹林七贤，全是些狂醉说空话的人（只有阮籍、嵇康两人，品格较别人高洁）。晋代王戎、王衍是清谈首领，清谈比魏更盛行。统治阶级腐败到极点，所以必须讲玄妙空虚的话来掩蔽本身的丑秽。

争夺——司马炎大封亲属做王，本想他们保卫皇室，结果却造成大乱，促使晋朝很快崩溃。司马衷用汝南王亮做太宰，楚王玮做卫将军，贾后教玮杀亮，又借玮擅杀的罪名杀玮。赵王伦杀贾后，篡帝位，齐王冏讨伦，成都王颖、河间王颙、长沙王乂举兵响应，伦战败被杀。冏擅权，颙、颖、乂攻杀冏。乂擅权，颙、颖攻乂大战，洛阳人民死万余人。东海王越捕杀乂。颖做丞相兼皇太弟，驻邺；颙做太宰，驻长安。越奉司马衷攻颖，战败，衷被颖俘获。安北将军王浚大败颖军，衷转落在颙手。颙擅权，改封豫章王炽做皇太弟。越起兵夺衷，颙败走。越部下鲜卑军大掠长安，杀三万余人。越得衷回洛阳。颙、颖相继被杀。越毒杀衷。炽继位，越横暴擅权，被苟晞逼迫病死。

这就是所谓"八王之乱"，前后二十年，人民死丧二三十万以上，晋朝统治机构也因此大破坏，内战引起不可收拾的外患。

八王以外还有许多王，大体都是野心家，其中最安本分，被朝廷称为"清虚静退，简（少）于情欲"的是平原王干。他放俸米、布帛在空地上，让它们腐烂。爱妾死，棺材不钉盖，隔几天揭盖探看，有时跳进棺去行淫秽。尸体败坏才埋葬。所谓"简于情欲"的行为是这样。

统治阶级罪恶无限，遭大祸的却是人民大众。

二、人民流亡与外族侵入

统治阶级无限奢侈浪费，都是人民的脂膏血汗。司马衷时代，田亩课税，不断增加，对田兵尤甚。田兵原来是兵士屯田，现在变成一种剥削的制度。人民当兵，兵种田。用官牛，官得八分，兵得二分，用私牛或无牛，官得七分，兵得三分。一亩收谷数斛，田兵所得，有时连偿还种子都不够，人民名义上服兵役，实际是替统治阶级当耕奴。再加水利不修、赋敛繁苛、天灾兵祸连年不断，人民无法生活，只得离弃乡土，逃避远方。史传关于流亡的记载，如：

关西大饥，饥民数万家，十余万口，流徙汉中，转入梁、益二州。

河东、平阳、弘农、上党诸郡流民散在颍川、襄城、汝南、南阳、河南一带数万家，被本地豪强虐待，流民烧城邑，杀官吏，响应匈奴刘渊部将王弥。

雍州流民多在南阳，朝廷派兵强令归还本乡，流民因关中荒残，不愿回去，聚众四五万反抗。

巴蜀流民十余万户散在荆、湘二州，受豪强侵掠。蜀人李骧聚众自卫。荆州刺史王澄杀流民八千余人。湘州刺史荀眺谋尽杀流民，四五万家被迫反抗，推杜弢做首领。

并州人民扶老携弱，流移四散，存留不满二万户。

以上只是极简略举些例证，已经看出人民饥寒交迫，穷困无聊，盲目散走，希望觅食，又遭官吏土豪的虐待残杀，再加上八王混战、外族侵暴两重灾祸，多少穷苦民众，在饿死杀死中消灭了！

外族大侵入，也是统治阶级造成的罪恶。东汉时代，边境内外，住着许多降附的外族，中国有战事，往往征发他们当兵。例如刘宏时北地太守夏育率屠各胡击破鲜卑军。张温发幽州乌桓骑兵三千人击凉州。诏发匈奴兵讨叛将张纯，南单于遣子于扶罗率兵入塞，因而留在中国寇掠州郡。刘宏死后，军阀内战，各诱集外族自助。例如乌桓破幽州，虏汉民十余万户，袁绍立乌桓酋长做单于，嫁女连和，借兵击破公孙瓒。曹操大破乌桓，乌桓校尉阎柔率部落万余，迁居中国，助操战争，号称天下名骑。刘备初起兵，有乌桓杂胡骑数千人。黑山统帅张燕，联合屠各、雁门、乌桓等部，攻掠河北州郡。魏时安西将军邓艾谋灭蜀汉，招鲜卑数万，散居民间。辽东公孙渊自立为燕王，诱鲜卑侵扰中国北部。军阀贪一时便宜，借外力进行内战。后来八王相攻，照样利用，终于酿成大乱。

又因内战剧烈，户口大减，土地荒废，统治阶级需要补充人力，愿意外族迁居内地。例如曹操徙武都氐五万落（汉族称户，外族称落）居扶风、天水界。曹丕时武都氐王杨仆率种人内附，居汉阳郡（甘肃甘谷县）。郭淮徙氐三千余落实关中。又凉州休屠胡二千余家内附，淮使居高平县（甘肃固原县）。司马炎时代，塞外匈奴前后归附，一次二万余落，一次二万九千人，一次十余万口，一次一万一千五百口，凡十九种，各按部落，居住内地。大抵匈奴居山西及陕西北部，氐羌居陕西、甘肃。晋建都洛阳，离匈奴仅隔骑兵三四天路程，当时有识见的朝臣，如郭钦、江统、傅玄诸人，早已恳切指明它的危险，可是一般士大夫并不相信被降服的蛮夷敢反叛。

八王混战，引起五胡乱华。五胡是：

匈奴——西汉末年，呼韩邪单于率五千余落降汉，杂居中国北部。到汉魏间，人口繁殖，势力渐大。曹操分散匈奴为五部，每部置帅，选汉人做司马，监督他们。魏末，改帅称都尉。左部都尉统万余落，居泫氏县（山西高平县）；右部都尉六千余落，居祁县（山西祁县）；南部都尉三千余落，居蒲子县（山西隰县）；北部都尉四千余落，居新兴县（山西忻县）；中部都尉六千余落，居大陵县（山西文水县）。汉时匈奴与汉通婚姻，单于子孙冒姓刘氏。五部都尉由姓刘人充当。

羯——匈奴别部，居武乡（山西榆社县）。建立后赵国的石勒，就是羯人。勒祖和父都做部落小帅。勒年十四，跟邑人到洛阳行贩。稍长，在汉人郭敬、宁驱两家充当雇农。司马衷末年，并州饥乱，群胡亡散，并州刺史司马腾派兵虏群胡，两人一枷，带往山东出卖。勒被卖给茌平人师欢当耕奴。石勒的遭遇，也就是一般胡人的遭遇。羯种高鼻、深目、多须，与匈奴种不同。

鲜卑——东胡种族。东汉末，酋长檀石槐立庭（建都）高柳（山西阳高县）北三百里，兵马强盛，尽据匈奴故地，东西万二千余里，南北七千余里。鲜卑贵族有慕容氏、段氏、拓跋氏、宇文氏。宇文氏是匈奴别部，居辽东，语言与鲜卑略异。鲜卑宇文、拓跋两族剪发，留顶上一部，打成发辫，南朝人叫宇文族为索头宇文，叫拓跋族为索虏（辫奴）。慕容族发学中国式，肤色与拓跋族不同；东晋司马绍母荀氏，鲜卑人，绍须发黄色；关中人呼慕容鲜卑为白虏或白贼。大概鲜卑慕容族是白色人种。别有白部鲜卑，当由皮肤白色得名。

氐——西戎种族。有隃麋（陕西泾阳县）氐、汧氐、兴国氐、临渭氐、略阳氐，各因所居地为名号。魏时氐人内迁的很多。

羌——西戎种族，分布甘肃、青海一带，两汉时与汉战争不绝。羌人少种五谷，游牧为业。《后汉书》说羌有一百五十种，氏族无定，或用父名母姓为种号，十二世后，互通婚姻。父死妻后母，兄死妻寡嫂，没有鳏寡，种类繁殖。祖先名爰剑，曾做秦国的奴隶，学得农业传授族人，子孙因用爰剑做种号，爰剑后五世酋长名研，豪健有威名，子孙用研做种号。研后十三世有烧当，也豪健著名，子孙又用烧当做种号。

此外还有西南蛮族“賨”，也参加叛乱。賨有巴氏、樊氏、瞫（音审）氏、相氏、郑氏五姓。巴氏为君，四氏为臣，世居巴西宕渠（四川渠县）。汉末大乱，自宕渠迁汉中，曹操又迁徙賨人居略阳，与氐人杂居。西晋末，关西饥乱，流民自略阳还汉中，转入巴蜀，推賨族豪酋李特为主。

匈奴族刘渊建立汉国（前赵），沮渠蒙逊建立凉国（北凉），赫连勃勃建立夏国。羯族石勒建立赵国（后赵）。鲜卑族慕容廆建立燕国（前燕），慕容垂建立燕国（后燕），秃发乌孤建立凉国（南凉），慕容德建立燕国（南燕），乞伏国仁建立秦国（西秦）。氐族苻洪建立秦国（前秦），吕光建立凉国（后凉）。羌族姚弋仲建立秦国（后秦）。賨族李特建立蜀国（前蜀）。以上外族所立凡十三国。又汉人建立有张轨前凉、李暠西凉、冯跋北燕，计三国。总凡十六国。

三、十六国大混乱

匈奴刘渊开始叛乱，建立汉国，攻灭西晋。群寇纷起割据，互相屠杀，前后一百三十六年。华族人民迁徙死亡，户口耗损太半。塞外野蛮民族，大量流入黄河流域，落后低级的生活、残暴嗜杀的恶性，破坏华族二三千年来发育滋长的经济和文化。十六国以及后来称为北朝的拓跋魏占据黄河流域三百年，造成中国历史可耻可痛的一部分。这个极大的灾祸，完全是西晋统治阶级腐化内战的结果。

十六国起灭不常，事变烦杂，按照它们起灭及割据地作线索，大体可分为五类：（一）汉、前赵、后赵、魏；（二）前燕、后燕、南燕、北燕；（三）前秦、后秦、西秦、夏；（四）前凉、后凉、南凉、北凉、西凉；（五）蜀。

（一）汉、前赵、后赵、魏

汉——刘渊祖名于扶罗，父名豹。司马炎时代，渊做匈奴北部都尉。八王乱起，匈奴酋长密谋反叛，共推渊做大单于。司马衷元兴元年，渊自称汉王，建都左国城（山西离石县）。司马炽永嘉二年，渊自称皇帝，建都平阳（山西临汾县）。渊死，第四子刘聪杀太子刘和自立。聪遣将刘曜、石勒等攻洛阳，杀晋兵三万余人。破洛阳后，纵兵大掠，又杀王公百官以下三万余人。司马炽降聪。聪问炽："你家骨肉相残，为什么这样厉害？"炽答："臣家替大汉扫清道路，好让圣朝兴起，如果臣家骨肉和睦，圣朝怎能起来呢？"炽忍辱求活，无耻到这样！聪大宴群臣，令炽着青衣（奴婢衣）给群臣斟酒。炽旧臣庾珉、王儁起立大哭，聪怒，杀炽及珉、儁等十余人。晋人立司马邺做皇帝（愍帝），都长安。刘曜攻破长安外城，邺又投降。曜送邺见聪，邺伏地叩头。聪出猎，令邺军服负戟在前引路。大宴会，令邺斟酒洗杯，在座晋旧臣表示悲愧，聪怒杀邺。炽、邺降敌求活，结果是受辱被杀。

前赵——聪娶后母单氏为妻，前后立皇后十余人，淫暴惨杀，行为不像人类。聪死，子刘粲继位。聪留下皇后四五人，都是不满二十岁的国色，粲昼夜在宫内淫乱，政事全委靳准。准是屠各胡，女儿是聪皇后。准得权，攻杀刘粲，刘氏男女不论长幼，一起处斩。准自称汉天王。渊族人刘曜带兵族灭靳氏，自称皇帝，徙都长安，改国号为赵。石勒部将石虎攻曜，曜战败，死士卒一万六千人。曜大发国中兵，击败石虎，虎军伏尸二百余里。石勒击曜，曜大败被擒。勒破赵国，杀王公群臣士卒屠各胡五万余人。前赵亡（三二九年）。立国凡二十六年。

刘聪据平阳，破洛阳、长安，灭西晋，算是汉国全盛时代。他置左右司隶，各领户二十余万，万户置一内史，凡四十三内史。又置单于左右辅，各主六夷十万落。这是汉国的基本民众，约计人口不过三四百万。司马邺在长安称帝，城中民户不满一百，公私共有车四辆。用汉国人口推测别处人口，用长安景象推测别处景象，当时社会破败程度，可以想见。石勒诱司隶部民二十万户奔冀州，刘曜徙氐羌二十余万口到长安，又想见当时人口变迁徙动的剧烈。

后赵——石勒，羯人，家居武乡。八王乱起，勒召集王阳等八人做骑贼，后又得郭敖等十人，号称十八骑，勒从大盗汲桑，声称为成都王颖攻东海王越、东瀛公腾；桑、勒击杀腾及晋兵万余人。越击败桑、勒，勒降刘渊。勒攻陷冀州郡县堡垒（地主武装）百余，得兵十余万。选士族名门成一队，号君子营。任用张宾做军师，其余辅佐全是中国士人。东海王越率众二十余万讨勒，越病死，众推清谈领袖王衍做主帅。勒大破衍军，尸积成山，二十余万人无一得免。勒占据幽、冀二州，建都襄国（河北邢台县），徙乌桓、匈奴部落及降人各三万余户充实都城。勒有郡三十四、民户二十九万，司马睿太兴二年自称赵王。后灭刘曜，统一黄河流域，司马衍咸和五年自称皇帝，迁都临漳（河南临漳县）。

石勒蹂躏中原，完全靠中国士人替他谋划，尤其是张宾，屡次出奇计，从危败中救助石勒，认勒可以共成大事，真是华族无耻的败类。勒建立赵国，封宾做大执法，总管朝政，订定制度。称胡人为国人，严刑禁说胡字。改革几种旧俗，唯火葬俗不改。群胡恃势，劫夺财物，例如参军樊坦被抢，仅存破烂衣冠，一般人民遭祸更不待言。

勒死，石虎杀勒子石弘自立为皇帝，迁都邺（临漳县西南）。虎性残虐，比勒更甚，攻得城邑，杀人不留余种，前后屠杀不能计数，连石勒也嫌他太凶暴。虎昼夜荒淫，令太子石邃管国事。邃残虐不比虎差，听说百官家有美女，他就跑去奸淫。斩宫女头，用血洗染，置盘上传观。或美女肉合牛羊肉同煮，赏给左右尝新味。邃想杀虎，虎怒，杀邃妻子二十六人，同埋一棺中。虎立子石宣做太子，宣又谋杀虎，虎烧杀宣，虎怒极，对臣下说："我要用纯灰三斛洗腹肠里秽恶，生儿二十岁便想杀老子。"石虎父子间残杀如此，对待被征服的人民，当然比犬羊还不如。

石虎在位十五年，无限暴政惨事，他都做了。他置女官二十四等、太子宫十二等、诸公侯七十余国各九等。大发民女二十以下、十三以上三万余人，按面貌分三类配官等。官吏谄媚石虎，务求佳丽，夺民妻九千余人。太子宣及公侯又私采美女一万人。妇女被豪强胁迫自杀的，不计其数。实际石虎宫中有妇女十万人，太子和公侯也不会很少。人民在野蛮民族统治下，即此一端，已经几乎灭种。

石虎死，虎子争位大乱，汉族冉闵杀虎子孙四十余人，大开邺城门，下令城中人去留听便。胡羯纷纷出城，百里内中国人悉数自动进城。闵率兵杀诸杂胡二十余万人。各地民众，纷起响应，高鼻深目人，全被杀死。后赵亡（三四九年）。立国凡三十一年。

魏——冉闵，内黄（河南内黄县）人，勇猛善战，为石虎部将。闵灭石氏，自称大魏皇帝。石祗在襄国称赵皇帝，号召蛮夷与闵对抗。闵遣使告东晋说，逆胡作乱，现在诛灭了，残余小丑，请派兵来共同讨伐，扫清中原。东晋君臣别有用心，竟不搭理。闵独力攻石祗，祗联合鲜卑慕容儁（前燕）。羌姚弋仲（后秦）来击闵军，闵大败，文武官吏兵民死十余万人，华族力量大受损失。闵驱逐诸氐羌胡蛮数百万各还本土，路上互相杀掠，饥疫死亡，得到家的十止二三。

闵破襄国，灭石祗。慕容儁来攻，闵率骑兵出击，十战连胜，率轻兵猛进，被鲜卑大军围困，儁杀闵。闵子冉智，奉表降东晋，请发兵援助，晋坐视不救，魏被慕容儁攻灭（三五二年）。立国凡三年。

石氏残暴苛敛，人饥相食，闵散发仓库，救济穷困，很得民众的爱护。做皇帝后，提拔人才，不限门第贵贱，政治渐次清明。中原人士，称他有开国气象，他请东晋出兵，同讨叛逆，更是深明种族大义。当时羌酋姚弋仲臣服石氏，但不敢反晋，慕容儁名义上也算东晋的藩国，晋、魏合作，正名伐叛，胜利很有把握。可是东晋君臣不肯立在种族观点上协力御侮，却想陈师边境，坐观成败，乘机取利。结果冉闵力竭败灭，中原被慕容儁吞并，自称皇帝。东晋使臣见儁，儁说："我受中国人民推举，已经做皇帝了，你回去告诉你们的天子吧。"东晋想不费力占便宜，失去驱逐野蛮种族的机会。不顾种族大义，不顾民众痛苦，只为自己计算利益，这是腐朽统治阶级的特性。

（二）前燕、后燕、南燕、北燕

前燕——鲜卑族慕容廆居大棘城（辽宁义县西北），受晋官爵，名义上算是藩国。廆死，子皝立，受东晋封，称燕王，建都龙城（辽宁锦县境）。慕容氏占地偏远，战争较少，冀、豫、青并四州流人，多来归附，选拔僚属，全是中国士族，所以政治比较好些。无产流民，得领耕牛一头。种官田，依魏晋旧例六四或五五分谷。皝死，子儁立。儁时已有兵二十余万，杀冉闵后，据有中原，自称燕皇帝，建都邺。儁谋攻东晋，令州郡检查户口，每户留一丁，其余悉数当兵，想凑成一百五十万大军。这个计划被臣下反对，没有实现，当时户口却约略可以推见。儁死，子暐立。东晋桓温率兵五万北伐，大败燕兵，进驻枋头（河南浚县西南）。燕将慕容垂智勇善战，屡败晋军，暐又向前秦苻坚求救，温粮道断，败退。垂功高遭忌，逃奔降坚。坚攻灭燕，前燕亡（三六〇年）。立国凡八十五年。

后燕——慕容垂降苻坚，得坚宠任。坚伐晋大败，垂归河北称燕皇帝（三八六年），建都中山（河北定县）。垂死，子宝立，徙都龙城。数传至慕容熙，大兴土木，虐杀臣民。妻苻氏死，熙悲号蹦踊（跳跃），如丧考妣（父母），抱着尸体大哭道："死了死了，不能活了。"昏晕好久才苏醒。大殓后又开棺交接，令百官哭号，有泪算忠孝，无泪加重罪，熙披发跣足送妻葬，被慕容云杀死。云立三年死。后燕亡（四〇九年）。立国凡二十四年。

南燕——慕容皝子德，据滑台（河南滑县）称帝（四〇〇年）。德死，兄子超继位。晋刘裕北伐，杀超。南燕亡（四一〇年）。立国凡十一年。

北燕——冯跋，信都（河北冀县）人。慕容云杀熙自立，三年死，众推冯跋为主，称燕王（四〇九年）。跋死，弟弘立。魏伐弘，弘奔高句骊死。北燕亡（四三六年）。立国凡二十八年（跋都龙城，所以称北燕）。

（三）前秦、后秦、西秦、夏

前秦——苻洪，临渭（甘肃秦安县东南）氐人。洪有众十万，降附石虎。洪死，子苻健据关中称帝（三五二年），都长安。健死，子生立，生酗酒昏暴，兽性极重：身旁置弓箭刀锯，随手杀人；喜欢剥人面皮，仍令歌舞；或剥牛、羊、驴、马皮，三五十成群，狂奔殿前，断胫剖胎，拉胁锯颈，各种惨刑，死人无数，宗族亲戚，几乎杀尽。族弟苻坚因众怒杀生。

坚杀生自立，用王猛做谋主。猛率兵六万，击败慕容暐兵四十余万，杀十余万人，暐降坚。坚检阅前燕户籍，凡郡一百五十七，县一千五百七十九，户二百四十五万八千九百六十九，口九百九十八万七千九百三十五。当司马炎全盛时代，仅有州十九，郡国一百七十二，县一千二百三十二，户二百四十五万余，口一千六百万余。慕容暐占据数州土地，何来这许多郡县民户？这也许是慕容氏虚立郡县名目，也许是苻坚伪造，夸示自己战功的伟大。郡县户籍，大体依西晋旧数，人口数或比较近真。塞外蛮夷，大量迁入，连苻坚原有人口，可能得八九百万。

坚在位二十七年，黄河流域大体统一，全国兵力九十七万。他想并吞东晋，下令发州郡公私马，人十丁出一兵（当是十人出一兵），名门富家子弟，年二十以下，都给羽林郎官号，悉数从军，共得步兵六十余万、骑兵二十七万、羽林郎三万余骑。苻融、慕容垂等步骑二十七万做先锋。军队首尾长千里。融攻陷寿春（安徽寿县）。晋谢石、谢玄、谢琰（音炎）、桓伊率水陆军八万，相继拒融。秦兵五万屯洛涧（洛涧水在寿县入淮），谢石离洛涧二十五里不敢进。坚遣尚书朱序来诱降，序密告石等说，如果秦兵百万到来，势不可敌，应该速战击破先锋，大军自然溃散。石从序计，遣刘牢之率精兵五千攻洛涧，大破守军，谢石等水陆继进。秦军守淝水，谢玄使人告苻融，请秦兵军略向后移，让晋军渡淝水决战。苻融想半渡袭击，麾军稍退。

朱序在阵后大叫兵败了，秦兵败了。秦兵奔逃不可止。谢玄、谢琰、桓伊渡淝猛攻，苻融马倒被杀。玄等乘胜追击，秦兵大败逃走，路上闻风声鹤唳（鸣），以为追兵快到，昼夜不敢停息，伏尸蔽野塞川，十中死去七八。苻坚逃回洛阳，收集溃兵，只剩十几万人。

淝水大战是十六国时代最大一次战争，也是决定南北朝对立局面的一次战争，谢石等功绩固然不小，朱序不忘种族大义，身陷夷狄，心爱祖国，立功补过，垂名青史，也不愧为历史上可敬的人物。

苻坚败归，被姚苌杀死，坚子丕据晋阳（山西太原县）称帝。丕死，族子登据陇东（甘肃平凉县）称帝，登死子崇据湟中（青海西宁县）称帝，被乞伏乾归攻灭，前秦亡（三九四年）。立国凡四十四年。

后秦——姚弋仲，羌烧当族人。弋仲子苌降苻坚。坚淝水败后，苌杀坚，据长安称帝（三八六年）。苌死，子兴立，灭苻登，陷洛阳，灭西秦后凉，国势颇盛。兴死，子泓立，晋刘裕北伐，灭后秦（四一七年）。立国凡三十三年。

西秦——乞伏国仁，陇西鲜卑人。苻坚败，国仁据陇西，自称大单于。国仁死，弟乾归立，自称秦王，居苑川（甘肃靖远县西南）。乾归死，子炽磐立，灭南凉。炽磐死，子暮末立，降魏。西秦亡（四三一年）。立国凡四十七年。

夏——赫连勃勃，匈奴族人。晋灭后秦，勃勃攻走晋兵，入长安称帝。勃勃死，子昌立。魏灭夏，昌弟定奔平凉，败死。夏亡（四三一年）。立国凡二十五年。

（四）前凉、后凉、南凉、北凉、西凉

前凉——晋凉州刺史张轨，乘晋乱据有凉州，居姑臧（甘肃武威县）。孙张骏始称凉王。数传至张天锡，降苻坚。前凉亡（三七六年）。立国凡七十六年。

后凉——吕光，略阳氐人。苻坚使光伐西域，降服三十余国。坚败，光据姑臧称天王。光死，诸子互相篡杀，最后吕隆降姚兴，后凉亡（四〇三年）。立国凡十九年。

南凉——秃发乌孤，河西鲜卑人。吕光时据金城（甘肃皋兰县西北）称王。传弟至傉檀，被乞伏炽磐袭杀，南凉亡（四一四年）。立国凡十八年。

北凉——沮渠蒙逊，匈奴族人，杀吕光叛将段业，夺姑臧，自称河西王。子茂虔降魏（四三九年）。立国凡三十九年。

西凉——李暠，狄道（甘肃临洮县）人。段业叛北凉，众推暠为敦煌太守，自称凉公。子恂，被沮渠蒙逊攻灭。西凉亡（四二三年）。立国凡二十四年。

（五）蜀

蜀——西晋司马衷时代，关西大饥乱，人民流徙入蜀，益州刺史罗尚虐杀流民，賨人李特被推攻尚，尚杀特。特弟李流代统特众。蜀民保险结坞（堡垒），流军饥困将散。涪陵大地主范长生率千余家依青城山，给流军粮，流势复振。流死，特子李雄继立，称成都王。雄从范长生劝，称皇帝，都成都。长生做丞相，封天地太师，免长生部曲赋役，租税全归长生私有。晋朝官吏贪暴，激起异族变乱，大地主图私利，助异族作乱。无辜人民，遭受殃祸。雄数传至李势，淫杀尤甚。蜀地向来没有獠族，忽从深山里出来十余万落，杀掠为害。足见蜀人口过度减损，任何落后种族，都敢乘虚侵入。晋桓温伐蜀，势败降。蜀亡（三四七年）。立国凡四十七年。

十六国混战一百余年，黄河流域成异族争夺的中心，淮水流域成南北战斗的焦点，华族户口，无限耗损，各种大小异族，像潮水涌入中国。中原和边境，看不见比较安静的地区。统治阶级造祸因，人民食恶果，人民不能阻止造祸因，自然只得食恶果。

中国文化南迁时代——南朝

一、士族制度

东汉士人求官，必须先在乡里间造成名誉，才能被长官辟召，或选作孝廉方正，取得禄位。东汉末年有人专业批评人物，如汝南许劭，考核人才高下，每月初发一次榜，叫作"月旦评"。经他评定的人，就在社会上有地位。曹操少年时没有声望，求许劭评品，劭说："你是治世的能臣，乱世的奸雄。"从此曹操得名做官了。大抵大族世家的子弟容易得名，也就容易做官。公孙瓒做幽州刺史，专引用贫贱人。他说："世家子弟自以为该当富贵，不会感谢我的恩德。"可见汉魏间仕途已被世家大族把持，连求名也不需重视了。

魏吴质家世单微，因与曹丕亲近，得封侯拜将，官位高显。但本郡（质济阴郡人）乡评还是看不起他。质虽然愤恨辱骂，仍不得列入士族。三国初期，士族与寒门形成严格的区别，排斥寒门，不让它分润政治上的权利。

曹丕依据这种习惯，创立"九品中正"的制度，州郡县各置中正官，考查所管人才高下，分成九等。列在下品的，永远不得仕进。西晋刘毅指出九品中正的弊病，是"爱恶随心，荣辱在手，上品无寒门，下品无世族"。地主官僚联合压迫贫寒人，九品中正是压迫的工具。

自从九品中正法确定以后，士族依法律保证统治地位的巩固，生活极端腐化，造成西晋末年的大乱，中原士族十之六七避难到长江流域，拥护司马睿重建政权。士族中王氏一族最强盛，王导做丞相，管政治，王敦做大将军，专兵权，子弟满布要职，当时有"王与马（司马氏），共天下"的传言，又有谢氏一族与王氏并称，南朝士族，王、谢居首。其余众族各依门第高低，分配权利，不敢僭越。北方士族过江较晚，便被指为伧荒（南人呼北人为老伧或伧夫），即使人才可用，也只得浮沉微职，难升上流。

士族享受的权利，有下列几种：

入仕——南朝定制，甲族（世家）子弟二十岁登朝，后门（卑族）年过三十岁才得试作小吏。甲族开始就做秘书郎、著作郎、散骑侍郎等官，升迁极容易。寒贱人极少有取得高级官职的机会，想转成甲族更是不可能。晋吴逵有德行，郡守王韶之擢逵补功曹，逵自知门寒，固辞不就。梁时交趾（安南）人并韶擅长文学，请求做官，吏部尚书蔡撙说他并不是贵姓，只给管城门的贱职，韶回乡里谋作乱。寒贱人不退让就得受辱，退让还可保持"有德行"的虚名。

婚姻——门第相等，才通婚姻，否则视为极大罪恶。梁王源嫁女给富家满氏，沈约上表弹劾，说王源污辱士流，莫此为甚，甚至说满氏"非我族类"，强烈的等级偏见，竟否认同种人为自己的"族类"。西晋末周浚做安东将军，偶过汝南富家李氏。李氏女络秀烹菜精美，浚求络秀做妾，络秀父兄不许。络秀说："我们门户低微，如果得连姻贵族，将来也许有大好处，何必怜惜一个女儿？"后来络秀生周颛、周嵩兄弟二人。络秀对儿子说："我为李家门户打算，屈身做周家的妾，你们如果不把李家当亲戚看待，我也不要老命。"李家因此得参与上流。

东晋末杨佺期自矜门第极高，江左莫比，一般士族，却因杨氏过江较晚，又与伧荒通婚，共同排抑，不认杨氏为甲族。梁时侯景攻破台城（南京玄武湖旁），迫胁萧衍允许他求婚王、谢。萧衍道："王、谢门高，可向朱、张以下去求。"门第界限，严格如此。

身份——士族与非士族间有不可侵犯的区别，皇帝也不能改变它。萧赜时，中书舍人纪僧真得宠，僧真自觉有士族风度，请求萧赜说："臣出身武吏，荣任高官，请陛下允许臣列入士族。"萧赜说："这要江斆（音效）认可，我不能做主，你可往见江斆。"僧真奉旨往见，竟登客位坐下。斆命左右："移开我的坐床，不要近他。"僧真丧气退走，告萧赜道，士大夫真不是天子权力所及。何敬宗与到溉不和，骂溉身有余臭，也冒充贵人；因为溉祖彦之曾务农担粪。萧道成（齐高帝）临终遗诏说："我本布衣素族，想不到做皇帝。"宋、齐、梁、陈四朝皇帝，出身都不是高门甲族。赞助他们成功的多数是寒贱人，后来虽然做将相大臣，并不能提高自己的身份。

家谱——士族得免徭役，得依门第高下取得禄位，得依政治特权侵夺庶民，因此中原士族流寓江东，子孙相继二三百年，依然保持北方旧籍贯，不肯自称江东土著。士族有名籍，藏在官府，庶民纳贿赂一万余钱，得冒入士籍。士族要防止假冒，特别重视家谱，家谱成为专门的学问。

士族掌握着统治权，朝代改换，士族地位不变，所以南朝士人重家不重国，重孝（伪装的孝）不重忠，种族耻辱更不在意想中。他们的生活是：

傲慢——例如晋谢万自矜高门，贱视一切。率军屯下蔡，将士困苦，万从不留意。兄谢安劝万说："你做元帅，应该时常接近部下，哪有傲慢如此，能成事功？"万听安劝，召集诸将大会。手执铁如意指四座道："你们都是老兵。"诸将愈益怨恨，遇燕慕容儁兵，不战溃退，万狼狈逃归。

苟安——燕慕容㑺派刘翔来见晋帝司马衍。翔恨江南士大夫骄奢放纵，丝毫不想恢复中原，报西晋灭亡的耻辱。某次朝廷贵臣大会，翔慷慨说道："中国丧亡，已经三四十年，人民被胡虏蹂躏，盼望晋兵去救，想不到诸君苟安江南，荒乱无聊，奢侈算是光荣，骄傲算是贤能，不说实在的话，不练有用的兵，诸君有何面目对主上和人民呢？"朝臣们颇有愧色，苟安依然如故。

优闲——士族与庶民分别极严，庶民服劳役，士族坐享安乐。颜之推说南朝末年的情形道："江南士族至今已传八九代，生活全靠俸禄，从没有自己耕田的，田地交奴隶、佃客耕种，自己连起一拨土、耘一株苗也没见过。人世事务，完全不懂。所以做官不办事，管家也不成。都是优闲的缘故。"士族唯一的技能，就是有些人会作五言诗。有些人诗也不会作，公宴赋诗，请人代作。

腐败——颜之推说梁朝士大夫，通行宽衣大带大冠高底鞋，香料薰衣，剃面搽粉涂胭脂，出门坐车轿，走路要人扶持。官员骑马被人上表弹劾。建康（南京）县官王复未曾骑过马，见马叫跳，惊骇失色，告人道："这明明是老虎，怎么说它是马？"后来侯景叛乱，贵族们肉柔骨脆，体瘦气弱，不堪步行，不耐寒暑，死亡无数。还有些贵族，因为百姓逃散，不能得食，饿成鸟面鹄形，穿着罗绮，怀抱金玉，伏在床边等死。南北朝最大文学家庾信，先与梁宗室萧韶有断袖欢（同性爱），不久韶封长沙王兼郢州刺史，庾信还想继续旧欢。韶对他冷淡，庾信大怒，跳上酒席践踏杯盘，指韶面道："你今天形容大异往日。"当时客宾满座，韶很惭愧。士族生活丑恶到不可想象的程度。

九品中正制不仅在南朝行施，北朝士族虽在异族压迫的下面，也还享受一部分的政治上特权，直到隋唐，士族制度才逐渐破坏。

二、南朝五朝的兴亡

（一）东晋朝（三一七年—四一九年）

空拥名号的皇帝——司马睿依靠士族的拥护，建立东晋朝，军政大权，全归最大的士族王氏。睿立六年就被王敦逼迫，忧愤病死。子绍继立，在位三年死，寿二十七。子衍继立，在位十七年死，寿二十二。弟岳继立，在位二年死，寿二十二。子聃继立，在位十七年死，寿十九。衍子丕继立，在位四年死，寿二十五。弟奕继立，在位六年。桓温谋篡位，废奕，改立睿幼子昱，昱在位二年死。子曜继立。

曜十一岁登位，稍长沉溺酒色，昏醉不醒，政权悉交弟会稽王道子。道子昏乱贪污，政权转交儿子元显。元显年十余，昏暴更甚。曜在位二十四年，被爱妾谋死。子德宗继立。德宗是个白痴，不会说话，也不知寒暑饥饱，生活全赖弟德文调护。桓玄篡位，废德宗。玄败死，刘裕谋篡位，杀德宗，立德文，在位二年，裕杀德文，晋亡。

大族的拥护——东晋皇帝前半期多是短命，后半期多是昏痴，如果不得大族支持，根本不能存在。司马睿刚登位，王敦攻破京城，把他逼死。幸得王导拥护，敦不得夺位。司马衍时，帝舅庾亮代王导执政，祖约、苏峻举兵反叛，攻破京城，幸得陶侃、温峤援救，苏峻败死。荆州是东晋西境的重镇，司马聃时，桓温代庾翼镇荆州，桓氏族骤兴，实力超过王氏族。温有雄才，常说"男子不能流芳百世，亦当遗臭万年"。他想对外建立武功，然后篡夺帝位，朝廷怕他成功，重用殷浩，处处给他牵制。后来殷浩北伐失败，温独擅军政大权，灭蜀，攻关中，收复洛阳，最后攻燕，在枋头战败，死亡三万人，威名大减。

谢安、王坦之两大族协力支持晋朝，温愤恨发病死。司马曜时，秦苻坚起大军百万攻晋，前锋到淝水，谢安遣谢石、谢玄、谢琰率兵八万拒敌，大破秦兵。淝水一战，谢氏族挽救了东晋的危亡。谢安以后，政权归道子、元显，各大族一致对司马氏离叛，东晋不得不在战乱中趋于消灭。

东晋的政治——王导是创造东晋的元勋，他首先团结北方流寓的士族，使各依门第高下，享受政治上特权。"举贤不出世族，用法不及权贵"，是东晋以及南朝传统的政策。南方士族地位比较低，只能享受免役、荫客等经济特权，政治上绝少发展的机会。北方士族间、南北士族间、士族与人民间，充满着不可调和的矛盾，王导的对策是"镇之以静，群情自安"。这就是无法调和的矛盾，索性放任不理，求得暂时均衡的政策。贵族庾翼批评王导说："江东政治，纵容豪强，蠹民祸国，法律专为抑制寒贱而设。往年豪强偷石头城（南京西）仓米一百万斛，却杀仓官塞责。山遐做余姚县长，查出豪强藏匿的穷民二千户，却被众人驱逐，不得安位任职。"庾翼认为这是王导昏谬的政治把东晋败坏了。其实王导牺牲人民，收买士族，正是被称为贤相的主要原因。后来谢安执政，也是略举纲领，不察细目，每遇危难，"镇之以和静"，不让矛盾爆发起来。所以王导、谢安并称贤相。司马道子专权，破坏各大族间势力的均衡，更促进东晋很快地灭亡了。

东晋的灭亡——东晋政权，建立在多种矛盾的暂时均衡上。它的灭亡，就在于均衡的破坏。桓温篡晋不成，桓氏族仍盘踞荆州，司马道子专权，王恭、殷仲堪开始叛变，桓玄（温子）、庾楷、杨佺期继起，推王恭做盟主，合力进攻京城，晋朝危急，势将颠覆。道子利用叛军间矛盾，贿买恭部将刘牢之杀恭，仲堪、佺期、桓玄等猜疑互争，相率退兵，各据州郡独立。朝廷政令，只能在东方诸郡（会稽、临海、永嘉、东阳、新安、吴、吴兴、义兴八郡）行施，统治阶级本身分裂，因而发生大规模的农民起义。

中级士族孙泰，世奉五斗米道，王恭乱起，泰借讨恭名义，聚徒属数千，阴谋作乱，司马道子杀泰，泰兄子恩逃入海岛，招集亡命百余人，等待机会报仇。元显贪虐，为防御荆州的进攻，发东方诸郡"免奴为客"人集合京城充当兵役，号称"乐属"。地主（乐属的主人）和佃客（乐属），当然都怨恨，孙恩乘民心骚动，从海岛率徒属攻杀上虞（浙江上虞县）县长，转攻会稽，杀郡守王凝之。会稽谢𬙂、吴郡（江苏吴县）陆瓌、吴兴（浙江吴兴县）丘尪、义兴（江苏宜兴县）许允之、临海（浙江临海县）周胄、永嘉（浙江永嘉县）张永等及东阳（浙江金华县）、新安（浙江淳安县）凡八郡人，同时起义，杀戮官吏贵族，响应孙恩。不到十天，聚众数十万。恩据会稽称徒属为长生人，捕获官吏，斩成肉糜，劫掠富人财物，烧毁城郭仓库，妇女抱婴儿不能逃走，被恩部众投入水中，祝告道："贺你先登仙堂，我们随后奉陪。"穷苦农民久受统治阶级的压迫，一朝起义，只有与汝同死的决心，却没有革命理论的指导。野心家乘机利用，夺取起义的成果，农民一无所得，依然受地主政权的剥削。

东晋失去东方八郡，连京城附近几县，也是民心浮动，危机潜伏，道子命谢琰、刘牢之攻孙恩，相持多年，互有胜败。牢之部将刘裕击败恩，前后杀伤恩众二十余万人，裕因此造成篡晋的基业。

占据荆州的桓玄，攻灭殷仲堪、杨佺期，统一南京的上游，乘朝廷专力对付孙恩，大举入寇，攻破京城，流窜道子，杀元显及晋宗室，废司马德宗，晋朝臣全部归降，玄自立为楚皇帝。

晋大将刘牢之先降桓玄，被玄逼死。刘裕起兵攻杀桓玄，尽灭桓氏族，复司马德宗帝位，政权全归刘裕。后十五年，刘裕篡晋，东晋亡。

东晋十一帝，首尾一百零四年。

（二）宋朝（四二〇年—四七八年）

刘裕的事业——刘裕是破落的低级士族，也是被乡里贱视的无赖穷子，侨居京口，家贫不能读书，曾做农夫、樵夫、渔夫及卖履小贩，酷爱赌博，曾因欠大族刁逵赌债三万钱，被逵缚马桩上索债。裕富贵后，灭刁氏族，令贫民分刁氏财物，整天取不尽。孙恩乱起，裕在刘牢之军中当小军职，勇健有胆气，屡立战功。当时诸将专掠民财，比孙恩尤残暴，裕独申明纪律，不甚扰民。桓玄篡晋，裕在京口聚众百余人，攻入京城，桓玄逃归荆州，裕杀玄，恢复晋朝。

刘裕胜利的原因，不仅军事上无人敢敌，主要还是依靠政治上的某些改革。晋政宽弛，纲纪不立，豪强横暴，小民穷蹙，桓玄篡晋，也想改革旧弊，可是空立规章，民间受苦更甚。刘裕出身低级士族，了解社会实际情状，他的施政纲领是禁止官吏过度作恶，减轻人民过重负担，用人依门第高低，不让侥幸争竞。这样，士族制度的政权，又重新稳定起来。

刘裕知道篡夺帝位，必须对外用兵，养成无比的威望，才能镇压大族，不敢反抗。所以国内矛盾略见松缓以后，即时动兵北伐，先灭南燕，继灭后秦，俘获燕帝慕容超、秦帝姚泓，送京城斩首示众，他的功业，远过桓温，东晋百年政权，自然非转让刘裕不可。

宋朝的衰亡——东晋皇帝大抵庸弱无能，不会作好，也不会作恶。士族执政，只限王、谢、庾、桓几族，他们多少顾虑些清议，私人行为还不敢过分放纵。宋以后，统治阶级一切丑秽残暴的恶性，尽量发挥出来，这些恶性，引起无数的屠杀和极重的剥削，人民痛苦，不言而喻了。

刘裕篡晋后三年病死。子义符继立，在位二年，因昏狂被杀。裕第三子义隆继立，在位三十年，太子劭杀义隆自立。义隆第三子骏举兵杀劭。骏立十一年死，子子业继立，在位一年被杀，年十七。义隆第十一子彧继立，在位八年死，子昱继立，在位五年。萧道成杀昱，立彧第三子准。道成又杀准篡宋，宋亡。

皇帝是统治阶级最高的代表人，他们的行为，也就是整个统治阶级行为的代表，依史书所记，简略举出几条如下：

秽行——刘骏与叔父义宣的女儿淫乱，义宣怒，骏杀义宣，密取义宣女入宫，改姓殷氏。子业取义隆女新蔡公主（姑）做妾，改姓谢氏。子业姊山阴公主淫秽无比，对子业说，"你有后宫数百，我只驸马一人，事不公平"，竟至于此。子业给她三十个男妾，称为面首。或宫内宴会，命妇女裸体作乐，或与姑姊妹共看欢笑。王皇后用扇掩面不看，或大怒。

暴行——子业做太子时，常被骏斥责。骏死，子业做皇帝，要发掘骏墓报仇。太史说掘墓对子业不吉，才免发掘。取粪便浇墓上，大骂酒糟鼻子奴（骏嗜酒鼻红）。子业猜忌残忍，大杀朝臣，又想杀叔父休仁、休祐、彧等，殴打凌辱，无所不至。彧最肥，称为猪王，休仁称杀王，休祐称贼王，休秀目似驴，称驴王。掘地成泥水坑，裸彧伏坑内，坑前置木槽盛饭，搅和杂物，令彧学猪就槽食，用为欢笑。昱性好杀，率侍从各执刀矛，在街上搜寻男女老幼、犬马牛驴，遇见便杀，人民白昼不敢开门。随身带着钳凿刀锯，做击脑槌阴（生殖器）、剖心破腹的工具。每天杀几十人，经常有卧尸鲜血在眼前，才觉快意，否则惨惨不乐，如有所失。彧性猜忌忍虐，信鬼神，多忌讳，言语文书，必须避忌祸、败、凶、丧等字以及类似不吉的辞句，如骂字像祸，改骂为弧，诸如此类，臣下误犯必加罪戮。

贪侈——义隆患痨病，朝政委弟义康代理，义康私奴多至六千余人。义隆忌义康权重，杀义康，委任弟义恭，义恭每年用费多至三千万钱。骏贪财物，州郡官还朝，必令贡献，或强使赌博输钱，尽其所有才满意，大修宫室，土木被锦绣。彧奢侈过度，每造器具，必备正、副、次三等各三十件。造湘宫寺，穷极壮丽，自称功德极大。老臣虞愿道："这都是百姓卖儿贴妇钱造的，如果佛有知识，应该慈悲叹愍，罪比浮屠（塔）还高，有什么功德可言？"彧大怒。义隆见刘裕传下来的耕犁，知道父亲出身寒贱，觉得很可耻。骏见刘裕日常用的葛灯笼、麻绳拂，羞得说不出话，勉强对臣属说，乡下老头有这些总算不差了。

屠杀亲属——刘裕七子，义符、义真被徐羡之所杀，义隆被长子劭所杀，义康被义隆所杀，义恭被子业所杀，义宣被骏所杀，仅义季饮酒醉死，留有后代，其余连子孙都被杀尽。义隆十九子，劭、濬二人因杀父被诛，骏杀四人，彧杀四人，萧道成杀一人，夭死三人，逃祸降魏一人，善终二人。仅降魏一人留有子孙。骏二十八子，夭死十人，子业杀二人，彧杀十六人，子孙无一得存。彧肥胖阳痿，取他人子作子，凡九人，都被萧道成杀死。刘裕七子四十余孙六七十曾孙，大部分自相残杀，同归于尽。

宋八帝，首尾凡六十年。

（三）齐朝（四七九年—五〇一年）

萧道成出身中级士族，侨居南兰陵（江苏武进县），刘彧时立军功，得参预朝政。彧死，子昱立，道成权位益盛。桂阳王刘休范举兵来伐，被道成战败，道成杀昱立准，又杀准篡宋，建立齐朝。道成免百姓积欠的赋税，赐穷困人每人谷五斛。他在位四年，常说："我治天下十年，当使黄金与泥土同价。"大概他对人民剥削比宋朝宽些，因此巩固了政权。

道成死，子赜继立。赜性奢侈，妃妾万余人，宫内不能容，还以为太少。道成杀刘氏子孙不留一人，临终嘱咐赜说："刘氏如果不是骨肉相残，他族哪得乘乱夺位？"赜在位十二年，尊遗嘱不杀兄弟。

赜死，孙昭业立。昭业幼年令女巫杨氏祝祷父长懋（文惠太子）速死。长懋死，又令杨氏祝祷祖父赜速死。私养无赖二十余人，共衣食卧起，妃何氏与无赖交欢，昭业不禁。常恨用钱不得快意，对叔祖母庾氏说："阿婆！佛法说有福生帝王家，今反是受大罪，不及街上屠沽富儿百倍。"即位后，首先送母王太后男妾三十人。自己纵情游嬉，随意赏赐，每见钱骂道："我从前想你一个不得，今天你敢不让我用么？"赜聚钱八万万，金银布帛不可数计，不满一年，被昭业耗尽，昭业立一年，被族祖鸾杀死。

鸾杀昭业立昭文，又杀昭文自立。鸾在位五年，专事屠杀。道成子十九人，赜子二十三人，除道成次子嶷早死，其余都被鸾灭绝。鸾死，子宝卷继立。

宝卷年十六，每月出宫游二十余次，路上见人，随手格杀。有一孕妇不能避走，即时剖腹看胎儿是男是女。宫殿三千余间，被火烧毁，宝卷大兴土木，装饰金玉，富丽无比。铸金莲花，使宠妾潘妃行莲花上，称为步步生莲花。潘妃服饰穷极奢侈，琥珀钏一只值一百七十万钱。君臣横征暴敛，百姓困穷，号哭满路。宫殿壁上，多画男女秽亵图，又与诸姊妹淫通。有人托言曾见鸾在阴间发怒，宝卷大怒，缚草像鸾形状，斩首悬门上示众。宝卷立三年，被同族萧衍杀死。衍立宝融（和帝），一年后杀宝融自立。齐亡。

齐六帝，首尾共二十三年。

（四）梁朝（五〇二年—五五六年）

萧衍篡齐，建立梁朝。他广泛收买士族，下诏凡诸郡国不得仕进的旧族，派官搜索，使每郡有一人。置州望、郡宗、乡豪各一人，专掌搜索旧族（当时名义上有州二十三，郡三百五十，县一千二百二十二）。东晋以来，淹没不显的卑微士族，都得仕进的机会。他优容士族和官吏，犯罪横行，全不受法律的制裁。百姓有罪，刑罚苛刻，绝不宽宥。官吏弄权枉法，贿赂成市，二岁刑以上，每年至少五千人。

曾有老人拦衍车说道："陛下待百姓过严，待官吏过宽，这样治国，怕不能久长。"衍又大兴佛法，屡设救苦斋、无遮会，说替百姓求福。到同泰寺舍身做奴，教群臣出钱一万万赎皇帝出寺，前后三次。皇帝出家，穷人却加重了三万万的负担。同泰寺塔焚毁，衍说："这是我的道高，所以魔鬼作怪，应该造更高的塔。"大兴土木，塔高十二层，将成，侯景乱起，塔工才停止。衍遵佛法大行慈悲，每断重狱，一天不快乐，表示自己好生恶杀。贵族杀人劫财，一切不问，至于人民受苦，并不在意。屡次动兵伐魏，争夺沿淮土地，战争中人民死伤无数。曾听魏降人王足计，壅淮水灌寿阳，发徐、扬二州民二十户取五丁，役人及战士合二十万，筑浮山堰（在安徽凤阳县）。役人担负木石，肩肉腐坏，疫病流行，尸骸满路，蝇虫声昼夜蘦蘦。正当衍大做功德的时候，京城人讹传有妖怪专取人肝肺喂天狗，百姓大惧，二十天才平静。后来讹言又起，公然指明皇帝取人肝肺喂天狗，民间惊骇，黄昏便闭门，持杖自卫，几个月才平静。

衍晚年浪费愈大，贪心更盛，受东魏叛将侯景降，想夺东魏的土地，屡次出兵战争。景乘梁人民穷困怨恨，叛衍攻京城，景宣布衍等罪状说："皇帝有大苑囿，王公大臣有大第宅，僧尼有大寺塔，普通官吏有美妾满百、奴仆数千，他们不耕不织，锦衣玉食，不夺百姓，从何处得来？”各州郡发来救兵三十余万，互相掠夺，人心离散，毫无斗志。景攻破京城，救兵相率退去，衍饿死。

衍在位四十八年，死后侯景立衍子纲。三年，景杀纲自立。衍子绎据江陵称帝。绎猜忌残酷，杀兄弟宗族多人，西魏攻杀绎。陈霸先立绎子方智，在位三年，霸先杀方智自立。梁亡。

梁四帝，首尾共五十六年。

（五）陈朝（五五七年—五八八年）

陈霸先，吴兴人，家世寒贱，不列在士族，早年当里司、油库吏、传令吏等微职，后来得小军职，因镇压广州农民起义，官位渐显。侯景灭梁，霸先与王僧辩击杀侯景。霸先袭杀僧辩，又杀萧方智，自立为帝，建立陈朝。

霸先在位三年死，兄子蒨继立。蒨立七年死，子伯宗继立。在位三年，蒨弟顼废伯宗自立。顼在位十五年死，子叔宝继立。

叔宝骄淫，饮酒少有醒时，随从美女千余人，使张贵妃、孔贵人等八人夹坐左右，文士江总、孔范等十人参与宴会，号称狎客。先令八美人制五言诗，十狎客同时和诗，迟成罚饮酒。君臣酣醉，从夜达旦，盛修宫室，永不休止。税江税市，百端敛钱。刑罚暴虐，牢狱常满。杨坚统一北方，发大兵伐陈。叔宝道，从前北齐三度来攻，北周兵也来过两次，都大败逃去，杨坚这次来攻，一定送死。孔范也说，隋兵绝不能渡长江。君臣依然饮酒作诗，守将告急求救，一概不理，隋兵渡江灭陈，俘叔宝，陈亡。

陈五帝，首尾共三十三年。

东晋建国江东，南北分裂。南朝疆域，晋末宋初最大。晋夺得蜀，宋扩地到黄河北岸。萧齐时失去淮北。梁时与北魏争沿淮土地，互有胜败，境地比萧齐略大。侯景乱后，梁尽失长江北岸。西魏取蜀，又杀萧绎，割江陵封萧詧（音察）为梁帝（后梁）。萧詧降附西魏，建立小朝廷，与陈霸先对立。霸先所有土地，比萧绎时更小。南朝地削势弱，民穷财尽，统治者又是"全无心肝"的陈叔宝，隋兵两路（韩擒虎自合肥直渡采石，贺若弼自江都直渡镇江）渡江，叔宝还说长江天险，敌不能来。等到敌兵入城，叔宝率妻妾、家属、臣僚全部投降，降人从建邺往长安（隋都）五百里中累累不绝。分裂三百年的南北朝，从此又归于统一。

异族同化时代——北朝

一、北朝魏、齐、周的兴亡

（一）北魏（三八六年—五三四年）

鲜卑族本是东胡小部落，西周初年，曾朝贡中国，参加周成王的歧阳大盟会。东汉初匈奴衰弱，鲜卑族代兴。汉魏间鲜卑大人檀石槐、轲比能尽取塞外匈奴旧地，西接乌孙国（新疆内部），东到辽河流域，东西万二千里，南北七千余里，广大的地区，全被鲜卑族占据。他们连年侵扰幽（河北省）、并（山西省）二州边境，成为中国北方新起的大种族。

鲜卑种类复杂，散布区域极广。当中国秦末汉初时候，受匈奴冒顿单于压迫，从辽河流域逃到极北大鲜卑山（山不知所在），后来逐渐南下，人口繁衍，部落众多，畜牧、射猎为业，生活简单朴野，刻木契作符信，没有文字。檀石槐开始用奴隶（俘虏）捕鱼，补充食粮，同时也开始世袭制度，各部大人（酋长）不再推选。轲比能得中国降人，造兵器甲盾，并学文字和兵法。檀石槐、轲比能两族，魏晋间隐没不显，继起的强族有慕容氏、拓跋氏、宇文氏。各族在两晋时代，先后接受中国文化，参与中原争夺战。慕容族起东北（都辽宁锦县），建立燕国，统治中原五六十年。拓跋族起西北（都山西大同县），建立魏国，宋元嘉年间，魏吞并黄河流域，结束五胡十六国混乱的局面，地大兵强，国力极盛。齐、梁时代，渐就衰落，梁末分东西两魏。高齐篡东魏，宇文周篡西魏，周又灭齐，隋篡周灭陈，南北再合为一个大国。从西晋末年到隋初统一，华族与许多异族做三百年的长期斗争，鲜卑族在异族中始终居主要地位。隋唐时代，历史上著名人物十之六七是鲜卑族后裔。唐朝人口恢复两汉旧数量，鲜卑族的同化，不能不是重要原因之一。

拓跋族最先世袭的大人名力微。力微长子沙漠汗，西晋初游学洛阳，回国时用弹弓射落飞鸟，诸部大人大惊，说他学得晋人异法妖术，要坏乱鲜卑旧俗，把他杀害。力微死后，数传至沙漠汗子猗卢，助刘琨守并州有功，晋愍帝封他做代公。猗卢始造城邑，定刑法，有兵二十余万，成立西北塞外一个强国。猗卢数传至什翼犍，建都盛乐（大同县），游牧生活开始转变到农业定居生活。

什翼犍死，孙珪继立。珪勇健善战，屯田务农，兼并附近部落，改国号为魏。燕慕容垂发兵十万伐魏，珪大败燕兵，坑杀降卒四五万人，俘获文武将吏数千，擢用俘虏贾闰、贾彝、晁崇等使谋议政令制度。珪率步骑四十余万乘胜进取中原，夺得中山（河北定县）、邺（河南临漳县西南）等重要城镇。燕帝慕容宝弃国逃奔龙城，黄河北部尽被魏占有。珪破燕后，自称皇帝（三九八年），建都平城（大同县东）。迁徙山东各州郡豪强百工技巧杂夷十余万家充实平城。优礼中国士族，辨别族姓贵贱，多用儒生做官吏，命邓渊定官制，董谧制礼仪，王德修律令，晁崇考天象，崔宏总裁国政。官爵分九品，第一品至第四品是王公侯伯（贵族），第五品至第九品是文武官吏（主要是士族）。官吏取鸟兽名号，如使官称凫鸭，取迅速的意义；侦察官称白鹭，取伸颈远望的意义。珪曾问博士李先，天下何物最好，可以益人神智。先答，最好是书籍。珪令郡县大搜书籍送平城。魏国基业，到拓跋珪才巩固。

珪在位二十四年死，子嗣继立。嗣死，子焘继立。焘灭夏赫连昌、北燕冯弘、北凉沮渠牧犍，十六国至此全灭。焘占有黄河流域，成立北朝，与南朝对立。兴大兵号称百万伐宋，夺取淮南土地，进兵至长江北岸（江北瓜步）。宋文帝刘义隆竭全力御敌，军民杀伤不可胜计。魏士马死伤过半，俘获南人五万余家，罢兵北还。宋、魏经这一次战争，宋国力大损，魏也从极盛转向衰弱。东晋淝水战后，这是南北决存亡的又一次大战。

焘回军一年后死。孙濬、濬子弘相继嗣立。弘死，子宏继立。宏在位二十九年，尽力接受中国文化，改革鲜卑旧俗，鲜卑杂胡与华族同化，因此加速。宏严禁鲜卑人同族通婚。迁都洛阳后，改国姓拓跋氏为元氏，鲜卑人迁洛，称河南洛阳人，死后不得还葬北土。朝廷议政，不得用鲜卑语。禁妇女戴帽着小袄。制定官品，州郡县官吏依户口多少给俸。建立地方组织，五家立邻长，五邻立里长，五里立党长，称为三长。更定新律令，州郡官受赃处死刑，吏民犯罪，多得宽免，都城每岁判死刑不过五六人。北朝政治，元宏时代号称极盛。这里所谓极盛，自然是统治阶级的福利，人民并不因政治极盛而获得温饱。齐州刺史韩麒麟说："富贵家奴妾饶美衣，工商家仆隶厌珍食，农夫耕田，糟糠不饱腹，蚕妇纺织，短褐不掩体。小民饥寒，原因在富贵人的奢侈。"元宏时代，阶级矛盾更深刻化了。所以形式上制度号令，详备可观，实际是风俗淫靡，纪纲废坠，乱亡成为不可避免的前途。

宏死，子恪继立。恪在位十七年，宠任奸佞，国政大坏。贵族豪门，崇尚淫侈，恪下令严立限度，节制放荡，可是最放荡的首推恪本人。发畿内夫役五万五千人，筑洛阳三百二十坊。迷信佛教，养西域僧三千余人，择嵩山形胜处造闲居寺，备极壮丽。贵族仿效，佛教大行，州郡共造寺庙一万三千余处。佛寺的发达，说明人民负担的严重。恪即位时，幽州人王惠定聚众起义，自称明法皇帝。末年幽州僧刘僧绍聚众起义，自称净居国明法王。这两个起义军都揭明法作号召，足见人民感受法令不明的痛苦。

恪死，子诩继立。拓跋珪定制，太子生母必须赐死，恪废旧制，诩母胡太后独得不杀。诩立时年六岁，胡太后擅权，荒淫残虐，无恶不为。她深信佛法能减轻罪过，大兴寺塔，伊阙山（洛阳）造石窟寺，宫侧建永宁寺，铸丈八金佛像一躯、中等金像十躯、玉佛二躯。造九层塔，高九十丈，塔上立柱高十丈，夜静铃铎声闻十里。僧房千间，珠玉锦绣，骇人心目。佛教传入中国，塔庙建筑宏大，推胡太后第一。恪初即位，在龙门山（洛阳）凿二佛龛（音堪），各高百尺，诩又凿一龛。前后二十四年，凡用八十万二千余工。其他营建寺塔，布施僧众，赏赐幸臣，所费不赀，却从不对人民施些小惠。宗室权豪，也竞赛饶富，穷极享乐。高阳王元雍有奴仆六千、妓女五百，雍一食值钱数万。河间王元琛与雍比富，骏马十余匹用银槽喂养，招集王公宴饮，食器有水精（玻璃）钟、玛瑙碗、赤玉壶，制作精巧，都不是中国产物。章武王元融看了懊恼，卧床三天不能起，其实元融财物并不比元琛少。魏君臣骄奢如此，人民的灾难，不言可知了。

诩在位十三年，被胡太后杀死。诩在位时，北边六镇（武川、抚冥、怀朔、怀荒、柔玄、御夷）守军叛变，农民到处起义。统治阶级分裂互争，诩与胡太后斗争剧烈，想借大都督尔朱荣兵力推倒胡太后。太后杀诩，尔朱荣杀太后，立子攸为帝。荣谋篡魏，杀王公朝臣二千余人，元氏宗室大部歼灭。子攸杀荣，荣族人尔朱兆等起兵攻洛阳，杀子攸，立元恭为帝。兆部将高欢据邺叛兆，立元朗为帝，欢击败尔朱氏，夺晋阳（山西太原县）作根据地，自称大丞相，封齐王。又夺洛阳，杀元恭、元朗，别立元脩。脩居洛阳，欢居晋阳，事实上魏政权已经消灭了。

脩在位三年，谋杀高欢不成，奔投关西大都督宇文泰。欢立元善见，迁都邺，称为东魏。泰恶脩兽行，杀脩立元宝炬，称为西魏。

（二）东魏与北齐（五三五年—五七七年）

高欢是鲜卑化的汉人。祖高谧犯法徙怀朔镇。高氏累世戍边，习俗全同鲜卑。欢幼年当通信兵，到洛阳受笞辱，回镇结客，与侯景等友善，想乘机起事。欢初投六镇叛兵首领杜洛周，继投农民起义军首领葛荣，最后投尔朱荣，劝荣叛魏。荣死，欢从尔朱兆，又诱六镇叛兵从己叛兆。欢出身微贱，兵力不及尔朱氏远甚，可是几次战胜，竟成帝业。当时尔朱族与拓跋族间、六镇叛兵与统治阶级间、汉人与鲜卑人间充满着尖锐的矛盾，欢把这些矛盾利用了，《齐史》称他"把握时机，变化若神"，确是适当的批评。

欢与宇文泰屡次大战，各有胜败，势力相等。欢死，子高澄继齐王位。俘虏兰京（南朝人）配厨下做奴，求赎身不允，京刺杀澄。澄弟洋篡魏，杀善见，建立齐朝。洋残虐无人理，做大镬、长锯、剉刀、铁锥等刑具，陈列庭前，随意杀戮，用作戏笑快乐的资料。宰相杨愔取狱中罪囚立殿下，叫作供御囚，洋想杀人，执囚应命。洋既残忍，法官讯囚，习尚严酷，或烧铁犁使罪人立犁上，或烧铁轮，使罪人穿臂轮中，罪人不胜痛苦，诬伏求速死。洋曾问魏宗室元韶，汉光武何故中兴。韶答，为杀刘氏不尽。洋杀韶及元氏长幼三千人，投尸漳河，邺人好久不敢食鱼。元氏妇女没入官或赐人做奴婢。元氏经尔朱荣、高洋两次惨杀只留存元蛮、元文遥等数家，几乎全族歼灭了。

洋在位十年死，子殷继立。一年，洋弟演杀殷篡立。演在位二年死，弟湛立。湛淫昏不亚高洋，行为无异禽兽。湛传位子纬，自称太上皇帝。纬昏悖狂乱，与湛类似，只是家族间还不杂交淫秽，比湛略好一些。周灭齐杀纬，高欢子孙无少长都杀死。北齐亡。

（三）西魏与北周（五三五年—五八一年）

宇文泰是汉化的鲜卑人，先在葛荣起义军中，荣灭，投尔朱荣，又弃荣投贺拔岳。岳死，泰统岳军，占有关中土地。元脩投奔泰，泰杀脩立宝炬。宝炬在位十七年死，子钦立，在位三年，泰废钦立廓。廓在位三年，泰死，泰子觉篡魏，建立周朝。

宇文泰凭借贺拔岳的遗业，成功较易。他知道建立政权必须依靠汉族尤其士族的拥护，尊儒复古，是取得士族信仰的唯一途径，所以泰不愿复汉魏的古，索性复西周的古。他重用儒生苏绰、卢辩，依《周礼》改革官制，依《尚书·大诰》体改革文体，造成强有力的复古运动。泰死后，子觉篡魏，依孔子《春秋》例自称天王。觉立一年，宇文护杀觉立泰子毓。毓立四年，护又杀毓立泰子邕。邕沉毅、有智谋，杀宇文护，灭齐，占南朝长江北岸土地，军事上造成统一中国的形势。令百官执笏，灭佛、道二教，焚毁经像，令沙门、道士还俗，独尊儒教。撤毁高大宫殿，改为土阶数尺，减少妃妾至十余人，政治上造成复古运动的高潮。

邕灭佛教，经过很长的程序。天和四年邕登大德殿，召集百官、道士、沙门讨论佛、道二教优劣。建德二年集百官及沙门、道士，邕登座辨别三教先后，定儒教为先，道教第二，佛教为后。次年禁止佛、道二教，沙门、道士并令还俗。立通道观，选著名道士一百二十人入观学道，称通道观学士。当他对沙门五百余人宣布废佛的时候，允许沙门提出不该废的理由。五百余人相顾失色，不能作答，有慧远法师抗声陈言，与邕辩论，最后慧远用阿鼻地狱（最坏的地狱）吓邕，邕答："只要百姓得乐，我愿受地狱诸苦。"沙门技穷，只得从令还俗。灭佛以后，佛徒任道林上书要求辩论，邕召入宫，立御座旁辩论多日，道林理屈辞穷，请与沙门十人入通道观求学。又有还俗沙门樊普旷，邕召入观，学道教教义。普旷常剃发留须，邕问有何意义。

普旷答："臣学陛下废除二教，仍存道教，须是俗饰故留，发（发法同音，意谓佛法）非俗教故去。"普旷和尚头上戴着道士冠，讥道是俗教，邕大笑不加罪。邕不借政治暴力压迫佛教，让僧徒有辩护的自由，这在统治阶级看来，要算是稀有的事了。

邕在位十八年死。子赟继立。赟荒淫奢侈，由学古进而学天。他自称为天，所居称天台。不许人有高、大、上等名称，姓高改为姓姜，高祖改为长祖。打人以一百二十下为限，称为天杖。他自己戴通天冠，着红纱袍，令群臣都用汉魏衣冠。儒家经典，教人君复古法天，赟是复古法天的模范。

赟在位二年死，子衍继立。一年，赟妻父杨坚杀衍篡位。周亡。

拓跋族侵入中原，逐渐接受中国文化。元宏以后，鲜卑政权衰落，汉人高欢建立鲜卑化的齐朝，鲜卑人宇文泰建立汉化的周朝。汉化的周战胜鲜卑化的齐，这一现象，证明汉族依较高度的文化力量，经三百年长期斗争，融化了大量的异民族，黄河流域统治权，势必回复到汉族的掌握。

二、民族间的斗争与同化

从五胡乱华起到隋朝统一，居住黄河流域的汉族与许多异民族做猛烈持久的斗争，同时也就彼此间起着同化的作用。进行民族斗争的，主要是一般人民；民族间的同化，主要从汉族地主和外来统治者开始。

（一）斗争的发展

异族侵入中国，无不奴视汉族人（十六国以来，汉子成为男子的贱称），残杀生命，搜括财物，史书记载只是极简单的一部分，已使后世读者哀痛危惧。何况生在当时，亲历苦辛的人民，受民族、阶级两重压迫，不反抗就无法生存。

十六国时，汉族冉闵杀胡羯二十余万人，他自以旧是晋朝人民，想迎晋帝司马聃还都洛阳，被士族胡睦劝阻。后来又请晋军北伐，协力讨平中原，又被南朝士族拒绝。冉闵出身微贱，懂得民族大义，南北士族却同样不理会这个。刘裕伐秦，部将王镇恶孤军深入，粮饷匮乏，百姓竞送义租，军食充足，大败秦兵。灭秦以后，裕急谋归国篡位，关中父老闻裕将还，到军门流涕挽留，裕借口朝廷命令，不敢专擅，匆匆回去。镇守关中的是十二岁的幼子刘义真，夏赫连勃勃来攻，义真部下将士大掠长安，满载宝货子女逃走。勃勃入城又纵兵大屠杀，积人头成大坟，称为髑髅台。宋刘义隆元嘉二十七年与魏拓跋焘交兵，宋将王玄谟围滑台（河南滑县），河洛民众争出租谷，自备兵器来投军，每天总在千人以上，玄谟贪暴好杀，摈斥原来首领不用，却把民兵分配给亲近将官。给民家布一匹，强要大梨八百个，中原人民失望。柳元景攻潼关，关中豪杰到处起义，甚至四山羌胡都来接洽，义隆因王玄谟大败，令柳元景退兵，关中人民又大失望。

留居北方的汉族平民，始终心向南朝，每遇南军北伐，人民不顾异族的镇压、屠杀，纷纷响应，可是南军将帅从不给人民满意的援助。元宏以后，南朝无力北伐，汉族民众改取起义的方式，元宏时起义十一次，元恪时起义十次，元诩时起义二十次，起义的次数、规模、阶层、种族、地区都益趋扩大。最后葛荣领导百万义军，驰骋河北，终于破坏北魏的统治。这真是凭人民自力反抗压迫的有效方式，也是斗争向较高阶段的发展。

统治阶级对民众压迫的方式，也有它的发展。拓跋焘攻宋盱眙，向守将臧质求酒，质给他一瓶便尿。焘大怒，写信诱质出战道："我这些战兵，都不是鲜卑人，城东北是丁零与胡，南是氐羌。设使丁零死，正可减少我常山赵郡（二地丁零所居）贼，胡死，减少并州贼，氐羌死，减少关中贼，你出城来杀吧，我并不爱惜。"北魏用兵，专驱汉人在阵前，鲜卑骑兵在阵后猛压，步兵不进就被踏死。人民出发略后，罪至灭族，进攻略缓，就被踏死，这是何等残酷的民族压迫。后来鲜卑化的高欢改用两面欺骗法。每号令军士，操鲜卑语说："汉民是你们的奴隶，男替你们耕，女替你们织，献给你们粟帛，让你们温饱，不要虐侮他们吧。"对汉族用华语说："鲜卑是你们的雇客，领得你们一斛粟、一匹绢，替你们击贼，保护你们安宁，不要怨恨他们吧。"高欢轻视汉人，却怕大将高敖曹，敖曹在队上，欢不说鲜卑话。

改压迫为欺骗，是统治阶级统治方法的发展。

（二）同化的发展

五胡侵入中国，大部分士族逃到长江流域，遗留的士族，都投降新主人，帮着他们建立政权。最著称的如崔游、陈元达助刘渊，张宾助石勒，裴嶷、高瞻助慕容廆，阳裕助慕容皝，王隋助苻洪，王猛助苻坚，范长生助李雄，余人不可胜数，全是所谓衣冠望族。野蛮民族文化落后，没有统治中国的能力，只有得到这些无耻士流的援助，才能建立起政权。士族大半是地主豪强，如冀州刘姓，清河张姓、宋姓，并州王姓，濮阳侯姓，一姓将近万家，势力盛大。他们投靠异族，不仅本族得免徭役，还得荫庇许多贫户做自己的佃客。异族也利用他们，共同压迫汉族平民。石虎曾允许皇甫、胡、梁、韦、杜、牛、辛等十七姓为士族，有免役、做官及居住自由权。石虎残虐如虎，仍能保持地位，就是士族拥护的效力。慕容宝定士族旧籍，分别清浊，校阅户口，废除荫户，因此士族离心，燕国灭亡。

拓跋珪初入中原，引用士大夫作辅佐，大选臣僚，令各辨门第，保举贤能。拓跋焘擢用大族范阳卢玄、博陵崔绰、赵郡李灵、河间邢颖、勃海高允、广平游雅、太原张伟等数百人。拓跋濬定制，皇族王公侯伯及士庶人家不得与百工技巧卑姓通婚，犯者加罪。元宏诏此后贡举人才，必须选取高门。又诏厮养户（隶户）不得与庶士通婚。元诩要防止杂役户冒入清流，令在职官吏必须五人互保，无保革官还役。这种法令，只是代表士族的利益，法律上贫贱人永远不得出身。

北朝士族制度到元宏时代才完备。宏将迁都洛阳，韩显宗上书请分别住宅区域，不令士人与工、商、皂隶为邻。元宏制定族姓，皇族改姓元氏，拓跋氏改长孙氏，乙旃氏改叔孙氏，其他复姓都改单姓，穆、陆、贺、刘、楼、于、奚、尉八姓最贵。中国士族范阳卢氏、清河崔氏、荥阳郑氏、太原王氏四姓最高，与八姓有同等权利。四姓女得入宫当妃妾。陇西李氏、赵郡李氏，比四姓略卑，陇西李又比赵郡李贵些，女也得入宫。元宏给六个兄弟娶妻，指定元禧聘陇西李辅女，元干聘代郡穆明乐女，元羽聘荥阳郑平城女，元雍聘范阳卢神宝女，元勰聘陇西李冲女，元详聘荥阳郑懿女，原娶王妃降为妾媵。其余诸州士族，多所升降。众议薛氏是河东名族，元宏说，薛氏出蜀，不得入郡姓。薛宗起立殿下，出班声辩道："臣先人汉末仕蜀，二世复归河东，到现在已六世，不能再算蜀人。陛下系出黄帝，受封北土，难道也算胡人？"元宏无话可对，承认河东薛氏是郡姓。当时韩显宗怀疑这种"以贵袭贵，以贱袭贱"的办法，元宏说，八姓以外，士人品第有九等，九品以外，小人官品分七等。如果小人中有贤才，不妨提升高位，只怕贤才难得，不可为难得的人乱我典制。元宏确立士族制度以后，贵贱区分，牢不可破，齐孙搴出身寒贱，高欢赐搴韦氏为妻，韦是士族，大家觉得很光荣。郭琼犯罪死，子妇范阳卢氏女，没入官，高欢赐卢氏给陈元康。元康是寒人，大家以为是特赏。甚至寒贱人贵为皇帝，精神上还畏惧士族，高欢妻娄太后为博陵王高济娶崔氏女，敕济道，好好做样子，不可使崔家笑话你。

元宏大定族姓，实际为了鲜卑贵族与中国士族公平分配统治阶级的权力。元宏以后，人民接踵起义，从没有士族参加，这是元宏同化政策的成功。

元恪时尚书裴植自谓门第清高，官位不称，意常怏怏。及为尚书，志气骄满，每说"不是我要尚书，是尚书要我"。斥责征南将军田益宗，说华夷异类不应列在百世衣冠（士族）的上面。鲜卑人于忠、元昭切齿痛恨，把裴植杀死。植做鲜卑族的大官，又借百世衣冠傲人，心目中只知道门第高低，并不知道什么是华夷大义。

士族世系姻亲，等级分明，不容卑族冒滥，他们依同等门第，彼此通婚，汉族与鲜卑族间逐渐同化。民间华胡杂居，种类尤其繁杂。

十六国时如翟斌是丁零族，卫驹是鲜卑族，鲁利、张骧、刘大是乌桓族，毕聪、卜胜、张延、李白、郭超是屠各族，他们都用中国姓名，杂居在乡村里，政治上与汉族平民同受压迫。这样的汉胡同化，与士族鲜卑贵族间的同化，性质完全不同。

曹丕始立九品中正制，形成南北朝的士族制度。南朝士族因陈亡而破败，北朝士族因官少人多而互争。元诩时冀州大中正张彝的儿子张均，奏请排抑武夫，不使预清品，引起羽林军（皇帝卫兵）的大兵变。士族不能独占官位，失去它的意义，隋唐科举制度于是代士族制度而兴起。

第四章

隋唐史

———

陈寅恪

陈寅恪 （1890—1969）
北京大学教授

中国现代集历史学家、古典文学研究家、语言学家、诗
人于一身的百年难见的人物，与吕思勉、陈垣、钱穆并
称为"前辈史学四大家"。对魏晋南北朝史、隋唐史、蒙
古史，以及梵文、突厥文、西夏文等古文字和佛教经典，
均有精湛研究。著有《隋唐制度渊源略论稿》《唐代政治
史述论稿》《柳如是别传》等，论著编为《陈寅恪集》。

论隋末唐初所谓"山东豪杰"

隋末唐初之史乘屡见"山东豪杰"之语，此"山东豪杰"者乃一胡汉杂糅，善战斗，务农业，而有组织之集团，常为当时政治上敌对两方争取之对象。兹略引史料，稍为证明，并设一假说，以推测其成立之由来，或可供研治吾国中古史者之参考欤？

今为证释便利计，姑分别为（一）窦建德、刘黑闼等，（二）翟让、徐世勣等，及（三）青、齐、徐、兖诸豪雄等三类，次第叙述之如下：

新唐书八五窦建德传云：

> 窦建德，贝州漳南人。世为农。自言汉景帝太后父安成侯充之苗裔。

同书八六刘黑闼传略云：

> 刘黑闼，贝州漳南人。与窦建德少相友。〔王世充〕以

其武健，补马军总管。〔后窦〕建德用为将。建德有所经略，常委以斥候，阴入敌中，觇虚实，每乘隙奋奇兵，出不意，多所摧克，军中号为神勇。

旧唐书六十庐江王瑗传略云：

时隐太子建成将有异图，外结于瑗。及建成诛死，瑗乃举兵反。〔王〕利涉曰：山东之地，先从窦建德，茵豪首领，皆是伪官，今并黜之，退居匹庶，此人思乱，若旱苗之望雨。王宜发使复其旧职，各于所在遣募本兵，诸州倘有不从，即委随便诛戮。此计若行，河北之地可呼吸而定也。

资治通鉴一九十唐高祖武德五年十二月壬申〔刘黑闼〕众遂大溃条考异引太宗实录云：

〔刘〕黑闼重反，高祖谓太宗曰：前破黑闼，欲令尽杀其党，使空山东，不用吾言，致有今日。及隐太子征闼，平之，将遣唐俭往，使男子十五已上悉坑之，小弱及妇女总驱入关，以实京邑。

全唐文七四四殷侔窦建德碑略云：

自建德亡，距今已久远，山东河北之人或尚谈其事，且为之祀，知其名不可灭，而及人者存也。圣唐大和三年，魏州书佐殷侔过其庙下，见父老群祭，骏奔有仪，〔夏王〕之称犹绍于昔。

寅恪按，窦建德、刘黑闼等徒党为隋末唐初间最善战斗而有坚固组织之集团，实是唐室之劲敌，高祖"欲令尽杀其党，使空山东"。

疑真有其事，司马君实不信太宗实录之记载，以为史臣归美太宗之词，鄙见太宗盖别有用意，欲利用此集团，为其政治上之工具，如后来与建成、元吉决斗时，遣张亮往洛阳招引"山东豪杰"以为己助之例耳。观殷侨之碑文，知窦建德死后逾二百年，其势力在旧地犹若此，与后来安禄山、史思明死后，其势力终未衰歇，而成唐代藩镇之局者，似颇相类（详见拙著《唐代政治史述论稿》上篇），其必有民族特殊性存乎其间，可以推知也。窦建德自言出于汉代外戚之窦氏，实则鲜卑纥豆陵氏之所改（见新唐书七一"下宰相世系表窦氏条"），实是胡种也。刘黑闼之刘氏为胡人所改汉姓之最普遍者，其"黑闼"之名与北周创业者宇文黑獭之"黑獭"同是一胡语，然则刘黑闼不独出于胡种，其胡化之程度盖有过于窦建德者矣。其以武健见赏于王世充，任马军总管，又在窦建德军中常为斥候，以神勇著称，此正胡人专长之骑射技术，亦即此集团的战斗力所以特强之故，实与民族性有关，决非偶然也。至窦建德之"世为农"及张亮之"以农为业"（见后引旧唐书六九张亮传）与王利涉言欲令窦建德部下"酋豪首领各于所在遣募本兵"，实有相互之关系，最为可注意之点，俟后论之，兹姑不涉及。

此集团中翟让、徐世勣一系统在唐初政治上最居重要地位，兹稍多迻录有关史料，综合论之于下：

旧唐书五三李密传略云：

> 李密，本辽东襄平人。魏司徒弼曾孙。后周赐弼姓徒何氏。祖曜，周太保、魏国公，父宽，隋上柱国、蒲山公，皆知名当代。密说［翟］让曰：明公以英杰之才，而统骁雄之旅，宜当廓清天下，诛翦群凶，岂可求食草间，常为小盗而已？让曰：仆起陇亩之间，望不至此。柴孝和说密曰：秦地阻山带河，西楚背之而亡，汉高都之而霸。

> 如愚意者，令［裴］仁基守回洛，翟让守洛口，明公亲简精锐，西袭长安，百姓孰不郊迎？必当有征无战。既克

京邑，业固兵强，方更长驱崤函，扫荡东洛，传檄指㧑，天下可定。但今英雄竞起，实恐他人我先，一朝失之，噬脐何及？密曰：君之所图，仆亦思之久矣，诚乃上策。但昏主尚存，从兵犹众，我之所部，并是山东人，既见未下洛阳，何肯相随西入？诸将出于群盗，留之各竞雄雌。若然者，殆将败矣。

新唐书九三李勣传略云：

李勣，曹州离狐人。本姓徐氏。客卫南。家富，多僮仆，积粟常数千钟。与其父盖皆喜施贷，所周给无亲疏之间。隋大业末，韦城翟让为盗，勣年十七，往从之。武德二年，[李]密归朝廷，其地东属海，南至江，西直汝，北抵魏郡，勣统之，未有所属。乃录郡县户口以启密，请自上之。诏授黎州总管，封莱国公。赐姓，附宗正属籍，徙封曹，封盖济阴王。从秦王伐东都，战有功。平[窦]建德，俘[王]世充，乃振旅还，秦王为上将，勣为下将，皆服金甲，乘戎辂，告捷于庙。又从破刘黑闼、徐圆朗，圆朗复反，诏勣为河南大总管，讨平之。帝（太宗）疾，谓太子（高宗）曰：尔于勣无恩，今以事出之，我死，宜即授以仆射，彼必致死力矣。

大唐新语八聪敏类云：

贾嘉隐，年七岁，以神童召见。时太尉长孙无忌、司空李勣于朝堂立语。李戏之曰：吾所倚者何树？嘉隐对曰：松树。李曰：此槐也，何忽言松？嘉隐曰：以公配木则为松树。无忌连问之曰：（吾）所倚者何树？嘉隐曰：槐树。无忌曰：汝不能复矫对耶？嘉隐应声曰：何须矫对？但取其以鬼配木耳。绩曰：此小儿作獠面，何得如此聪明？嘉隐又应声曰：胡面尚为宰相，獠面何废聪明？绩状貌胡也。

旧唐书六四隐太子传略云：

及刘黑闼重反，王珪、魏徵谓建成曰：愿请讨之，且以立功，深自封植，因结山东英俊。建成从其计。及［太宗］将行（往洛阳），建成、元吉相谋曰：秦王今往洛阳，既得土地甲兵，必为后患。留在京师制之，一匹夫耳。密令数人上封事曰：秦王左右多是东人，闻往洛阳，非常欣跃，视其情状，自今一去，不作来意。高祖于是遂停。

同书六九张亮传略云：

张亮，郑州荥阳人也。素寒贱，以农为业。大业末，李密略地荥、汴，亮仗策从之，署骠骑将军，隶于徐勣。后房玄龄、李勣荐之于太宗，引为秦府车骑将军，委以心膂。会建成、元吉将起难，太宗以洛州形胜之地，一朝有变，将出保之，遣亮之洛阳，统左右王保等千余人，阴引山东豪杰以俟变，多出金帛，恣其所用。元吉告亮欲图不轨，坐是属吏，亮卒无所言，事释，遣还洛阳。及建成死，授怀州总管，封长平郡公。

同书六八尉迟敬德传略云：

隐太子、巢刺王元吉将谋害太宗，密致书以招敬德，仍赠以金银器物一车。敬德辞，寻以启闻，太宗曰：送来但取，宁须虑也。且知彼阴计，足为良策。

同书同卷张公谨传略云：

> 张公谨，魏州繁水人也。初为王世充洧州长史。武德元年，与王世充所署洧州刺史崔枢以州城归国。初未知名，李勣骤荐于太宗，乃引入幕府。[武德九年] 六月四日，公谨与长孙无忌等九人伏于玄武门以俟变。及斩建成、元吉，其党来攻玄武门，兵锋甚盛。公谨有勇力，独闭关以拒之。以功累授左武候将军，封定远郡公。

巴黎图书馆藏敦煌写本李义府撰常何碑略云：

> 公讳□，字□□，其先居河内温县，乃祖游陈留之境，因徙家焉，今为汴州浚仪人也。[公] 倾产周穷，捐生拯难，嘉宾狎至，侠侣争归。既而炎灵将谢，政道云衰，黑山竞结，白波潜骇，爰顾宗姻，深忧沦溺。乡中豪杰五百余人以公诚信早彰，誉望所集，互相纠率，请为盟主。李密拥兵敖庾，枕威河曲，广集英彦，用托爪牙，乃授公上柱国雷泽公。寻而天历有归，圣图斯启，自参墟而凤举，指霸川而龙跃。公智叶陈、张，策蹄荀、贾，料安危之势，审兴亡之迹，抗言于密，请归朝化。密竟奉谒丹墀，升荣紫禁，言瞻彼相，实赖于公，既表忠图，爰膺厚秩，授清义府骠骑将军上柱国雷泽公。密奉诏绥抚山东，公又以本官随密，密至函城之境，有背德之心，公既知逆谋，乃流涕极谏，密惮公强正，遂不告而发，军败牛关之侧，命尽熊山之阳。公徇义莫从，献忠斯阻，欲因机以立劾，聊枉尺以直寻，言造王充，冀倾澶洛，为充所觉，奇计弗成，率充内营左右去逆归顺。
>
> 高祖嘉其变通，尚其英烈，临轩引见，特申优奖，授车骑将军。徐员朗窃据沂、兖，称兵淮、泗，龟蒙积祲，蜂午挺妖，公与史万宝并力攻围，应期便陷。方殄余噍，奉命旋

师，令从隐太子讨平河北。又与曹公李勣穷追员朗，贼平，留镇于洧州。[武德]七年，奉太宗令追入京，赐金刀子一枚，黄金卅挺，令于北门领健儿长上，仍以数十金刀子委公锡骁勇之夫，趋奉藩朝，参闻霸略，承解衣之厚遇，申绕帐之深诚。九年六月四日令揔北门之寄。

旧唐书七一魏徵传略云：

魏徵，巨鹿曲城人也。父长贤，北齐屯留令。及[李]密败，徵随密来降，至京师，久不见知，自请安辑山东，乃授秘书丞，驱传至黎阳。时徐世勣尚为李密拥众，徵与世勣书。世勣得书，遂定计遣使归国。尝密荐中书侍郎杜正伦及吏部尚书侯君集有宰相之材。徵卒后，正伦以罪黜，君集犯逆伏诛，太宗始疑徵阿党。徵又自录前后谏诤言辞往复，以示史官起居郎褚遂良，太宗知之，愈不悦。先许以衡山公主降其长子叔玉，于是手诏停婚，顾其家渐衰矣。

新唐书九七魏徵传云：

[太宗]即位，拜谏议大夫，封巨鹿县男。当是时，河北州县素事隐、巢者不自安，往往曹伏思乱。徵白太宗曰：不示至公，祸不可解。帝曰：尔行安喻河北。道遇太子千牛李志安、齐王护军李思行传送京师，徵与其副谋曰：属有诏，宫府旧人普原之。今复执送志安等，谁不自疑者？吾属虽往，人不信。即贷而后闻。使还，帝悦。

北史五六魏长贤传云：

魏长贤，收之族叔也。

元和郡县图志一六河北道澶州临黄县条云：

魏长贤墓在县北十五里。贞观七年，追赠定州刺史，即徵父也。

同书一七河北道恒州鼓城县条云：

魏收墓在县北七里。后魏北齐贵族诸魏皆此邑人也。所云巨鹿曲阳人者是也。

新唐书七二中宰相世系表魏氏条云：

馆陶魏氏。长贤北齐屯留令。徵相太宗。

全唐诗第七函高适三君咏并序云：

开元中，适游于魏郡，郡北有故太师［魏］郑公旧馆。

旧唐书七十杜正伦传云：

杜正伦，相州洹水人也。隋仁寿中，与兄正玄、正藏俱以秀才擢第。隋代举秀才止十余人，正伦一家有三秀才，甚为当时称美。

同书六九侯君集传略云：

侯君集，豳州三水人也。贞观四年，迁兵部尚书。明年（贞观十二年），拜吏部尚书。君集出自行伍，素无学术，及被任遇，方始读书。典选举，定考课，出为将领，入参朝

政，并有时誉。十七年，张亮以太子詹事出为洛州都督，君
集激怒亮曰：何为见排？亮曰：是公见排，更欲谁冤？君集
曰：我平一国还，触天子大嗔，何能仰排？因攘袂曰：郁郁
不可活，公能反乎？当与公反耳。亮密以闻。承乾在东宫，
恐有废立，又知君集怨望，遂与通谋。及承乾事发，君集被
收，遂斩于四达之衢，籍没其家。

综观上引史料，可得而论者，约有四端：

（一）翟让、徐世勣之系统人物实以洛阳为其政治信仰之重心。

观李密答柴孝和之言，知密所以力攻王世充，争取洛阳，卒以
此败亡者，盖有不得已之苦衷也。唐太宗之实力在能取得洛阳，抚用
此系统人物，而获其辅助之效也。当太宗与建成、元吉决斗于长安之
时，秦王府中虽多山东豪杰，然洛阳为其根据地，更遣张亮、王保等
往保之，广事招引，以增加其势力。既不虑长安秦府中"山东人"之
离心（见上引《旧唐书·隐太子传》），又为在长安万一失败，可以作
避乱及复兴之预备。斯太宗与李密虽同属关陇六镇集团，同利用此系
统之人物以为其主力，然此二并世英杰所以成败互异者，即太宗能保
有洛阳以为基地，而李密不能攻取东都，失去此辈豪杰政治信仰之
故也。

（二）武德九年六月四日玄武门之事变为太宗一生中最艰苦之奋
斗，其对方之建成、元吉亦是智勇俱备之人，谋士斗将皆不减于秦府
左右，其结果则太宗胜而建成、元吉败者，其关键实在太宗能利用守
卫宫城要隘玄武门之山东豪杰，如常何辈，而常何者两唐书无专传，
其姓名唯附见于两书马周传及旧唐书三太宗纪下贞观十八年十一月张
亮以舟师攻高丽事中（新唐书七五上宰相世系表常氏条不载何之名），
其本末不详久矣。近世敦煌石室发见写本中有李义府撰常何碑文，义
府奸佞而能文之人也，此文亦久佚，然为最佳之史料，寅恪昔年草唐
代政治史述论稿时，尝于上篇论述玄武门事变曾一及之，今稍详录其
文，以资推究。据碑文，知何之家世及少时所为盖同于徐世勣，而其

与世勣之关系复颇似张亮、张公谨，又尝从建成平定河北，故建成亦以旧部视之而不疑，岂意其"趋奉藩朝，参闻霸略"耶？观太宗既赐何以金挺，复以数十金刀子委何以锡守卫玄武门骁勇之夫，则是用金宝买通玄武门守卫将士，此与建成、元吉之以金银器物赠与尉迟敬德者，抑何以异？此盖当时两方习用之策略也。职是之故，太宗能于武德九年六月四日预伏其徒党于玄武门，而守卫将士亦竟不之发觉，建成、元吉虽先有警告，而不以为意者，殆必以常何辈守卫玄武门之将士至少非太宗之党徒也。碑文所谓"九年六月四日令揔北门之寄"。则此事变中何地位之重要及其功绩之伟大，据是可推知矣。

张公谨与张亮俱用徐世勣之荐，而为太宗心膂，其属于世勣系统，固不待言，当此事变迫急之时，公谨能独闭宫门，以拒东宫、齐府死党之来攻，因得转危为安，其勇力可以想见，此亦山东豪杰集团特点之一也。张亮在此系统中地位甚高，或亦徐世勣之亚，故太宗委以保据洛阳，招引山东豪杰之重任。然其人"素寒贱，以农为业"。则与翟让所谓"仆起陇亩之间"（见上引旧唐书李密传），正复相同。此辈乃农民武装集团，依此可以推知，其历史之背景及成立之由来俟后再详论。总之，太宗之戡定内难，其得此系统人物之助力，较任何其他诸役如战胜隋末群雄及摧灭当时外族者为更多也。

（三）徐世勣者，翟让死后，实代为此系统之领袖，李密不过以资望见推，而居最高之地位耳。密既降唐，其土地人众均为世勣所有，世勣于王世充、窦建德与唐高祖鼎峙竞争之际，盖有举足轻重之势，其绝郑夏而归李唐，亦隋唐间政权转移之大关键也。李唐破灭王、窦，凯旋告庙，太宗为上将，世勣为下将，盖当时中国武力集团最重要者，为关陇六镇及山东豪杰两系统，而太宗与世勣二人即可视为其代表人也。世勣地位之重要实因其为山东豪杰领袖之故，太宗为身后之计欲平衡关陇、山东两大武力集团之力量，以巩固其皇祚，是以委任长孙无忌及世勣辅佐柔懦之高宗，其用心可谓深远矣。后来高宗欲立武曌为后，当日山东出身之朝臣皆赞助其事，而关陇集团代表之长孙无忌及其附属系统之褚遂良等则竭力谏阻，高宗当日虽欲立武氏为后，以元舅大臣之故有所顾虑而不敢行，唯有取决于其他别一集团之代表人即世勣之一言，而世勣竟以武氏为山东人而赞成其事（见册府元龟三三六宰辅部依违门），论史者往往以此为世勣个人道德之污点，殊不知其社会集团之关系有以致之也。又两唐书以李靖、李勣同传，后世亦以二李并称，此就二公俱为唐代之名将而言耳，其实靖为韩擒虎之甥属于关陇府兵集团，而世勣则是山东豪杰领袖，其社会背景迥然不同，故二人在政治上之地位亦互异，斯亦治唐史者所不可不注意及之者也。史复言世勣家多僮仆，积粟常数千钟，当是与翟让、张亮同从事农业，而豪富远过之者，即所谓大地主之流也，此点亦殊重要，俟后论之。

（四）古今论唐史者往往称道太宗、魏徵君臣遭遇之盛事，而深惜其恩礼之不终，以为此仅个人间之关系，实不足说明当时政治社会之情况及太宗所以任用魏徵之用心也。今试发其覆，以供读史者参考。

旧唐书魏徵传虽称徵是巨鹿曲阳人，北史徵父长贤传亦言其为魏收之族叔，就表面论，似徵为山东之高门，此不过南北朝隋唐时代矜夸郡望之风习耳。然据元和郡县图志载魏收墓在恒州鼓城县，且言"后魏、北齐贵族诸魏皆此邑人也。所云巨鹿曲阳人者是也"。但同书载魏长贤墓在澶州临黄县，新书宰相世系表以徵为馆陶魏氏，高达夫诗又谓魏郡北有徵旧馆，则是徵父坟墓及己身所居皆与魏收葬地并不相近，新表之言甚得其实。依此推论，则徵家不可视为后魏、北齐贵族诸魏之盛门，可以无疑也。明乎此，则太宗所以任用徵之故始可了解。太宗虽痛恶山东贵族（见唐会要三六氏族门及新唐书九五高俭传等），而特重用徵者，正以其非山东盛门，而为山东武装农民集团即所谓山东豪杰之联络人耳。在太宗心目中，徵既非山东贵族，又非山东武人，其责任仅在接洽山东豪杰监视山东贵族及关陇集团，以供分合操纵诸政治社会势力之妙用。苟徵之行动逾越此种赋与之限度，则必启太宗之疑忌，自不待言也。史言徵荐杜正伦为相，而正伦出自山东之盛门，则徵监视山东贵族之作用消失，转有连合山东社会文武两大势力之嫌疑。侯君集者，两唐书本传虽不详载其家世，只言其为武人，然周书二九北史陆陆俱有君集祖植传，又新唐书七二中宰相世系表侯氏条亦载其祖植为周骠骑大将军肥城公，与周书、北史相同。后来出土之侯植墓志称植曾赐姓贺屯氏（参陆增祥八琼室金石补正二三及李宗莲怀珉精舍金石跋尾等），复与周书、北史所载符合。

是君集与太宗俱属六镇胡汉关陇集团，史言其才备将相自非偶然，徵竟与之相通，则是总合当日东西文武三大社会势力，而己身为其枢纽，此为太宗所甚不能容忍者，幸其事发觉于徵已死之后，否则必与张亮、侯君集同受诛戮，停婚仆碑（见新唐书魏徵传）犹是薄惩也。

观徵自请招抚山东，发一书而降徐世勣，先观建成讨平刘黑闼，因于其地深自封植，建成果从其策。及建成不幸失败，又自请于太宗，亲往河北安喻其徒党，能发之，复能收之，诚不世出之才士。故建成用之以笼络河北英俊，太宗亦用之以招抚山东豪杰，其个人本身之特点固不应抹杀，但如历来史家论徵之事功，颇忽视社会集体之关系，则与当时史实不能通解，故略辨之如此。至若徵自录前后谏诤言辞往复，以示史官褚遂良，太宗知之不悦者，盖太宗沽名，徵又卖直，致斯结果，本无可怪，然其事仅关系个人，殊微末不足道矣。

隋末唐初之雄豪其起于青、齐、徐、兖之地者颇多矣，或为唐室功臣，或为李朝叛贼，政治上向背之关系虽异，若一究其种姓来源，民族特质，恐仍当视为同一大类，而小有区分也。兹略征史籍，论之于下：

旧唐书六八秦叔宝传略云：

> 秦叔宝，名琼，齐州历城人。从镇长春宫，拜马军总管。

同书同卷段志玄传略云：

> 段志玄，齐州临淄人也。

同书同卷程知节传略云：

程知节，本名咬金，济州东阿人也。授秦王府左三统军。破宋金刚，擒窦建德，降王世充，并领左一马军总管。

新唐书八六刘黑闼传附徐圆朗传略云：

徐圆朗者，兖州人。隋末为盗，据本郡，以兵徇琅邪以西，北至东平，尽有之。附李密，密败，归窦建德。山东平，授兖州总管、鲁郡公。会［刘］黑闼兵起，圆朗应之，自号鲁王，黑闼以为大行台元帅。河间人刘复礼说圆朗曰：彭城有刘世徹，才略不常，将军欲自用，恐败，不如迎世徹立之。盛彦师以世徹若联叛，祸且不解，即谬说曰：公亡无日矣！独不见翟让用李密哉？圆朗信之，世徹至，夺其兵，遣徇地，所至皆下，忌而杀之。会淮安王神通、李世勣合兵攻圆朗，总管任瑰逯围兖州。圆朗弃城夜亡，为野人所杀。

同书八七辅公祏传略云：

辅公祏，齐州临济人。隋季与乡人杜伏威为盗，转掠淮南。

同书同卷李子通传略云：

李子通，沂州承人。隋大业末，长白山贼左才相自号"博山公"，子通依之。有徒万人，引众渡淮，为隋将来整所破，奔海陵。

同书九二杜伏威传略云：

杜伏威，齐州章丘人。隋大业九年，入长白山，依贼左
君行，不得意，舍去，转剽淮南，攻宣安，屠之。与虎牙郎
将公孙上哲战盐城，进破高邮，引兵渡淮，攻历阳，据之。
江淮群盗争附。

隋末青、齐之健者颇以马军见称，此亦可注意之点，疑与民族迁
徙问题有关，详下引魏书上党王天穆传。兖州之徐圆朗、彭城之刘世
彻所谓徐、兖之豪强也，其与窦建德、刘黑闼之关系至为密切，疑其
与窦、刘之徒同一来源，"刘"即刘黑闼之"刘"，"徐"即徐世勣之
"徐"也。此点俟后综合论之。更有可注意者，隋末之乱首发于长白
山诸豪，自非偶然之事。隋末暴政全国人民同受其害，然上之压力其
宽猛不必各地皆同一程度，而下之抵抗者亦有强悍柔懦及组织坚固与
否之分别。隋末此区域非重兵镇压之地，而诸豪又为强悍而较有组织
之集团，是以能首发大难，其不转向西北而直趋东南者，其以江、淮
为财富之地，当时全国武力又方用于攻高丽，江、淮一隅阻遏力少，
引诱力多之故欤？综合上引关于山东豪杰之史料，就其性强勇，工骑
射，组织坚固，从事农业，及姓氏多有胡族关系，尤其出生地域之分
配诸点观之，深疑此集团乃北魏镇戍屯兵营户之后裔也。六镇问题于
吾国中古史至为重要，自沈垚以来，考证六镇问题之著述于镇名地望
颇多精义，然似不免囿于时间空间之限制，犹未能总汇贯通，了解其
先后因果之关系也。据魏书九肃宗纪云：

[正光五年八月]丙申，诏曰：赏贵宿劳，明主恒德，
恩沾旧绩，哲后常范。太祖道武皇帝应期拨乱，大造区夏。
世祖太武皇帝纂戎丕绪，光阐王业，躬率六师，扫清逋秽，
诸州镇城人，本充牙爪，服勤征旅，契阔行间，备尝劳剧。
逮显祖献文皇帝自北被南，淮海思义，便差割强族，分卫方
镇。高祖孝文皇帝远遵盘庚，将迁嵩洛，规遏北疆，荡辟南
境，选良家酋附，增戍朔垂，戎捍所寄，实惟斯等。

先帝（世宗宣武皇帝）以其诚効既亮，方加酬锡，会宛郢驰烽，胸泗告警，军旗频动，兵连积岁，兹恩仍寝，用迄于今，怨叛之兴，颇由于此。朕叨承干历，抚驭宇宙，调风布政，思广惠液，宜追述前恩，敷兹后施。诸州镇军贯，元非犯配者，悉免为民，镇改为州，依旧立称。此等世习干戈，率多劲勇，今既甄拔，应思报效。可三五简发，讨彼沙陇。当使人齐其力，奋击先驱，妖党狂丑，必可荡涤。冲锋斩级，自依恒赏。

知北魏边镇之本末有三事可注意：（一）北魏之边境镇戍有前后移动之不同。（二）因前后境外敌人强弱之互异，为适应情势缓急之故，而有南北移防之措施。（三）充任边镇之兵役者其重要成分为胡人，尤其是敕勒种族。此诏书所述为北魏六镇及其他边镇问题最佳史料，但似未经治吾国中古史者之深切注意，故兹更旁引其他有关材料分别证释之于下：

北魏太祖初率其部落，进入中原，其边境大约如元和郡县图志一四云州条所云：

后魏道武帝又于此建都，东至上谷军都关，西至河，南至中山隘门塞，北至五原。地方千里，以为甸服。

观魏书五八杨播传附椿传云：

除定州刺史。自太祖平中山，多置军府，以相威摄。凡有八军，军各配兵五千，食禄主帅军各四十六人。自中原稍定，八军之兵，渐割南戍，一军兵才千余，然主帅如故，费禄不少。椿表罢四军，减其帅百八十四人。州有宗子稻田，屯兵八百户，年常发夫三千，草三百车，修补畦堰。椿以屯兵惟输此田课，更无徭役，及至闲月，即应修治，不容复劳百姓。椿亦表罢，朝廷从之。

可知北魏当时于近边要地配置重兵，以资防卫，及国势渐强，边境推广而镇兵亦随之转移也。南北朝对峙，其国势强弱之分界线大约在北朝乘南朝内争之际而攻取青、齐之地一役，诏书所谓"显祖献文皇帝自北被南，淮海思义"者是也。故"便差割强族，分卫方镇"，即魏书五十尉元传所云：

> ［太和］十六年，元表曰：今计彼（徐州）戍兵，多是胡人。臣前镇徐州之日，胡人子都将呼延笼达因于负罪，便尔叛乱，鸠引胡类，一时扇动。赖威灵遐被，罪人斯戮。又团城子都将胡人王敕懃负衅南叛，每惧奸图，狡诱同党。愚诚所见，宜以彭城胡军换取南豫州徒民之兵，转戍彭城，又以中州鲜卑增实兵数，于事为宜。

其充任徐州防卫之胡兵，本由北方诸边镇移调而来者，盖北魏当时边境自北移南而边镇之兵亦随之而迁徙也。至北魏孝文帝自平城迁都洛阳，其政治武力之重心既已南移，距南朝边境颇近，而离北边之镇戍甚远，遂又移调中原即北魏当时用以防卫南朝之戍兵，以守御朔垂也。此北魏边境屯戍之兵南北互相移调之事实，往往不为史家注意，如北史一六太武五王传广阳王深（本作渊，唐人避讳改）传（参魏书五八杨播传附昱传及津传）所云：

> 先是，别将李叔仁以［破六韩］拔陵来逼，请求迎援，深赴之，前后降附二十万人。深与行台元纂表求恒州北别立郡县，安置降户，随宜振赍，息其乱心。不从。诏遣黄门侍郎杨昱分散之于冀、定、瀛三州就食。深谓纂曰：此辈复为"乞活"矣。祸乱当由此作。既而鲜于修礼叛于定州，杜洛周反于幽州，其余降户，犹在恒州，遂欲推深为主。深乃上

书乞还京师，令左卫将军杨津代深为都督。

论者往往归咎于不从安置北镇降户于恒州北，而分散之于冀、定、瀛三州就食，以致酿成大乱。殊不知魏朝采取如此之决策者，非仅因冀、定、瀛等州土地饶沃可以供给降户就食，实亦有二原因：（一）在此以前魏朝边镇本有南北移防之故事；（二）徙降户于冀、定、瀛三州，正符合祖宗之旧制。观魏书四下世祖纪下云：

> 太平真君五年六月，北部民杀立义将军、衡阳公莫孤，率五千余落北走。追击于漠南，杀其渠帅，余徙冀、相、定三州为营户。

及同书七上高祖纪上云：

> ［延兴元年］冬十月丁亥，沃野、统万二镇敕勒叛。诏太尉、陇西王源贺追击，至枹罕，灭之，斩首三万余级，徙其遗迸于冀、定、相三州为营户。
> ［延兴］二年三月，连川敕勒谋叛，徙配青、徐、齐、兖四州为营户。

同书同卷下高祖纪下云：

> ［太和二十一年六月］壬戌，诏冀、定、瀛、相、济五州发卒二十万，将以南讨。

等条，知北魏祖宗本以冀、定、瀛、相、济、青、齐、徐、兖等州安置北边降人，使充营户，魏朝此举未可以为重大之错误。又观魏书七四尔朱荣传略云：

荣率众至肆州，刺史尉庆宾畏恶之，闭城不纳。荣怒，攻拔之，乃署其从叔羽生为刺史，执庆宾于秀容。自是荣兵威渐盛，朝廷亦不能罪责也。

若果安置此等降户于恒州北，则此最有战斗力之徒众必入于尔朱荣之势力范围，与后来葛荣之众归于尔朱氏，复转入高欢之手者正同一例。如隋书二四食货志所云：

> 寻而六镇扰乱，相率内徙，寓食于齐（此齐乃魏书一百六上地形志上，武州领之齐郡。）晋之郊，齐神武因之，以成大业。

者，可为明证也。

据前引魏书世祖纪高祖纪之记载知北魏常以高车即敕勒或丁零族充任边镇营户，盖此族为诸胡中最善战者。观魏书一百三高车传略云：

> 高车，初号为狄历，北方以为敕勒，诸夏以为高车、丁零。太祖时，分散诸部，唯高车以类粗犷，不任使役，故得别为部落。

及同书八三外戚传贺讷传略云：

> 讷从太祖平中原，其后离散诸部，分土定居，不听迁徙，其君长大人皆同编户。讷以元舅，甚见尊重，然无统领。以寿终于家。

等条可知也。又观魏书一一三官氏志略云：

从第四品上　　高车羽林郎将

从第四品下　　高车虎贲将军

同书一九上汝阴王天赐传略云：

简西部敕勒豪富兼丁者为殿中武士。

及同书四四宇文福传略云：

[高祖]敕福领高车羽林五百骑，出贼（指南朝军言）
南面，遏绝归路。

则是北魏不独以高车族为边兵，且以之充禁旅矣。至青、齐诸
豪之来源，或是邢杲党徒之后裔。魏书壹肆高凉王孤传附上党王天穆
传云：

初，杜洛周、鲜于修礼为寇，瀛、冀诸州人多避乱南
向。幽州前北平府主簿河间邢杲，拥率部曲，屯据鄡城，以
拒洛周、葛荣，垂将三载。及广阳王深（渊）等败后，杲南
度，居青州北海界。灵太后诏流人所在皆置命属郡县，选豪
右为守令，以抚镇之。时青州刺史元世儁表置新安郡，以杲
为太守，未报。会台申休（疑）简授郡县，以杲从子子瑶资
荫居前，乃授河间太守。杲深耻恨，于是遂反。所在流人先
为土人凌忽，闻杲起逆，率来从之，旬朝之间，众逾十万。
劫掠村坞，毒害民人，齐人号之为"蹹榆贼"。

殊堪玩味，盖此辈岂亦北魏早期河北屯戍营户之后裔耶？常疑杨
隋之祖先颇与之有关，以非此篇范围，姑不置论。

总之，冀、定、瀛、相、济、青、齐、徐、兖诸州皆隋末唐初间

山东豪杰之出产地，其地实为北魏屯兵营户之所在。由此推测此集团之骁勇善战，中多胡人姓氏（翟让之"翟"亦是丁零姓），胡种形貌（如徐世勣之类），及从事农业，而组织力又强。（其由镇兵转为农民之历程涉及北朝兵制范围，此文所不能详，可参拙著隋唐制度渊源略论稿兵制章。）求其所以然之故，苟非假定此集团为北魏镇兵之后裔，则殊难解释。兹略引史料，以为证释如此。然欤？否欤？愿求教于当世治国史之君子。

记唐代之李武韦杨婚姻集团

唐代之史可分为前后二期，而以玄宗时安史之乱为其分界线（详见拙著唐代政治史述论稿上篇）。前期之最高统治集团表面上虽为李氏或武氏，然自高宗之初年至玄宗之末世，历百年有余，实际上之最高统治者递嬗轮转，分歧混合，固有先后成败之不同，若一详察其内容，则要可视为一牢固之复合团体，李、武为其核心，韦、杨助之黏合，宰制百年之世局，几占唐史前期最大半时间，其政治社会变迁得失莫不与此集团有重要关系。故本文略取有关史料，稍加探讨，或者于吾国中古史之研究亦有所助欤？

此李、武、韦、杨四大家族最高统治集团之组成实由于婚姻之关系，故不可不先略述南北朝、隋及唐初社会对于婚姻门族之观念。

新唐书一九九儒学中柳冲传附柳芳论氏族略云：

> ［晋］过江则为侨姓，王、谢、袁、萧为大。东南则为吴姓，朱、张、顾、陆为大。山东则为郡姓，王、崔、卢、李、郑为大。关中亦号郡姓，韦、裴、柳、薛、杨、杜首

之。代北则为虏姓，元、长孙、宇文、于、陆、源、窦首之。山东之人质，故尚婚娅。江左之人文，故尚人物。关中之人雄，故尚冠冕。代北之人武，故尚贵戚。及其弊，则尚婚娅者，先外族，后本宗。尚人物者，进庶孽，退嫡长。尚冠冕者，略伉俪，慕荣华。尚贵戚者，徇势利，亡礼教。

据此，当时社会婚姻观念之不同盖由地域区分及门族渊源之互异所致。李唐皇室本出于宇文泰之胡汉六镇关陇集团（详见拙著唐代政治史述论稿上篇），实具关中、代北两系统之性质。观唐太宗制定贞观氏族志之意旨及唐初皇室婚姻缔构之实况即可证知。兹引史料，略加解释于下：

唐会要三六氏族门显庆四年九月五日诏改［贞观］氏族志为姓［氏］录条云：

> 初，贞观氏族志称为详练，至是，许敬宗以其书不叙明皇后武氏本望，李义府又耻其家无名，乃奏改之。

新唐书九五高俭传略云：

> ［高宗］又诏后魏陇西李宝，太原王琼，荥阳郑温，范阳卢子迁（今本唐会要八三嫁娶门作卢子选，据魏书四三北史三十卢玄传，玄子度世字子迁，然则今本会要选字误也。通鉴二〇〇唐高宗显庆四年十月条亦作卢子迁）、卢浑（唐会要八三嫁娶门显庆四年十月条均作卢浑）、卢辅，清河崔宗伯、崔元孙，前燕博陵崔懿，晋赵郡李楷，凡七姓十家，不得自为昏，纳币悉为归装，夫氏禁受陪门财。先是，后魏太和中，定四海望族，以宝等为冠，其后矜尚门地，故氏族志一切降之。王妃、主婿皆取当世勋贵名臣家，未尝尚山东旧族。后房玄龄、魏徵、李勣复与昏，故望不减。然每姓第

其房望，虽一姓中，高下县隔。李义府为子求昏不得，始奏禁焉。其后天下衰宗落谱，昭穆所不齿者，皆称禁昏家，益自贵，凡男女皆潜相聘娶，天子不能禁，世以为敝云。

旧唐书七八张行成传云：

太宗尝言及山东、关中人，意有同异。行成正侍宴，跪而奏曰：臣闻天子以四海为家，不当以东西为限，若如是，则示人以隘狭。太宗善其言。

新唐书八十太宗诸子传云：

曹王明母本巢王（即元吉）妃，帝宠之，欲立为后，魏徵谏曰：陛下不可以辰嬴自累。乃止。

册府元龟八六六总录部贵盛门略云：

杨恭仁为雒州都督，从侄女为巢剌王妃。

新唐书八十郁林王恪传云：

其母隋炀帝女，地亲望高，中外所向。帝（太宗）初以晋王（高宗）为太子，又欲立恪，长孙无忌固争，帝曰：公岂以非己甥邪？且儿英果类我，若保护舅氏，未可知。无忌曰：晋王仁厚，守文之良主，且举棋不定则败，况储位乎？帝乃止。故无忌常恶之。永徽中，房遗爱谋反，因遂诛恪，以绝天下望。

寅恪按，太宗深恶山东士族，故施行压抑七姓十家之政策。张行成传所谓"山东人"乃指山东之士族阶级，非其他不属于高等门族之文人及一般庶民，至若山东武人，如隋末唐初间所谓"山东豪杰"者，则尤为太宗所特别笼络之集团，固不当于宴集朝臣时公然有所轩轾也。元吉之妃杨氏，杨隋宗室之女。郁林王恪以母为隋炀帝女之故，太宗竟欲使其承继皇位，则重视杨氏可知，盖太宗之婚姻观念不仅同于关中人之尚冠冕，兼具代北人之尚贵戚矣。若更由此推论，曹王明之母必不止以色见宠，当与郁林王恪母同出一源，否则无作皇后之资格。世之读史者颇怪陈、隋覆灭以后，其子孙犹能贵显于新朝，不以亡国之余而见废弃者，则未解隋、唐皇室同为关陇胡汉之集团，其婚姻观念自应同具代北之特性也。房玄龄、魏徵、徐世勣三人其社会阶级虽不相同，然皆是山东人，故违反太宗之政策，而与山东士族为婚，此则地域分别与婚姻观念其关系密切如此，可以推见。而李唐皇室初期婚姻之观念及其婚姻缔构之实况必带有深重之地域色彩，即关中地方性，又可证明矣。

高俭传言"王妃、主婿皆取当世勋贵名臣家，未尝尚山东旧族"。今王妃氏族不易详考，但取高祖、太宗、高宗、中宗诸女之夫婿姓名观之，可以知唐皇室之婚姻观念实自武曌后而一变也。所谓变者，即自武后以山东寒族加入李唐皇室系统后，李唐皇室之婚姻关系经武氏之牵混组织，遂成为一牢固集团，宰制世局，达百余年之久。

兹为简便计，仅择录高宗及中宗诸女夫婿姓名之有关者于后，亦可窥见其变迁之一斑也。

唐会要六公主门略云：

> 高宗女镇国太平降薛绍，后降武攸暨。中宗女新都降武延晖。定安降王同皎，后降韦濯，三降崔铣。长宁降杨慎交，后降苏彦伯。永寿降韦鐬。永泰降武延基。安乐降武崇训，后降武延秀。成安降韦捷。

武曌之家族其渊源不易考知，但就新唐书七四上宰相世系表武氏条所载，其族人数不多，可推知其非山东之大族。又据伪托柳宗元着龙城录所记武后先世武居常事（武居常有身后名条），复可推知其非山东之高门，盖龙城录虽非子厚之作，其所记武氏事当亦源出唐代民间旧传也。至武曌父士彟之事迹实亦难确考，诚如旧唐书五八武士彟传论所云：

> 武士彟首参起义，例封功臣，无戡难之劳，有因人之迹，载窥他传，过为褒词，虑当武后之朝，佥出敬宗之笔，凡涉虚美，削而不书。

者也。据太平广记一三七征应类武士彟条所云：

> 唐武士彟，太原文水县人。微时，与邑人许文宝以鬻材为事，常聚材木数万茎，一旦化为丛林，森茂，因致大富。士彟与文宝读书林下，自称为厚材，文宝自称枯木，私言必当大贵。及高祖起义兵，以铠胄从入关，故乡人云：士彟以鬻材之故，果逢构夏之秋。及士彟贵达，文宝依之，位终刺史。（出太原事迹）

则知士彟本一商贩寒人，以投机致富，其非高门，尤为明证。广记此条源出武氏乡里所传，其中神话部分固不可信，但士彟本来面目实是如此，要自不诬也。更就史传考之，益知武氏非山东士族。据新唐书二〇六外戚传武士彟传（参旧唐书五八武士彟传及同书一八三外戚传武承嗣传）略云：

> 武士彟字信，世殖赀，喜交结。高祖尝领屯汾晋，休其家，因被顾接。后留守太原，引为行军司铠参军。兵起，士彟不与谋也。以大将军府铠曹参军从平京师。自言尝梦帝骑而上天，帝笑曰：尔故王威党也，以能罢系刘弘基等，其意

可录，且尝礼我，故酬汝以官。今胡迁妄媚我邪？始士彟娶相里氏，生子元庆元爽，又娶杨氏，生三女，元女妻贺兰氏，早寡，季女妻郭氏，不显。士彟卒后，诸子事杨不尽礼，衔之。[武]后立，封杨代国夫人，进为荣国，后姊韩国夫人。

韩国有女在宫中，帝（高宗）尤爱幸。后欲并杀之，即导帝幸其母所，[后兄子]惟良等上食，后寘堇焉，贺兰食之，暴死。后归罪惟良等，诛之，讽有司改姓蝮氏，绝属籍，元爽缘坐死，家属投岭外。

后取贺兰敏之为士彟后，赐氏武，袭封。敏之韶秀自喜，烝于荣国，挟所爱，佻横多失。荣国卒，后出珍币，建佛庐徼福，敏之干匿自用。司卫少卿杨思俭女选为太子妃，告婚期矣，敏之闻其美，强私焉。杨丧未毕，褫衰粗，奏音乐。太平公主往来外家，宫人从者，敏之悉逼乱之。后迭数怒，至此暴其恶，流雷州，表复故姓，道中自经死。乃还元爽之子承嗣，奉士彟后，宗属悉原。

寅恪按，武氏一家所为如此，其非凤重闺门礼法之山东士族，不待详论。颇可笑者，武后以贺兰敏之为士彟后，与晋贾充之以外孙韩谧为后者（见晋书四十贾充传）事极相类。贾氏之先尝为市魁（见晋书五十庚纯传），而武士彟亦是投机之木材商，岂所谓渊源气类相似，其家庭所为复更相同耶？士彟一生事迹至不足道，唯有一点殊可注意，即娶杨氏女为继妻一事。

据新唐书一〇〇杨执柔传略云：

武后母，即恭仁叔父达之女。及临朝，武承嗣、攸宁相继用事。后曰：要欲我家及外氏常一人为宰相。乃以执柔同中书门下三品。又以武后外家尊宠，凡尚主者三人，女为王妃五人。

册府元龟八五三总录部姻好门云：

> 武士彟武德中简较右厢宿卫，既丧妻，高祖谓士彟曰：
> 朕自为卿更择嘉偶，随曰：有纳言杨达英才冠绝，
> 奕叶亲贤，今有女，志行贤明，可以辅德，遂令桂杨公主与杨家作
> 婚，主降敕结亲，庶事官给。

然则武曌母乃隋观王雄之侄女（见新唐书宰相世系表杨氏观王
房条），杨雄虽非隋皇室直系，但位望甚重。武士彟在隋世乃一富商，
必无与观王雄家联姻之资格。其娶杨氏在隋亡以后，盖士彟以新朝贵
显娶旧日宗室，藉之增高其社会地位，此当时风俗所使然，无足怪
也。史言太宗闻武曌之美乃召入宫（见新唐书四则天顺圣武皇后纪及
通鉴一九五贞观十一年武士彟女年十四入宫条），鄙意则天之美固不
待论，然以太宗重视杨氏之心理推之，恐不得不与荣国夫人为杨雄侄
女有关也。

武曌既非出自山东士族，其家又不属关陇集团，但以母为隋杨宗
室之故，遂亦可备宫闱下陈之选，至若径立为皇后，则尚无此资格。

当高宗废王皇后立武昭仪之时，朝臣赞否不一，然详察两派之
主张，则知此事非仅宫闱妃之争，实为政治上社会上关陇集团与山
东集团决胜负之一大关键，今取有关史料，略加诠释，亦足证明鄙
说也。

旧唐书五一后妃上高宗废皇后王氏传略云：

> 高宗废后王氏，并州祁人也。父仁佑，贞观中罗山令。
> 同安长公主即后之从祖母也，公主以后有美色，言于太宗，
> 遂纳为晋王妃。永徽初，立为皇后。母柳氏求巫祝厌胜，事
> 发，帝大怒，断柳氏不许入宫中，后舅中书令柳奭罢知政
> 事，并将废后，长孙无忌、褚遂良等固谏，乃止。俄又纳
> 李义府之策，永徽六年十月，废后及萧良娣皆为庶人。武后

令人杖庶人及萧氏各一百，截去手足，投于酒瓮中，数日而卒。后则天频见王、萧二庶人披发沥血，如死时状，武后恶之，祷以巫祝，又移居蓬莱宫，复见，故多在东都。

新唐书八一燕王忠传略云：

帝（高宗）始为太子而忠生。永徽初，拜雍州牧。王皇后无子，后舅柳奭说后，以忠母［后宫刘氏］微，立之必亲己，后然之，请于帝，又奭与褚遂良、韩瑗、长孙无忌、于志宁等继请，遂立为皇太子。后废，武后子弘甫三岁，许敬宗希后旨，建言：国有正嫡，太子宜同汉刘强故事。帝召见敬宗曰：立嫡若何？对曰：东宫所出微，今知有正嫡，不自安，窃位而不自安，非社稷计。于是降封梁王，［后］废为庶人，囚黔州承乾故宅。麟德初，宦者王伏胜得罪于武后，敬宗乃诬忠及上官仪与伏胜谋反，赐死。

寅恪按，王皇后本唐皇室旧姻，且其外家柳氏亦是关中郡姓，故为关陇集团所支持，欲借以更巩固其政治之势力也。燕王忠之为太子亦为关陇集团政治上之策略，高宗废黜王皇后并燕王忠之储位，而改立山东寒族之武氏及立其子为太子，此为关陇集团所万不能容忍者，长孙无忌等争之力争实以关系重大之故，非只皇室之家事已也。至褚遂良、许敬宗等忠奸不同，然俱属来自南朝之系统。此系统之人物不论其先世在晋过江前或后为何地域之人，但北朝平灭南朝以后，此等人乃属俘虏家臣性质，绝无独立资格，非若山东士族北齐亡后仍保有地方势力者可比，是以遂良可视为关陇集团之附属品，而敬宗则又以奸谄之故，倾向于出身山东地域之武氏也。明乎此，则详悉分析赞成与反对立武氏为后两方出身之籍贯，于当时政治社会及地域集团之竞争，其关键所在更可以了然矣。

兹先逐录反对方面之记载于下：

册府元龟三二七宰辅部谏诤门（参旧唐书八十，新唐书一〇五褚遂良传。）略云：

[唐高宗永徽]六年，高宗将废王皇后，帝退朝后，于别殿召太尉长孙无忌、司空李勣、左仆射于志宁及[褚]遂良，勣称疾不至。

无忌等将入，遂良曰：今者多议中宫事，遂良欲谏何如？无忌曰：公但极言，无忌请继焉。及入，高宗难发于言，再三顾谓无忌曰：莫大之罪无过绝嗣，皇后无子，今当废，立武士彟女如何？遂良进曰：皇后是先帝为陛下所娶，伏奉先帝，无如德。先帝不豫，亲执陛下手，以语臣曰：我好儿好新妇今以付卿。陛下亲承德音，言犹在耳，皇后自此未闻有失，恐不可废。帝不悦而罢。翌日，又言之，遂良曰：陛下必欲易皇后，伏请妙择天下令族，何必要在武氏？且武昭仪经事先帝，众所共知，陛下岂可蔽天下耳目，伏愿再三思审。帝大怒，命引出之。昭仪在帘中大言曰：何不扑杀之。

旧唐书八十韩瑗传略云：

韩瑗，雍州三原人也。[永徽]四年，与来济皆同中书门下三品。六年，迁侍中。时高宗欲废王皇后，瑗涕泣谏，帝不纳。尚书左仆射褚遂良以忤旨左授潭州都督，瑗复上疏理之，帝竟不纳。显庆二年，许敬宗、李义府希皇后之旨，诬奏瑗与褚遂良潜谋不轨，左授瑗振州刺史，四年，卒官。

同书同卷来济传略云：

来济，扬州江都人。永徽二年，拜中书侍郎。四年，同中书门下三品。六年，迁中书令、检校吏部尚书。时高宗欲立昭仪武氏为宸妃，济密表谏。武皇后既立，济等惧不自安，后乃抗表称济忠公，请加赏慰，而心实恶之。[显庆]二年，许敬宗等奏济与褚遂良朋党构扇，左授台州刺史。五年，徙庭州刺史。龙朔二年，突厥入寇，济总兵拒之，谓其众曰：吾尝挂刑网，蒙赦性命，当以身塞责。遂不释甲胄赴贼，没于阵。

同书同卷上官仪传略云：

上官仪，本陕州陕人也。父弘，隋江都宫副监，因家于江都。龙朔二年，为西台侍郎、同东西台三品。麟德元年，宦者王伏胜与梁王忠抵罪，许敬宗乃构仪与忠通谋，遂下狱而死。

寅恪按，高宗将立武曌为皇后时，所与决策之四大臣中，长孙无忌、于志宁、褚遂良三人属于关陇集团，故为反对派，徐世勣一人则为山东地域之代表（见拙著岭南学报一二卷第一期论隋末唐初所谓"山东豪杰"），故为赞成派，至韩瑗、来济、上官仪等之为反对派者，亦由属于关陇集团之故，一考诸人出身籍贯即可证明，不待详论也。

兹复逐录赞成方面之记载于下：

册府元龟三三六宰辅部依违门云：

唐李勣为太尉，高宗欲废王皇后，立武昭仪，韩瑗、来济谏，皆不纳。勣密奏曰：此是陛下家事，何须问外人。意乃定。

旧唐书七七崔义玄传略云：

崔义玄，贝州武城人也。高宗之立皇后武氏，义玄协赞
其谋。

同书八二许敬宗传略云：

许敬宗，杭州新城人，隋礼部侍郎善心子也。高宗将废
皇后王氏而立武昭仪，敬宗特赞成其计。

同书同卷李义府传略云：

李义府，瀛州饶阳人也。其祖为梓州射洪县丞，因家于
永泰。高宗将立武昭仪为皇后，义府尝密申协赞。

寅恪按，崔、许、李等虽赞成立武曌为皇后，然其位望决非徐世
勣之比，故武氏之得立，其主要原因实在世勣之赞助，其对高宗之言
旧史以为"依违"，其实乃积极之赞成也。盖当时无人不知高宗之欲
立武氏为后，但此事不能不取决于四大臣，世勣不施用否决权，而取
弃权之方略，则与积极赞成何异？世勣在当时为军事力量之代表，高
宗既得此助，自可不顾元舅无忌等关陇集团之反对，悍然行之。然则
武曌之得立为皇后乃决定于世勣之一言，而世勣所以不附和关陇集团
者，则以武氏与己身同属山东系统，自可不必反对也。

旧唐书六则天皇后纪云：

则天皇后武氏讳曌，并州文水人也。父士彟，隋大业
末为鹰扬府队正，高祖行军于汾晋，每休止其家。义旗初
起，从平京城。贞观中，累迁工部尚书、荆州都督，封应国
公。初，则天年十四，时太宗闻其美容止，召入宫，立为才
人。及太宗崩，遂为尼，居感业寺。大帝于寺见之，复召入
宫，拜昭仪。时皇后王氏、良娣萧氏频与武昭仪争宠，互谮

毁之，帝皆不纳，进号宸妃。永徽六年，废王皇后而立武宸妃为皇后，高宗称天皇，武后亦称天后。后素多智计，兼涉文史。帝自显庆已后，多苦风疾，百司表奏皆委天后详决，自此内辅国政数十年，威势与帝无异，当时称为二圣。

通鉴二○○唐高宗永徽六年冬十月乙卯条云：

> 百官上表请立中宫，乃下诏曰：武氏门着勋庸，地华缨黻，往以才行选入后庭。朕昔在储贰，特荷先慈，常得侍从，弗离朝夕，宫壶之内，恒自饬躬，嫔嫱之间，未曾迕目，圣情鉴悉，每垂赏叹，遂以武氏赐朕，事同政君。可立为皇后。

寅恪按，高宗此诏以武曌比于西汉"配元生成"之王政君，奸佞词臣之文笔固不可谓不妙，然欲盖弥彰，事极可笑，此文所不欲详及者也。此文所欲唤起读史者注意之一点，即此诏之发布在吾国中古史上为一转折点，盖西魏宇文泰所创立之系统至此而改易，宇文氏当日之狭隘局面已不适应唐代大帝国之情势，太宗以不世出之英杰，犹不免牵制于传统之范围，而有所拘忌。武曌则以关陇集团外之山东寒族，一旦攫取政权，久居洛阳，转移全国重心于山东，重进士词科之选举，拔取人才，遂破坏南北朝之贵族阶级，运输东南之财赋，以充实国防之力量诸端，（可参拙著唐代政治史述论稿及隋唐制度渊源略论稿有关诸章），皆吾国社会经济史上重大之措施，而开启后数百年以至千年后之世局者也。然此诸端轶出本文范围，可置不论，但就世人所喜言之武曌男宠私德一事略论之，以祛迷惑而资谭助于下：

李义山文集四纪宜都内人事云：

> 武后篡既久，颇放纵，耽内习，不敬宗庙，四方日有叛逆，防豫不暇。宜都内人以唾壶进，思有以谏。后坐帷

下，倚檀机，与语。问四方事，宜都内人曰：大家知古女卑于男耶？后曰：知。内人曰：古有女娲，亦不正是天子，佐伏羲理九州岛耳。后世娘姥有越出房阁断天下事者，皆不得其正，多是辅昏主，不然，抱小儿。独大家革天姓，改去钗钏，袭服冠冕，符瑞日至，大臣不敢动，真天子也。（中略）

大家始今日能屏去男妾，独立天下，则阳之刚元明烈可有矣。如是过万万世，男子益削，女子益专，妾之愿在此。后虽不能尽用，然即日下令诛作明堂者（寅恪按，此指薛怀义）。

旧唐书七八张行成传附易之传云：

天后令选美少年为左右奉宸供奉。右补阙朱敬则谏曰：臣闻志不可满，乐不可极。嗜欲之情，愚智皆同，贤者能节之，不使过度，则前圣格言也。陛下内宠，已有薛怀义、张易之、昌宗，固应足矣。近闻尚舍奉御柳谟自言子良宾洁白美须眉，左监门卫长史侯祥云：阳道壮伟，过于薛怀义，专欲自进，堪奉宸内供奉。无礼无仪，溢于朝听。臣愚职在谏诤，不敢不奏。则天劳之曰：非卿直言，朕不知此。赐彩百段。

据此，读史者须知武曌乃皇帝或女主，而非太后，既非太后，而是皇帝，则皇帝应具备之礼制，武曌亦当备有之，区区易之、昌宗、怀义等男宠，较之唐代之皇帝后宫人数犹为寡少也。否则朱敬则何以能昌言无忌讳，而武曌又何以公加赏慰，不自愧耻耶？世人又有疑武曌年事已高，何必畜此辈者，乃以史言为过甚，殊不知贺兰敏之亦且上烝其外祖母，亦即其祖母荣国夫人杨氏，计当时荣国之年龄必已五六十岁。荣国为武后之生母，以此例之，则武后所为何容置疑？且朱敬则疏中明言阳道壮伟是其确证，此事颇涉猥亵，不宜多及，然世之通达古今风俗变迁者，自可捐弃其拘墟之见也。

武后掌握政权，固不少重大过失，然在历史上实有进步之意义，盖北朝之局势由此而一变也。今以本文之限制，不能涉及其社会经济上之重大措施，只就武曌于政治方面最重要者，如混合李、武两家及维持其政治势力甚久之故两端论之如下：

旧唐书六则天皇后纪云：

> ［圣历二年］七月，上以春秋高，虑皇太子、相王与梁王武三思、定王武攸宁等不协，令立誓文于明堂。

大唐新语一匡赞篇略云：

> ［吉］顼曰：水土各一盆，有竞乎？则天曰：无。顼曰：和之为泥，有竞乎？则天曰：无。顼曰：分泥为佛，为天尊，有竞乎？则天曰：有。顼曰：臣亦以为有。窃以皇族外戚各有区分，岂不两安全耶？今陛下贵贱是非于其间，则居必竞之地。今皇太子万福，而三思等久已封建，陛下何以和之？臣知两不安矣。顼与张昌宗同供奉控鹤府，昌宗以贵宠，惧不全，计于顼。顼曰：天下思唐德久矣，主上春秋高，武氏诸王殊非所属意，公何不从容请复相王庐陵，以慰生人之望？昌宗乃乘间屡言之。几一岁，则天意乃易，既知顼之谋，乃召顼问。顼对曰：庐陵、相王皆陛下子，高宗初顾托于陛下，当有所注意。乃迎中宗。其兴复唐室，顼有力焉。睿宗登极，下诏曰：曩时王命中圮，人谋未辑，首陈反正之议，克创祈天之业，永怀忠烈，宁忘厥勋，可赠御史大夫。

寅恪按，武曌以己身所生之李氏子孙与武氏近亲混合为一体，观前所引唐会要公主门所载，亦是一例，此吉顼所谓水土和为泥者也。

明乎此，则知神龙之复辟不能彻底，亦不必彻底，虽以狄仁杰之忠义，只可采用温和手段，张柬之等亦只能诬指张易之、昌宗为谋逆，挟持中宗以成事，而中宗后觉其有贪功迫母之嫌，柬之等遂初为功臣后作罪人也。据新唐书一一五狄仁杰传（参旧唐书八九狄仁杰传、新唐书一二〇张柬之传）略云：

> 张易之尝从容问自安计，仁杰曰：惟劝迎庐陵王可以免祸。会后欲以武三思为太子，以问宰相，众莫敢对。仁杰曰：臣观天人，未厌唐德。今欲继统，非庐陵王莫可。后怒，罢议。久之，召谓曰：朕数梦双陆不胜，何也？于是，仁杰与王方庆俱在，二人同辞对曰：双陆不胜，无子也。天其意者以儆陛下乎？且太子，天下本，本一摇，天下危矣。文皇帝身蹈锋镝，勤劳而有天下，传之子孙。先帝寝疾，诏陛下监国。陛下掩神器而取之，十有余年，又欲以三思为后。且姑侄与母子孰亲？陛下立庐陵王，则千秋万岁后常享宗庙，三思立，庙不祔姑。后感悟，即日遣徐彦伯迎庐陵王于房州。王至，后匿王帐中，召见仁杰，语庐陵事。仁杰敷请切至，涕下不能止。后乃使王出曰：还尔太子。仁杰降拜顿首曰：太子归，未有知者，人言纷纷，何所信？后然之，更令太子舍龙门，具礼迎还，中外大悦。初，吉顼、李昭德数请还太子，而后意不回，唯仁杰每以母子天性为言，后虽忮忍，不能无感，故卒复唐嗣。仁杰所荐进，若张柬之、桓彦范、敬晖、姚崇等，皆为中兴名臣。

旧唐书九一桓彦范传（新唐书一二十桓彦范传同，并参旧唐书一八七上，新唐书一九一忠义传王同皎传）略云：

> ［张］柬之遽引彦范及［敬］晖并为左右羽林将军，委以禁兵，共图其事。时皇太子每于北门起居，彦范与晖因得

谒见，密陈其计，太子从之。神龙元年正月，彦范与敬晖及左羽林将军李湛、李多祚，右羽林将军杨元琰、左威卫将军薛思行等，率左右羽林兵及千骑五百余人，讨〔张〕易之、昌宗于宫中，令李湛、李多祚就东宫迎皇太子，兵至玄武门，彦范等奉太子斩关而入。时则天在迎仙宫之集仙殿。斩易之、昌宗于廊下。明日，太子即位。

旧唐书一〇九李多祚传（新唐书一一〇李多祚传同）略云：

李多祚，代为靺鞨酋长。少以军功历位右羽林军大将军，前后掌禁兵，北门宿卫二十余年。神龙初，张柬之将诛张易之兄弟，引多祚筹其事，谓曰：将军在北门几年？曰：三十年矣。柬之曰：将军位极武臣，岂非大帝之恩乎？曰：然。又曰：既感大帝殊泽，能有报乎？

大帝之子见在东宫，逆竖张易之兄弟擅权，朝夕危逼。诚能报恩，正属今日。多祚曰：苟缘王室，唯相公所使。遂与柬之等定谋诛易之兄弟。

旧唐书一八六上酷吏传吉顼传略云：

初，中宗未立为皇太子时，〔张〕易之、昌宗尝密问顼自安之策。顼云：公兄弟承恩既深，非有大功于天下，则不全矣。今天下士庶咸思李家，庐陵既在房州，相王又在幽闭，主上春秋既高，须有付托。武氏诸王，殊非属意。明公若能从容请建立庐陵及相王，以副生人之望，岂止转祸为福，必长享茅土之重矣。易之然其言，遂承间奏请。则天知顼首谋，召而问之。顼曰：庐陵王及相王，皆陛下之子，先帝顾托于陛下，当有主意，唯陛下裁之。则天意乃定。顼既得罪，时无知者。睿宗即位，左右发明其事，乃下制赠左御史台大夫。

通鉴二一六玄宗天宝九载十月条（参新唐书一〇四张行成传附易之传）云：

> 杨钊，张易之之甥也，奏乞昭雪易之兄弟。庚辰，制引易之兄弟迎中宗于房陵之功，复其官爵，仍赐一子官。钊以图谶有金刀，请更名。上赐名国忠。

通鉴二〇八唐中宗神龙元年五月以侍中敬晖为平阳王条考异云：

> 统纪曰：太后善自粉饰，虽子孙在侧，不觉其衰老。及在上阳宫，不复栉颒，形容羸悴。上入见，大惊。太后泣曰：我自房陵迎汝来，固以天下授汝矣，而五贼贪功，惊我至此。上悲泣不自胜，伏地拜谢死罪。由是三思等得入其谋。按，中宗顽鄙不仁，太后虽毁容涕泣，未必能感动移其志，其所以疏忌五王，自用韦后、三思之言耳。今不取。

寅恪按，中宗之复辟实由张易之之力，睿、玄两朝制诏可为明证，五王贪功之讥恐难自解，故武后一言，而中宗顿悟，温公作史，转不置信，殊失是非之公，不可从也。至李多祚本为武人，出自外族，忠而无识，易于受欺，可为叹息。总之，在李、武集团混合已成之后，当时谋复唐室者舍用狄仁杰解铃者即系铃者之策略外，别无他途，而最有资格进言于武后之人亦舍张易之等外，更别无他辈，此当日事势所必致，然读史者多忽视之，故特为标出如此。

兹请续论武后政治势力所以久而不衰之故，盖混合李、武两家为一体，已令忠于李者亦甚难不忠于武矣。又拔取人才，使甚感激，为之效力，当日中国舍此辈才智之士外，别无其他可用之人，此辈才智之士得用于世，则感其知赏之殊遇，而武氏之政治势力亦因得以延长也。李相国论事集陆上言须惜官条（参新唐书一五二李绛传）云：

> 天后朝命官猥多，当时有车载斗量之语，及开元中，致
> 朝廷赫赫有名望事绩者，多是天后所进之人。

旧唐书一三九陆贽传（参陆宣公奏议）略云：

> 贽论奏曰：往者则天太后践祚临朝，欲收人心，尤务拔
> 擢，弘委任之意，开汲引之门，进用不疑，求访无倦，非但
> 人得荐士，亦许自举其才。所荐必行，所举辄试，其于选士
> 之道，岂不伤于容易哉！而课责既严，进退皆速，不肖者旋
> 黜，才能者骤升，是以当代谓知人之明，累朝赖多士之用。
> 此乃近于求才贵广，考课贵精之效也。

新唐书一二四姚崇传（参旧唐书九六姚崇传）略云：

> 张易之私有请于崇，崇不纳，易之谮于〔武〕后，降司
> 仆卿，犹同凤阁鸾台三品。出为灵武道大总管。张柬之等谋
> 诛二张（易之、昌宗），崇适自屯所还，遂参计议。以功封
> 梁县侯。后迁上阳宫，中宗率百官起居，王公更相庆，崇独
> 流涕。柬之等曰：今岂涕泣时邪？恐公祸由此始。崇曰：比
> 与讨逆，不足以语功。然事天后久，违旧主而泣，人臣终节
> 也，由此获罪，甘心焉。俄为亳州刺史。后五王被害，而崇
> 独免。张说以素憾，讽赵彦昭劾崇，及当国，说惧，潜诣岐
> 王〔范〕申款。崇它日朝，众趋出，崇曳踵为有疾状。帝
> （玄宗）召问之，对曰：臣损足。曰：无甚痛乎？曰：臣心
> 有忧，痛不在足。问以故，曰：岐王陛下爱弟，张说辅臣，
> 而密乘车出入王家，恐为所误，故忧之。于是出说相州。

据此，武氏之政治势力至玄宗朝而不稍衰歇，姚崇、张说虽为政敌，然皆武氏之党，不过有派别之分耳，李绛、陆贽之言殊可信也。

武曌所组织之统治集团内既有派别，则自中宗神龙初至玄宗先天末，其间唐代中央数次政变之情势可以了然。韦后、安乐公主等一派与太平公主、玄宗等一派相争，前派败而后派胜，此固武曌组织之大集团内派别之争也。即太平公主等与玄宗等之争，则此一派中又分为两派，自相竞争，而有胜败也。其分别虽多，要为此大集团内之竞争。至若重俊之举兵，乃以局外之孤军，而与此大集团决斗，强弱悬殊，宜其失败也。

兹引有关史料于下：

旧唐书五一后妃传上中宗韦庶人传（新唐书七六后妃传上韦皇后传同，并参考旧唐书一八三、新唐书二〇六外戚传韦温传）略云：

> 时侍中敬晖谋去诸武，武三思患之，乃结上官氏以为援，因得幸于后，潜入宫中谋议。于是三思骄横用事，敬晖、王同皎相次夷灭，天下咸归咎于后。帝（中宗）遇毒暴崩，后惧，秘不发丧，定策立温王重茂为皇太子，召诸府兵五万人屯京城，分为左右营，然后发丧。
>
> 少帝即位，尊后为皇太后，临朝摄政，韦温总知内外兵马，守援宫掖，驸马韦捷、韦灌分掌左右屯营，武延秀及温从子播、族弟璿、外甥高嵩共典左右羽林军及飞骑、万骑。播、璿欲先树威严，拜官日先鞭万骑数人，众皆怨，不为之用。临淄王（玄宗）率薛崇简、钟绍京、刘幽求领万骑入自玄武门，至左羽林军，斩将军韦璿、韦播及中郎将高嵩于寝帐，遂斩关而入，至太极殿。后惶骇遁入殿前飞骑营，为乱兵所杀。

同书八六节愍太子重俊传（新唐书八一节愍太子重俊传同）略云：

时武三思得幸中宫，深忌重俊。三思子崇训尚安乐公主，常教公主凌忽重俊，以其非韦氏所生，常呼之为奴。或劝公主请废重俊为王，自立为皇太女，重俊不胜忿恨。[神龙]三年七月，[重俊]率左羽林大将军李多祚等矫制发左右羽林兵及千骑三百余人，杀[武]三思及[武]崇训于其第。又令左金吾大将军成王千里分兵守宫城诸门，自率兵趋肃章门，斩关而入，求韦庶人及安乐公主所在。韦庶人及安乐公主遽拥帝（中宗）驰赴玄武门楼，召左羽林将军刘景仁等，令率留军飞骑及百余人于楼下列守。俄而多祚等兵至，欲突玄武门楼，宿卫者拒之，不得进。帝据槛呼多祚等所将千骑，谓曰：汝等并是我爪牙，何故作逆？若能归顺，斩多祚等，与汝富贵。于是千骑王欢喜等倒戈，斩多祚等于楼下，余党遂溃散。

新唐书八三诸公主传略云：

　　安乐公主，[中宗]最幼女。[韦后所生，]后尤爱之。下嫁武崇训。帝（中宗）复位，光艳动天下，侯王柄臣多出其门。请为皇太女，左仆射魏元忠谏不可。主曰：元忠，山东木强，乌足论国事？

　　"阿武子"尚为天子，天子女有不可乎？崇训死。主素与武延秀乱，即嫁之。临淄王（玄宗）诛[韦]庶人，主方览镜作眉，闻乱，走至右延明门，兵及，斩其首。

又略云：

　　太平公主，则天皇后所生。帝（高宗）择薛绍尚之。绍死，更嫁武承嗣，会承嗣小疾，罢婚，后杀武攸暨妻，以配主。韦后、上官昭容用事，自以谋出主下远甚，惮之。玄宗将诛韦氏，主与秘计，遣子崇简从。事定，将立相王，未有以发其端者。主乃入见［温］王曰：天下事归相王（睿宗），此非儿所坐。乃披王下，取乘舆服进睿宗。

睿宗即位，主权由此震天下。玄宗以太子监国，使宋王［宪］、岐王［范］总禁兵。主恚权分，乘辇至光范门，召宰相，白废太子。时宰相七人，五出主门下。又左羽林大将军常元楷、知羽林军李慈皆私谒主。主内忌太子明，又宰相皆其党，乃有逆谋。太子得其奸，前一日，率高力士叩虔化门，枭元楷、慈于北阙下，执［宰相岑］义、［萧］至忠至朝堂，斩之。主闻变，亡入南山，三日乃出，赐死于第。

旧唐书八玄宗纪上（新唐书五玄宗纪及通鉴二〇九景云元年六月条同）略云：

［唐隆元年六月］庚子夜，［上］率［刘］幽求等数十人自苑南入，总监钟绍京又率丁匠百余以从。分遣万骑往玄武门，杀羽林将军韦播、高嵩，持首而至，众欢叫大集。攻白兽、玄德等门，斩关而进，左万骑自左入，右万骑自右入，合于凌烟殿前。时太极殿前有宿卫梓宫万骑，闻噪声，皆披甲应之。韦庶人惶惑走入飞骑营，为乱兵所害。

同书一〇六王毛仲传（新唐书一二一王毛仲传同）云：

［景龙］四年六月，中宗遇弑，韦后称制，令韦播、高嵩为羽林将军，令押千骑营（寅恪按，通鉴"千"作"万"，是，盖中宗已改千骑为万骑矣，温公之精密有如是者），榜棰以取威。其营长葛福顺、陈玄礼等相与见玄宗诉冤，会玄宗已与刘幽求、麻嗣宗、薛崇简等谋举大计，相顾益欢，令幽求讽之，皆愿决死从命。及二十日夜，玄宗入苑中。乙

夜，福顺等至，玄宗曰：与公等除大逆，安社稷，各取富贵，在于俄顷，何以取信？福顺等请号而行，斯须斩韦播、韦璇、高嵩等头来，玄宗举火视之。又召钟绍京领总监丁匠刀锯百人至，因斩关而入，后及安乐公主等皆为乱兵所杀。

寅恪按，韦氏在此集团内竞争之失败，其主因自在韦后、安乐公主等之无能力所致，盖武曌拔取之人才皆不为之用故也。韦氏败后，当时此等人才及其他非武曌所拔取，而以趋附势利，成为武氏之党者，又分属于太平公主及玄宗两派，玄宗派如姚崇、宋璟等较太平公主派如岑羲、萧至忠等才略为优，故玄宗胜而太平公主败。然此两派亦皆与武曌有直接或间接之关系者。其中有最可注意之人，即是高力士，此人潜身宫禁，实为武氏政治势力之维持者，盖与玄宗一生之政治生活发生密切关系，殆有过于专任之宰臣或镇将者，因文武大臣之任用只限于外朝及边境，且任用期间亦不及力士之长久也。

玄宗政权自来分为开元、天宝两时期，以先天时期甚短，且此时期玄宗尚未能完全行使其政权之故。开元时如姚崇、宋璟、张说、张九龄等先后任将相，此诸人皆为武曌所拔用，故亦皆是武氏之党，固不待论。即天宝时最有实权之宰相，先为李林甫，后为杨国忠，此二人之任用实与力士有直接或间接之关系，故亦不可谓不与武氏有关系也。此武氏政治势力自高宗初年至玄宗末年虽经神龙之复辟，而历久不衰之主因，力士在玄宗朝其地位重要亦可以推知矣。兹引旧史及其他有关材料，略论之于下：

旧唐书一八四宦官传高力士传略云：

内官高延福收为假子，延福出自武三思家，力士遂往来三思第。则天召入禁中。

同书一〇六李林甫传略云：

武惠妃爱倾后宫，二子寿王、盛王以母爱特见宠异，太子瑛益疏薄。林甫多与中贵人善，乃因中官干惠妃云：愿保护寿王。惠妃德之。初，侍中裴光庭妻武三思女，诡谲有才略，与林甫私。中官高力士本出三思家，及光庭卒，武氏衔哀，祈于力士，请林甫代其夫位，力士未敢言。玄宗使中书令萧嵩择相，嵩久之以右丞韩休对，玄宗然之，乃令草诏。力士遽漏于武氏，乃令林甫白休。休既入相，甚德林甫，与嵩不和，乃荐林甫堪为宰相，惠妃阴助之，因拜黄门侍郎。〔开元二十三年〕为礼部尚书、同中书门下三品。

唐会要三皇后门（参通鉴二一三开元十四年上欲以武惠妃为皇后条考异）略云：

〔玄宗贞顺〕皇后武氏，恒安王攸止女。攸止卒后，后尚幼，随例入宫。及王皇后废，赐号惠妃，宫中礼秩一同皇后。初，〔开元〕十四年四月，侍御史潘好礼闻上欲以惠妃为皇后，进疏谏曰：臣闻礼记曰：父母之仇不可共戴天。公羊传曰：子不复父仇，不子也。陛下岂得欲以武氏为国母，当何以见天下之人乎？不亦取笑于天下乎？

又，惠妃再从叔三思、再从父延秀等，并干乱朝纲，递窥神器，豺狼同穴，枭獍同林。至如恶木垂阴，志士不息，盗泉飞溢，正夫莫饮，良有旨哉。伏愿陛下慎择华族之女，必在礼义之家。且惠妃本是左右执巾栉者也，不当参立之。又见人间盛言，尚书左丞相张说自被停知政事之后，每谄附惠妃，诱荡上心，欲取立后之功，更图入相之计。

且太子本非惠妃所生，惠妃复自有子，若惠妃一登宸极，则储位实恐不安。臣职参宪府，感激怀愤，陛下留神省察。（苏冕驳曰：此表非潘好礼所作。且好礼，先天元年为侍御史，开元十二年为温州刺史致仕。表是十四年献，而云"职参宪府"，若题年恐错，即武惠妃先天元年始年十四，王皇后有宠未衰，张说又未为右丞相，竟未知此表是谁献之。）

寅恪按，李林甫为天宝前期政治之中心人物，其所以能致是者，则由于高力士、武惠妃之助力，此亦玄宗用人行政深受武氏影响之明证，而武氏政治势力至是犹未衰歇，可以想见也。复次，肃宗之得立为太子当亦与武氏之党有关。不过与当日武氏政治势力之中心未能发生特别关系，所以皇位继承权亦不甚稳固，后来灵武内禅之举恐亦非得已也。据旧唐书五二后妃传下玄宗元献皇后传（参次柳氏旧闻中第一事）略云：

> 玄宗元献皇后杨氏，弘农华阴人。曾祖士达，天授中，以则天母族，追封士达为郑王。后景云元年八月，选入太子宫。时太平公主用事，尤忌东宫。宫中左右持两端，而潜附太平者必阴伺察，事虽纤芥，皆闻于上，太子心不自安。后时方娠，太子密谓张说曰：用事者不欲吾多息胤，恐祸及此妇人，其如之何？密令说怀去胎药而入。太子于曲室躬自煮药，醺然似寐，梦神人覆鼎。既寤如梦，如是者三。
> 太子异之，告说。说曰：天命也，无宜他虑。既而太平诛，后果生肃宗。开元中，肃宗为忠王，后为妃，又生宁亲公主。张说以旧恩特承宠异，说亦奇忠王仪表，必知运历所钟，故宁亲公主降说子垍。开元十七年后薨。

可知肃宗母为武曌外家，张说复为武氏之党，此其所以终能立为太子，而又因其关系不及武惠妃诸子与武氏关系之深切，所以虽在储位，常危疑不安也。

天宝后期中央之政权在杨国忠之手，而国忠之进用全由于杨贵妃之专宠，此为不待考辨之事。今所欲论者，止贵妃何以入宫之问题而已。略录有关史料于下：

新唐书柒陆后妃传上杨贵妃传（参旧唐书伍壹后妃传上玄宗杨贵妃传）略云：

> 玄宗贵妃杨氏，隋梁郡通守汪四世孙。徙籍蒲州，遂为永乐人。
>
> 始为寿王妃。开元二十四（寅恪按，四应作五，详见拙著元白诗笺证稿长恨歌章）年，武惠妃薨，后廷无当帝意者。或言妃资质天挺，宜充掖庭，遂召内禁中，异之，即为自出妃意者，丐藉女官，号"太真"，更为寿王聘韦昭训女，而太真得幸，遂专房宴，宫中号"娘子"，仪体与皇后等。天宝初，进册贵妃。

白氏长庆集一二长恨歌传略云：

> 玄宗在位岁久，倦于旰食宵衣，政无小大始委于右丞相（李林甫），深居游宴，以声色自娱。先是，元献皇后、武淑妃（即武惠妃）皆有宠，相次即世，宫中虽良家子千数，无可悦目者，上心忽忽不乐。（中略）诏高力士潜搜外宫，得弘农杨玄琰女于寿邸。

杨太真外传上（参拙著元白诗笺证稿长恨歌章）云：

> 开元二十二年十一月［杨妃］归于寿邸。二十八年十月玄宗幸温泉宫，使高力士取杨氏女于寿邸，度为女道士，号"太真"，住内太真宫。天宝四载七月，册左卫中郎将韦昭训女配寿邸。是月于凤凰园册太真宫女道士杨氏为贵妃。

据此，杨贵妃为武惠妃之代替人，所谓"娘子"者，即今世俗"太太"之称，盖以皇后视之。若贵妃死于安禄山乱前，玄宗必追赠为皇后，如武惠妃之例也。又贵妃之入宫，乃由高力士之搜拔，观前引后妃公主诸史料，知唐皇室之婚姻与此集团有密切关系，此集团为武曌所组成，高力士为武氏死党，其所搜拔自不出于此集团之外，可以无疑。据新唐书七一下宰相世系表杨氏条云：

> 太尉震，子奉，八世孙结，二子：珍，继，至顺，徙居
> 河中永乐。

杨贵妃即出此房，此房虽非武曌外家近属，然就贵妃曾选为寿王妃一点观之，知其亦属于此大集团，不过为距核心较远之外围人物耳。世人往往以贵妃之色艺为当时大唐帝国数千万女性之冠，鄙意尚有疑问，但其为此集团中色艺无双之人，则可断言，盖力士搜拔之范围原有限制，而玄宗亦为武党所包围蒙蔽故也。

综括言之，此一集团武曌创组于大帝之初，杨玉环结束于明皇之末者也。唐代自高宗至玄宗为文治武功极盛之世，即此集团居最高统治地位之时，安禄山乱起，李唐中央政府已失统治全国之能力，而此集团之势力亦衰竭矣。故研究唐之盛世者不可不研究此集团，特为论述其组成及变迁之概略，以供治吾国中古史者之参考。

论唐代之蕃将与府兵

　　唐代武功自开国至玄宗为最盛时代。此时期之兵力可分为蕃将及府兵两类。其关于府兵者，寅恪已于拙著隋唐制度渊源略论稿兵制章述其概要，然只限于府兵创设及初期与后期不同诸点，其他未遑多及。至于蕃将，则世之读史者，仅知蕃将与唐代武功有密切重要关系，而不知其前期之蕃将与后期之蕃将亦大有分别在也。今请先论李唐开国之初至玄宗时代之蕃将。玄宗后之蕃将问题，则本文姑不涉及。次论李唐开国之初至玄宗时代之府兵，而专就太宗、武后、玄宗三人关于此两种武力组织之政策，略加论辨，或可供治唐史者之参考欤？

　　唐之开国，其兵力本兼府兵、蕃将两类，世人习见唐承西魏、北周、隋代之后，太宗之武功又照耀千古，遂误认太宗之用兵其主力所在，实为府兵，此大谬不然者也。兹举一例，证成鄙说于下：

　　贞观政要二纳谏篇略云：

　　　　右仆射封德彝等，并欲中男十八已上，简点入军。敕三四出，［魏］徵执奏，以为不可。德彝重奏：今见简点者云，次男内大有壮者。太宗怒，乃出敕：中男以上，虽未十八，身形壮大，亦取。徵又不从，不肯署敕。徵曰："且比年国家卫士，不堪攻战。岂为其少？但为礼遇失所，遂使人无斗心。"

通鉴一九二武德九年十二月上遣使点兵条胡注云：

> 唐制，民年十六为中男，十八始成丁，二十一为丁，充力役。

寅恪按，魏徵所谓"国家卫士"即指府兵而言。盖府兵之制，更番宿卫。故称之为"卫士"也。由此可知武德之世，即李唐开国之时代，其府兵实"不堪攻战"也。然则此时期太宗频年用兵，内安外攘。高宗继之，武功之盛，照耀史乘。其所用之兵，主力部分必非"不堪攻战"之府兵。既非府兵，其主力果为何种兵耶？治史者习知唐代之蕃将关系重要，故新唐书特为蕃将立一专传。兹择其最有关者节录之，并略附旧唐书西戎传有关之文如下：

新唐书壹壹拾诸夷蕃将传略云：

> 史大奈，本西突厥特勒（勤）也。与处罗可汗入隋，事炀帝，从伐辽。后分其部于楼烦。高祖兴太原，大奈提其众隶麾下。桑显和战饮马泉，诸军却。大奈以劲骑数百，背击显和，破之。军遂振。从平长安，赐姓史。从秦王平薛举、王世充、窦建德、刘黑闼。

> 阿史那社尔，突厥处罗可汗之次子。［贞观］十四年，以交河道行军总管平高昌，封毕国公。从征辽东，所部奋厉，皆有功。二十一年，以昆丘道行军大总管与契苾何力、郭孝恪、杨弘礼、李海岸等五将军发铁勒十三部及突厥骑

十万讨龟兹。

执失思力，突厥酋长也。及讨辽东，诏思力屯金山道，领突厥扞薛延陀。复从江夏王道宗破延陀余众。与平吐谷浑。

契苾何力，铁勒哥论易勿施莫贺可汗之孙。[贞观]九年，与李大亮、薛万彻、万均讨吐谷浑于赤水川。十四年，为葱山道副大总管，与讨高昌，平之。永徽中，西突厥阿史那贺鲁叛。诏何力为弓月道大总管，率左武卫大将军梁建方，统秦、成、岐、雍及燕然都护回纥兵八万讨之。

黑齿常之，百济西部人。仪凤三年，从李敬玄、刘审礼击吐蕃。调露中，吐蕃使赞婆等入寇，屯良非川。常之引精骑三千夜袭其军，即拜河源道经略大使。凡莅军七年，吐蕃憺畏，不敢盗边。垂拱中，突厥复犯塞，常之率兵追击，至两井。贼夜遁。久之，为燕然道大总管，与李多祚、王元言等击突厥骨咄禄、元珍于黄花堆，破之。

李谨行，靺鞨人。父突地稽，部酋长也。隋末，率其属千余内附，居营州。刘黑闼叛，突地稽身到定州，上书秦王，请节度。以战功封耆国公。徙部居昌平。高开道以突厥兵攻幽州，突地稽邀击，败之。贞观初，赐氏李。

旧唐书一九八吐谷浑传略云：

贞观九年，诏特进李靖为西海道行军大总管，并突厥、契苾之众以击之。

同书同卷高昌传略云：

[贞观十四年]太宗乃命吏部尚书侯君集为交河道大总管，率左屯卫大将军薛万均及突厥、契苾之众，步骑数万众以击之。

寅恪按，观上引史料，固知太宗以府兵"不堪攻战"，而以蕃将为其武力之主要部分矣。但详绎史文，则贞观四年破灭突厥颉利可汗之前，其蕃将如史大奈、突地稽等以外，亦未见太宗有何重用蕃将之事。然则贞观四年以前，太宗对内对外诸战争，究用何种兵力，以补救其"不堪攻战"之府兵耶？寅恪尝拟此问题之答案，即太宗未大用蕃将以前，其主要兵力实寄托于所谓"山东豪杰"集团。至"山东豪杰"与唐代初期之重要关系，寅恪已于拙著论隋末唐初所谓"山东豪杰"一文详言之，故不赘论。读者可取参阅也。

治唐史者习知唐之用蕃将矣。然似未能辨唐代初期即太宗、高宗之用蕃将，与后来玄宗之用蕃将有重要之区别。盖此两期为唐代武功最盛时代，而蕃将又多建战功。若笼统含混，视为同一，则于史事之真相及太宗、玄宗之用心，皆不能了知。请举一例以证明之。

旧唐书一百六李林甫传云：

> 国家武德、贞观以来，蕃将如阿史那社尔、契苾何力，忠孝有才略，亦不专委大将之任，多以重臣领使以制之。开元中，张嘉贞、王晙、张说、萧嵩、杜暹皆以节度使入知政事。林甫固位，志欲杜出将入相之源。尝奏曰：文士为将，怯当矢石，不如用寒族、蕃人。蕃人善战有勇。寒族即无党援。帝以为然，乃用［安］思顺代林甫领［朔方节度］使。自是高仙芝、哥舒翰皆专任大将。林甫利其不识文字，无入相由。然而禄山竟为乱阶，由专得大将之任故也。

据此，可知太宗所任之蕃将为部落酋长，而玄宗所任之蕃将乃寒族胡人。太宗起兵太原，与突厥酋长结"香火盟"，谊同骨肉。若自突厥方面观之，则太宗亦是与突厥同一部之酋长，所谓"特勤"之类也。此点寅恪于拙著论唐高祖称臣于突厥事一文中详证之。兹不赘论。太宗既任部落之酋长为将帅，则此部落之酋长必率领其部下之胡人，同为太宗效力。功业成后，则此酋长及其部落亦造成一种特殊势力。如唐代中世以后藩镇之比。至若东突厥败亡后而又复兴，至默啜遂并吞东西两突厥之领土，而建立一大帝国，为中国大患。历数十年，至玄宗初期，以失政内乱，遂自崩溃。此贞观以来任用胡族部落酋长为将领之覆辙，宜玄宗以之为殷鉴者也。职此之故，玄宗之重用安禄山，其主因实以其为杂种贱胡。（详见拙著唐代政治史述论稿上篇。）哥舒翰则其先世虽为突厥部落酋长，然至翰之身，已不统领部落，失其酋长之资格，不异于寒族之蕃人。是以玄宗亦视之与安禄山相等，而不虑其变叛，如前此复兴东突厥诸酋长之所为也。由是言之，太宗之用蕃将，乃用此蕃将及其所统之同一部落。玄宗之用蕃将，乃用此蕃将及其统领之诸种不同之部落也。太宗、玄宗任用蕃将之类别虽不同，而有任用蕃将之必要则相等。蕃将之所以被视为重要者，在其部落之组织及骑射之技术。兹请先言其骑射之技术如下：

新唐书五十兵志略云：

> 唐之初起，得突厥马二千匹，又得隋马三千于赤岸泽，徙之陇右，监牧之制始于此。初，用太仆少卿张万岁领群牧。自贞观至麟德四十年间，马七十万六千。方其时，天下以一缣易一马。万岁掌马久，恩信行于陇右。自万岁失职，马政颇废。永隆中，夏州牧马之死失者十八万四千九百九十。开元初，国马益耗。太常少卿姜晦乃请以空名告身市马于六胡州，率三十匹输一游击将军。命王毛仲领内外闲厩。毛仲既领闲厩，马稍稍复，始二十四万。至十三年，乃四十三万。其后突厥款塞，玄宗厚抚之。岁许朔方军西受降城为互市，以金帛市马，于河东、朔方、陇右牧之。既杂胡种，马乃益壮。议谓秦、汉以来，唐马最盛。〔天宝〕十三载，陇右群牧都使奏，马三十二万五千七百。安禄山以内外闲厩都使兼知楼烦监，阴选胜甲马归范阳，故其兵力倾天下。

寅恪按，骑马之技术本由胡人发明。其在军队中有侦察敌情及冲陷敌阵两种最大功用。实兼今日飞机、坦克二者之效力，不仅骑兵运动迅速灵便，远胜于部卒也。中国马种不如胡马优良。汉武帝之求良马，史乘记载甚详，后世论之者亦多，兹不赘述。即就上引史料观之，则唐代之武功亦与胡地出生之马及汉地杂有胡种之马有密切关系，自无待言。至弓矢之用，若不与骑马配合，则仅能防守，而不能进攻，只可处于被动之地位，而无以发挥主动进攻之效用。故言射而不言骑，则只得军事技术之一面。若骑射并论，自必师法胡人，改畜胡种之马，且任胡人血统之人主持牧政。此必然之理，必致之势。今所存唐代马政之史料虽众，要不出此范围也。

至军队组织，则胡人小单位部落中，其酋长即父兄，任将领。其部众即子弟，任兵卒。即本为血胤之结合，故情谊相通，利害与共。远较一般汉人以将领空名，而统率素不亲切之士卒者为优胜。此点以寅恪之浅陋，唯见宋吕颐浩所论，最得其要领（四库珍本忠穆集一上边御十策）。读者可于吕文详究之也。

玄宗所用蕃将为寒族胡人，如安禄山等。与太宗所用蕃将为部落酋长，如阿史那社尔等。两者既大不相同矣。或疑寒族胡人以非酋长之故，无与之相同血胤部卒可统率，其所领士兵，亦将同于汉将所领者不异，则蕃将虽长于骑射之技，而部队却失去组织严整之效，何以玄宗必用蕃人为大将耶？应之曰，玄宗所用蕃将，其本身虽非酋长，无直接之部属，但其人则可统率其他诸不同胡族之部落。质言之，即是一诸不同胡族部落之最高统帅。盖玄宗时默啜帝国崩溃后，诸不同胡族之小部落纷杂散居于中国边境，或渐入内地。安禄山以杂种胡人之故，善于抚绥诸胡种，且其武力实以同一血统之部落为单位，如并吞阿布思之同罗部落及畜义子为"曳落河"，即收养诸杂类勇壮之人，编成军队，而视为同一血统之部落。职此之故，其人数必非寡少。通鉴二一六玄宗天宝十载述安禄山收养"曳落河"八千余人事。

司马君实于其所著考异中以养子必无八千之数，而疑姚汝能之说为不合，则殊未解胡人部落之制也。此种方法后来安史余党胡化汉人田承嗣辈亦遵依之，遂创启唐末五代之"衙兵"，或唐人小说红线故事中所谓"外宅男"者是也（详见姚汝能安禄山事迹上新唐书二二五上安禄山传及拙著唐代政治史述论稿上篇）。上述安禄山及其余党所为皆足为例证。故玄宗之用蕃将，除用其骑射之技外，更兼取其部落组织严整之长。此点实与太宗用蕃将之心理未尝有别也。

太宗之时，府兵虽"不堪攻战"，但亦未致全部废弛之阶段。太宗一方面权用蕃将，以补府兵之缺点，一方面仍竭力增加及整顿府兵，以期恢复府兵盛时之原状。故太宗时之武功，固以蕃将部落为主力，然太宗贞观以后，至于玄宗之世，府兵于逐渐衰废之过程中，仍有杰出之人才，并收攻战之效用。观后引史传，可以证知也。唯唐代河北设置府兵问题为治唐史者所亟待解决者，近时颇有不同之论，兹略述鄙见于下：

玉海一三八兵制门唐府兵条引唐会要云：

> 关内置府二百六十一，精兵士二十六万，举关中之众以临四方。又折冲府二百八十（此是贞观十年事），通计旧府六百三十三。河东道府额亚于关中。河北之地人多壮勇，故不置府。其诸道亦置。

玉海一三八兵制门引邺侯家传云：

> 玄宗时，奚、契丹两蕃强盛，数寇河北诸州，不置府兵番上，以备两蕃。

寅恪按，邺侯家传无传世完本，唯可据通鉴及玉海诸书引述者，加以论释。虽其中颇多误失，如言唐玄宗时禁军已有六军之类，寅恪亦尝征引前人旧说及鄙意辨正之矣（见拙著元白诗笺证稿长恨歌章）。但关于河北初不置折冲府事，则鄙意以为甚得当时情势之实，虽有时代差错，而无文字之讹误也。近日谷霁光君于其所著唐折冲府考校补

（在二十五史补编）论邺侯家传纪此事文字有误，其言云：

> 上引一段事实，多不可通解。如"不置府兵，以备两
> 蕃"一句，语意不相属，既谓之不置府兵，何云"番上"，
> 更何云"备蕃"。此其一。两蕃入寇，与不置府兵文义亦自
> 相违。此其二。末又指出兵府总数，不记年代，易于混乱。
> 此其三。综观全传，不应致此。余疑"不"字乃"又"字之
> 误。如将"不置府兵"易为"又置府兵"，则文义连属，于
> 史实亦不背谬。

寅恪按，若上引史料中"不"字果为"又"字之误，则新唐书
三九地理志河北道幽州大都督府条云：

> 有府十四，曰吕平、涿城、德闻、潞城、乐上、清化、
> 洪源、良乡、开福、政和、停骖、柘河、良杜、咸宁。

是此等河北道之折冲府皆非玄宗以前所设置者。但据陆增祥《八
琼室金石补正》四六本愿寺僧庆善等造幢题名（第五面下载长安三年
乞留检校令裴琳记在获鹿本愿寺）云：

> 应天神龙皇帝（中宗）顺天翊圣皇后（韦后）幢主昭武
> 校尉右屯卫前檀州密云府左果毅都尉上柱国孙义元。

杨盈川集六后周明威将军梁公神道碑云：

> 天授元年九月十六日加威武将军，守左玉钤卫翊善府折
> 冲都尉。

罗振玉唐折冲府考补云：

河北道怀州翊善（劳补）。

唐书经籍志："授怀州翊善府别将。"玉案，劳氏据杨炯撰梁待宾神道碑补此府，不知何属？据志，知属怀州。

则知武则天、中宗之时河北道实已设置折冲府矣。唐高祖以刘黑闼重反之故，竟欲尽杀河北丁壮，以空其地（详见拙著论隋末唐初所谓"山东豪杰"）。盖河北之人以豪强著称，实为关陇集团之李唐皇室所最忌惮。故太宗虽增置兵府，而不于河北之地设置折冲府者，即因于此。此玉海引唐会要所谓"河北之地，人多壮勇，故不置府。其诸道亦置"者也。至武则天以山东寒族攫取政权之后，转移全国之重心于洛阳，即旧唐书六则天皇后纪所云：

[载初二年]七月，徙关内雍、同等七州户数十万以实洛阳。

者是也。盖武后以前，唐承西魏、北周、杨隋之遗业，以关陇为本位，聚全国之武力于此西北一隅之地，借之宰制全国，即玉海引唐会要所谓"举关中之众，以临四方"者。又据唐会要八四移户门云：

贞观元年朝廷议，户殷之处听徙宽乡。陕州刺史崔善为上表曰：畿内之地是为殷户。丁壮之民悉入军府。若听移转，便出关外。此则虚近实远，非经通之义。其事遂止。

寅恪按，崔善为言"畿内之地是为殷户。丁壮之民悉入军府"。实深得唐初府兵设置分配之用意，故不容许移徙畿内之民户，东出关外也。今武后徙雍、同等州之民户，以实洛阳，即是将全国武力之重心自关中而移于山东。河北之地即在山东区域之内。若非武后之世，决不能有此违反唐高祖太宗以来传统之政策。故今日所存之史料中，河北道兵府之设置，其时代在玄宗以前，武后以后，实与唐代当日之情势相符应也。国内情势既改，而东突厥复兴，国外情势又因之大变，此两大原因乃促成河北自武则天后始置兵府之真相。特郇侯家传以之下属玄宗之世，时代未免差错。至其文中"不"字是否"又"字之讹误，或字句有脱漏，恐须更待考证也。

太宗虽增加及整顿府兵，冀能一扫前此"不堪攻战"之弊，而可不必倚赖蕃将。然在其生存之日，盖未及收府兵之效用也。及太宗崩殂之后，府兵之效始渐表现。观下引史料，亦足证知武后至玄宗朝，其汉人名将实与府兵有关，即可推见太宗增加及整顿府兵之心力，亦非虚捐矣。至郭子仪父子皆与折冲府有关，而子仪复由武举出身。武举本由武曌创设（见新唐书五十兵志）。此则武后用词科进士拔选文士之外，又别设置武举，拔选武人。其各方面搜罗人才之方策，可谓不遗余力。斯亦治史者所不容忽视之点也。

旧唐书一百三郭知运传略云：

> 郭知运，瓜州常乐人。初为秦州三度府果毅。

同书同卷张守珪传略云：

> 张守珪，陕州河北人也。初以战功授平乐府别将，再转幽州良社府果毅。

金石萃编九二郭氏家庙碑云：

> 敬之府君（郭子仪父）始自涪州录事参军，转瓜州司仓，雍北府右果毅，加游击将军，申王府典军，全谷府折冲。
> 碑阴：男。昭武校尉守绛州万泉府折冲都尉上柱国琇，子仪武举及第，左卫长上，改河南府城□府别将，又改同州兴德府右果毅，又改汝州鲁阳府折冲。

府兵之制虽渐废弛，有关史料颇亦不少，兹无详引之必要，只取下引史文观之，当能得其蜕变之概要也。

旧唐书九三张仁愿传云：

> 时突厥默啜尽众西击突骑施娑葛，仁愿请乘虚夺取汉（应作漠）南之地，于河北筑三受降城，首尾相应，以绝其南寇之路。仁愿表留年满镇兵以助其功。时咸阳兵二百余人逃归，仁愿尽擒之。

是中宗时府兵番上之制尚存旧规，可以推见。又据唐大诏令集七三开元二十六年正月敕亲祀东郊德音略云：

> 朕每念黎甿，弊于征戍。所以别遣召募，以实边军。锡其厚赏，使令长住。今诸军所召，人数尚足。在于中夏，自能罢兵。自今已后，诸军兵健并宜停遣。其见镇兵，并一切放还。

则知玄宗开元中府兵番上之制已为长征召募之制所代替。至玄宗天宝中如新唐书五十兵志所云：

> ［天宝］八载，折冲诸府至无兵可交，李林甫遂请停上下鱼书。其后徒有兵额、官吏，而戎器、驮马、锅幕、糗粮并废矣。

则知宇文泰、杨坚、李世民、武曌四主所创建增置迁移整顿之制度遂于此而告结束矣。

自是之后，唐平安史之乱，其主力为朔方军，而朔方军实一以胡人部落蕃将为其主要成分者。其后平淮蔡，则赖李光颜之武力。李氏之军队亦为胡兵。至若庞勋之役及黄巢之大会战，无不与沙陀部落有绝大关系，此皆胡兵蕃将之问题。然此等均在玄宗以后，不在本文范围，故不一一具论。读者可取拙著唐代政治史述论稿下篇参之也。

综括论之，以唐代之武功言，府兵虽至重要，然其重要性殊有时间限制，终不及蕃将一端，其关系至深且巨，与李唐一代三百年相终始者，所可相比也。至若"河北之地，人多壮勇"，颇疑此集团实出自北魏冀、定、瀛、相诸州营户屯兵之系统，而此种人实亦北方塞外胡族之子孙（详见拙著论隋末唐初所谓"山东豪杰"），李唐出身关陇集团，故最忌惮此等人群。太宗因亦不于其所居之地设置兵府，武曌改移政权以后，情势大变，虽于河北置折冲府，然府兵之效用历时不久，至玄宗之世，遂全部废止矣。玄宗后半期以蕃将代府兵，为其武力之中坚，而安史以蕃将之资格，根据河北之地，施行胡化政策（详见拙著唐代政治史述论稿上篇）。恢复军队部落制，即"外宅男"或义儿制。故唐代藩镇如薛嵩、田承嗣之徒，虽是汉人，实同蕃将。其军队不论是何种族，实亦同胡人部落也。延及五代，"衙兵"尚是此"外宅男"之遗留。读史者综观前后演变之迹象，自可了然矣。寅恪尝谓欧阳永叔深受北宋当时"濮议"之刺激，于其所著五代史记特标义儿传一目，以发其感愤。然所论者仅限于天性、人伦、情谊、礼法之范围，而未知五代义儿之制，如后唐义儿军之类，实源出于胡人部落之俗。盖与唐代之蕃将同一渊源者。若专就道德观点立言，而不涉及史事，似犹不免未达一间也。兹以此端非本文所宜辨证，故只略陈鄙见，附记于篇末，更俟他日详论之，以求教于当世通识君子。

第五章

宋元史

————

王桐龄

王桐龄 （1878—1953）
北京大学讲师

号峄山，河北任邱人。历史学家，我国第一个在国外攻
读史学而正式毕业的学人。曾先后在北京法政大学、燕
京大学、清华大学、北京大学等校任课。著有《中国史》
《中国民族史》《中国历代党争史》等书。

新旧党之倾轧

　　政党之为物，产于政治进化以后。国之有政党，非其可吊者，而其可庆者也。虽然，有界说焉。一曰政党唯能生存于立宪政体之下，而与专制政体不相容；二曰为政党者，既宜具结党之实，而忧不宜讳结党之名；三曰其所争辨者，当专在政治问题，而宫廷问题，及个人私德问题，皆不容杂入其间。若宋之所谓党，举未足以语于是也。吾故不能名以政党，仍其旧名曰党而已。宋室朋党之祸，虽极于元祐、绍圣以后，而实滥觞于仁宗、英宗二朝。其开之者，则仁宗时范吕之争。其张之者，则英宗时之濮议。及神宗时王安石创行新法，旧党肆行攻击。附和安石者，复逢迎新党，反对旧党。两相排挤，而其祸成矣。

　　中国前此之党祸，若汉之钩党、唐之牛李党，后此之党祸，若明之东林党、复社党、阉党，皆可谓之以小人陷君子。唯宋之党祸不然，其性质复杂而极不分明，无智愚贤不肖，悉自投于蜩螗沸羹之中。一言以蔽之，曰士大夫以意气相竞而已。推原宋代朋党之祸，所以特盛之原因有二：一由于右文而贱武，二由中央集权太过其度。太祖之政策，既务摧抑其臣，使不得以武功自见。怀才抱能之士，势不得不尽趋于从政之一途。而兵权财权悉集中央，牧民之司，方面之寄，以为左迁贬谪，或耆臣优养之地。非如汉之郡守国相，得行其志，以有所树立，且严其考成黜陟，使人知所濯磨也。是故秀异之士，欲立功名者，群走集于京师。而彼时之京师，又非如今世立宪国之有国会，容多士以驰骋之余地也。所得与于国政者，仅有二三宰执。其次则少数之馆职台谏，为宰执升进之阶者也。夫以一国之大，人才之众，而唯此极少极狭之位置，何以为树立功名之凭借。则其相率而争之，亦固其所。故有宋一代之历史，谓之争夺政权之历史可也。不肖者固争焉以营其私，即贤者亦争焉以行其志。争之既急，意气自出乎其间，彼此相诋，而以朋党之名加入。于是新旧党倾轧之祸，遂与北宋相终始矣。

一、旧党内阁之成立

神宗任用王安石，创行新法。虽不敢谓为成功，亦不得谓之失败。而意外所得之恶果，则朋党之祸是也。神宗之初行新法也，元老大臣与谏垣，多群起与王安石为难。神宗不听，则投劾而去，以自成其名。

甚或身为方面，而戒州县勿得奉行朝令。其人既属巨室，为士庶所具瞻。则凡不利于新法者，皆得所依附，以簧鼓天下之耳目，使人民疑所适从。神宗不得已，乃左迁翰林学士权知开封府郑獬知杭州，宣徽北院使王拱宸判应天府，知制诰钱公辅知江宁府（熙宁二年五月），御史中丞吕诲知邓州（同年六月），知谏院范纯仁知河中府（同年八月），判尚书省张方平判应天府（三年正月），知审官院孙觉知广德军（同年三月），御史中丞吕公著知颍州，参知政事赵忭知杭州（同年四月），枢密使吕公弼知太原府（同年七月），翰林学士司马光知永兴军（同年九月），知开封府韩维知襄州（四年五月），御史中丞杨绘知郑州（同年七月），出同平章事富弼判亳州（二年十月），解判相州韩琦河北安抚使（三年二月），出枢密使文彦博判河阳府（六年四月），听翰林学士范镇（三年十月）、知蔡州欧阳修（四年六月）致仕。而进用韩绛（同平章事）、吕惠卿、元绛（俱参知政事）、曾布（三司使，南丰人）、李定、邓绾俱御史中丞等以代之。

安石罢政以后，蔡确、章惇、张璪等相继参知政事。元丰五年，改官制。以王珪、蔡确（泉州晋江人）为尚书左右仆射。章惇、张璪为门下中书侍郎。确名为次相，实专大政。确行事操切，大伤旧党感情。神宗在位十八年，以元丰八年（西历纪元一〇八五年）崩。太子煦即位，是为哲宗。

哲宗即位时，年甫十岁。尊皇太后高氏为太皇太后，临朝同听政。是年，王珪卒。以蔡确、韩缜为尚书左右仆射，章惇知枢密院事。起司马光为门下侍郎，吕公著为尚书左丞，同辅政。于是新旧党并用。右司谏王觌上疏，弹劾蔡确、章惇、韩缜、张璪等朋邪害正。右谏议大夫孙觉、侍御史刘挚、左司谏苏辙、御史王岩叟、朱光庭、上官均、吕陶等相继论之。次年（元祐元年），罢确知陈州，惇知汝州，缜知颍昌府，璪知郑州。放邓绾、李定于滁州。安置吕惠卿于建州。而以司马光、吕公著为尚书左右仆射，韩维为门下侍郎，吕大防为中书侍郎，刘挚为尚书右丞，范纯仁同知枢密院事。起太师致仕文彦博平章军国重事，班宰相上，以次尽罢新法，是为第一次旧党内阁。是年九月，光卒。二年，彦博请老。三年，公著请老。以大防、纯仁为尚书左右仆射，孙固、刘挚为门下中书侍郎，王存、胡宗愈为尚书左右丞，是为第二次旧党内阁。

是时新党阁臣皆已斥外，言者犹论之不已。范纯仁言于太后曰："录人之过，不宜太深。"太后深然之，乃诏"前朝希合附会之人，一无所问，言者勿复弹劾"。新党稍安。或谓吕公著曰："今除恶不尽，将贻后患。"公著曰："治道去甚耳。文景之世，网漏吞舟。且人才实难，宜使自新，岂宜使自弃耶。"

已而蔡确罢官，居安州（今湖北江汉道安陆县）。尝游车盖亭，赋诗十章。知汉阳军吴处厚与确有隙，上之，以为皆涉讥讪。于是台谏言确怨谤，乞正其罪。元祐四年，诏贬确光禄卿，分司南京。台谏论之不已，执政欲置确于法，范纯仁、王存力争，乃安置确于新州（今广东粤海道新兴县）。纯仁言于太后曰："圣朝宜务宽厚，不可以语言文字之间，暧昧不明之道，窜诛大臣。今举动宜为将来法，此事甚不可开端也。"不听。中丞李常、中书舍人彭汝砺、侍御史盛陶皆言不可以诗罪确，诏出常知郑州，汝砺知徐州，陶知汝州。

二、旧党之内讧

（一）吕大防对范纯仁之轧轹

蔡确既窜，吕大防言确党盛，不可不治。范纯仁面谏朋党难辨，恐误及善人。司谏吴安诗、正言刘安世因论纯仁党确，四年六月，罢纯仁知颍昌府，王存知蔡州，而以孙固知枢密院事，赵瞻同知枢密院事。韩忠彦、许将为尚书左右丞，刘挚、傅尧俞为门下中书侍郎，与吕大防同辅政。

（二）吕大防对刘挚之轧轹

五年，赵瞻、孙固相继卒，许将罢。韩忠彦改同知枢密院事，刘挚为尚书右仆射。苏颂、苏辙为尚书左右丞，王岩叟签书枢密院事。挚性峭直，有气节，与吕大防同位，国家大事，多决于大防。唯进退士大夫，实执其柄。然持心少恕，勇于去恶，竟为朋谗奇中，遂与大防有隙。先是起居舍人邢恕（郑州阳武人），以附蔡确得进，确窜新州，恕亦谪监永州酒税。恕与挚有旧，常以书往来。中丞郑雍、殿中侍御史杨畏附吕大防，因摘其书中语以劾挚。又章惇诸子故与挚子游，挚亦间与之接。雍、畏谓挚延见结纳，为牢笼之计，以希后福。

且论王岩叟、梁焘、刘安世、朱光庭等三十余人皆其死友。六年十一月，罢挚知郓州，给事中朱光庭驳还诏书。王岩叟上书论救，言者皆以为党，出光庭知亳州，岩叟知郑州。

（三）吕大防、苏辙对苏颂、范百禄之轧轹

七年，以苏颂为尚书右仆射，苏辙为门下侍郎，范百禄为中书侍郎。梁焘、郑雍为尚书左右丞，韩忠彦知枢密院事，与吕大防同辅政。颂器局闳远，以礼法自持，为相务在奉行故事，使百官守法遵职，量能授任。先是侍御史贾易坐言事出，既复监司，更赦，除知苏州。颂谓易在御史名敢言，不宜下迁，于帝前争之。时殿中侍御史杨畏、来之邵附吕大防、苏辙，即劾颂稽留诏命。八年三月，罢颂为观文殿学士、集禧观使。百禄坐与颂同职事。畏等累章劾之，罢知河中府。

（四）洛蜀两党之轧轹

哲宗元祐元年，召程颐为崇政殿说书。苏轼为翰林学士兼侍读。轼好谐谑，而颐以礼法自持。每进讲，色甚庄，继以讽谏。轼谓其不近人情，深嫉之，每加玩侮，二人遂成隙。颐门人右司谏贾易、左正言朱光庭等愤不能平，遂劾轼试馆职。策问谤讪，殿中侍御史吕陶言："台谏当徇至公，不可假借事权以报私隙。"右司谏王觌言："轼辞命失轻重，其事小，不足考。若悉考同异，深究嫌疑，则两岐遂分，使士大夫有朋党之名，大患也。"太后然之，遂置不问。会帝患疮疹，不出。

颐诣宰相问知否，且曰："上不御殿，太后不当独坐。人主有疾，而大臣不知可乎？"由是大臣亦多不悦。御史中丞胡宗愈、左谏议大夫孔文仲、给事中顾临，遂连章力诋颐不宜在经筵。二年八月，罢颐出管勾西京国子监。易因劾陶党轼兄弟，语侵文彦博、范纯仁，太后

怒，罢易出知怀州。

是时熙丰用事之臣，退休散地，皆衔怨入骨，阴伺间隙。而旧党诸贤不悟，各为党比以相訾议。遂有洛党、蜀党、朔党之目。洛党以颐为首，而光庭易为辅；蜀党以轼为首，陶等为辅；朔党以刘挚、梁焘、王岩叟、刘安世为首，而辅之者尤众。互相攻讦。自门下侍郎韩维（元祐元年七月罢）、尚书右丞胡宗愈（四年三月罢）以下，多不安于位以去。范纯仁为相，务以博大开上意，忠厚革士风。常言"朝臣本无党，但善恶邪正，各以类分"。因极言前世朋党之祸，太后然之。而士习已成，迄不能改。

三、新党之复活及其报复

苏颂既罢，是年（元祐八年）六月，征范纯仁为尚书右仆射。殿中侍御史杨畏附苏辙，欲相之，因与来之邵上疏，论纯仁不可复相。乞进用章惇、安焘、吕惠卿，不报。及纯仁视事，吕大防欲引畏为谏议大夫，纯仁以畏不端，不可用，大防曰："岂以畏尝言相公耶？"苏辙即从旁诵其弹文。纯仁初不知也，已而竟迁畏礼部侍郎。

是年九月，太皇太后崩，帝始亲政。吕大防为山陵使，甫出国门，杨畏首叛大防，上疏言："神宗更法立制，以垂万世。乞赐请求，以成继述之道。"帝即召对，询以先朝故臣孰可召用者，畏遂列上章惇、安焘、吕惠卿、邓润甫、李清臣等行义。各加题品。且乞召惇为相，帝深纳之。枢密都承旨刘安世、翰林学士范祖禹谏以为不可用。诏出安世知成德军，祖禹知陕州。

次年（绍圣元年）二月，以李清臣为中书侍郎，邓润甫为尚书左丞。三月，来之邵探时旨，首劾大防，大防亟自引去。旋以策试进士问题，罢苏辙。是时清臣发策，历诋元祐政事。及进士对策。考官第主元祐者居上，礼部侍郎杨畏复考，乃悉下之，而以主熙丰者置前列。

于是天下晓然于政府意旨之所在。寻以曾布为翰林学士承旨。布上疏请复先帝故事，且乞改元以顺天意。帝从之，改元绍圣。四月，以章惇为尚书左仆射，安焘为门下侍郎，罢范纯仁知颍昌府。惇引蔡京（兴化仙游人）为户部尚书，林希为中书舍人。京弟蔡卞为国史修撰，黄履为御史中丞，以渐尽复熙丰之政。黄履与谏官张商英、上官均、来之邵等，交章论司马光、吕公著等变更先朝之法，叛道逆理。

是年六月，追夺光、公著赠谥，仆所立碑。夺王岩叟赠官。贬吕大防、刘挚、苏辙官，分司南京。惇又籍文彦博以下三十人，将悉加贬黜。清臣进曰："更先帝法度，不能无过。然皆累朝元老，若从惇言，必大骇物听。"乃止。是年十二月，蔡卞重修神宗实录成，原任史官范祖禹、赵彦若、黄庭坚等，并坐诋诬先帝，降官安置于远州，落礼部侍郎陆佃职，迁卞为翰林学士。言者又以吕大防监修实录，徙之安州。二年，追复蔡确官，赠太师，谥忠怀。

是年十一月，祀明堂，赦。章惇豫言，吕大防等数十人，当终身勿徙。范纯仁闻之忧愤，欲上书申理，所亲劝其勿触怒，万一远斥，非高年所宜。纯仁曰："事至于此，无一人敢言。若上心遂回，所系大矣。如其不然，死亦何憾。"因上言："大防等所罪，亦因持心失恕，好恶任情。违老氏好还之戒，忽孟轲反尔之言。然牛李之祸，数十年沦胥不解。岂可尚遵前轨。愿断自渊衷，原放大防等。"疏奏，惇大怒，遂落纯仁观文殿大学士，徙知随州。安焘屡与惇异议，罢知郑州。

四年二月，追贬司马光、吕公著、王岩叟官，夺赵瞻、傅尧俞赠谥，追韩维到任及孙固、范百禄、胡宗愈等遗表恩。流吕大防、刘挚、苏辙、梁焘、范纯仁等于岭南，贬韩维、王觌等三十人官，降太师致仕文彦博为太子少保。大防行至虔州信丰（今江西赣南道信丰县）而卒，梁焘、刘挚皆卒于贬所，天下惜之。寻以曾布知枢密院事，林希同知院事，许将为中书侍郎，蔡卞、黄履为尚书左右丞。章惇与卞密谋，欲举汉唐故事，诛戮党人。帝以问将，将曰："二代固有之，但祖宗以来未之有。本朝治道，所以远过汉唐者，以未尝辄戮大臣也。"帝深然之。是年三月,中书舍人蹇序辰上疏言:"司马光等变乱典刑,改变法度,讪谤宗庙,睥睨两宫。其章疏案牍,散在有司。若不汇缉而藏之,岁久必致沦弃。愿选官编类,人为一帙,置之二府,以示天下后世之大戒。"章惇、蔡卞请即命序辰及直学士院徐铎编类。凡司马光等一时施行文书,捃拾附著,纤悉不遗,凡二百四十三帙。由是缙绅之士,无得脱祸者。旋以邢恕潜,追贬王珪为万安军司户参军,入党籍。

是年五月,文彦博卒,其子及甫居丧于洛。服除,忍不得京官,致书于御史中丞邢恕。恕与蔡确之弟硕谋,摭拾书中之语,诬刘挚等阴图不轨,谋危宗社。章惇、蔡卞欲借以兴大狱。次年(元符元年三月),下及甫于同文馆狱。令蔡京、安惇杂治之。京惇因奏挚等大逆不道,死有余责。帝曰:"元祐人果如是乎?"京惇对曰:"诚有是心,特反形未具耳。"乃下诏,禁锢刘挚、梁焘子孙于岭南,勒停王岩叟诸子官职,进京为翰林学士承旨,惇为御史中丞。寻窜范祖禹于化州(今广东高雷道化县),刘安世于梅州(今广东潮循道梅县,即故嘉应州)。祖禹寻卒。

是时刘婕妤有宠,事皇后孟氏多不循礼。会后女福庆公主疾,后姊持道家符水入治。婕妤党因潜后厌魅。绍圣三年九月,废后为华阳教主、玉清妙静仙师,出居瑶华宫。时章惇欲诬宣仁(太皇太后高氏)有废立意,以后为宣仁所聘,因与内侍郝随密谋,构成是狱。后既废,惇与蔡卞、邢恕等谋,媒蘖宣仁尝欲危帝,请追废为庶人。皇太后向氏方寝,闻之遽起,谓帝曰:"吾日侍崇庆,天日在上。此语曷从出。且帝必如此,亦何有于我。"帝感悟,取惇、卞奏,就烛焚之。明日,惇、卞再具状,坚请施行。帝怒曰:"卿等不欲朕入英宗庙乎?"抵其奏于地,事得寝。元符二年八月,刘妃生皇子茂,诏立妃为皇后。右正言邹浩上书谏,诏除名,编管新州。尚书右丞黄履上书救浩,并免履官。

初,司马光、吕公著之秉政也,置诉理所。许熙宁以来得罪者自陈,政府酌与昭雪。至是安惇言:"光等归怨先朝,收恩私室。乞取公案，看详从初加罪之意，复依断施行。"是年闰月，置看详诉理局。命惇与蹇序辰看详，由是重得罪者八百三十家。天下怨疾，有二蔡二惇之谣。

四、混合内阁之成立

哲宗在位十五年，以元符三年（西历纪元一一〇〇年）崩，无子，弟端王佶位，是为徽宗。皇太后向氏权同听政，尊皇后刘氏为元符皇后。以韩忠彦为门下侍郎，黄履为尚书右丞。召龚夬为殿中侍御史，陈瓘、邹浩为左右正言。于是忠直敢言之士复稍见进用。御史中丞安惇言，邹浩复用，虑彰先帝之失。帝曰："立后，大事也。中丞不言，而浩独敢言，何为不可复用？"惇惧而退。瓘因劾惇"诳惑主听，规骋其私"。诏出惇知潭州。寻以韩忠彦为尚书右仆射，复范纯仁等官，徙苏轼等于内郡。许刘挚、梁焘归葬，录其子孙。追复文彦博、王珪、司马光、吕公著、吕大防、刘挚等三十三人官。初，哲宗尝悔废后事，叹曰："章惇坏我名节。"至是用布衣何文正言，复废后孟氏为元祐皇后，自瑶华宫还居禁中。台谏陈师锡、陈次升、陈瓘、任伯雨、张庭坚、丰稷、龚夬、江公望等先后劾蔡卞、章惇等托绍述之说，上欺天子，下胁同列，中伤善类之罪。诏出卞知江宁府，旋贬秘书少监，分司池州（今安徽芜湖道贵池县）。出惇知越州，旋贬武昌节度副使，居潭州，复贬雷州司户参军。安置邢恕于均州（今湖北襄阳道均县）。除安惇、蹇序辰名，放归田里。夺蔡京职，居之杭州。贬林希官，徙知扬州。于是新党之有势力者皆去位。

是年六月，太后归政。十月，以韩忠彦、曾布为尚书左右仆射。布主张绍述，时议以元祐绍圣，均有所失。欲以大公至正，消释朋党。遂诏改明年元为建中靖国。自是以后，新旧党杂进，政界愈益纷乱。

五、变态新党之出现

　　建中靖国元年，皇太后崩。中丞赵挺之希旨，排击元祐诸臣。尚书右丞范纯礼从容为上解释，驸马都尉王诜陷以罪，罢知颍昌府。供奉官童贯性巧媚，善择人主微旨。及诣三吴，访书画奇巧，留杭累月，蔡京日夜与之游。贯还都，誉京于上。诏起京为翰林学士承旨，邓绾之子洵武为起居郎，尝因对言："陛下乃神宗子。今相忠彦乃琦之子。神宗行新法以利民，琦尝论其非。今忠彦更神宗之法，是忠彦为能继父志，陛下为不能也。必欲继志述事，非用蔡京不可。"帝以为然，进洵武中书舍人、给事中兼侍讲。复蔡卞、邢恕、吕嘉问、安惇、蹇序辰等官。罢台谏任伯雨、江公望、陈瓘、丰稷等。曾布主张绍述，请改明年元为崇宁，从之。右司谏吴材、右正言王能甫希旨，劾韩忠彦"变神考之法度，逐神考之人材"。崇宁元年，罢忠彦知大名府。材、能甫复举元祐党籍，请重行贬黜。诏复追贬司马光、文彦博、吕公著以下四十四人官。复诏元祐及元符末党人苏辙、范纯礼等凡五十余人。并令三省籍记，不得与在京差遣。又诏司马光等二十一人子弟，毋得官京师。尚书左丞陆佃持论平恕，每欲参用元祐人才。至是言于帝，谓"不宜穷治"。因下诏曰："元祐诸臣，各已削秩。自今无所复问，言者亦勿辄言。"揭之朝堂。言者因论佃名在党籍，遂罢知亳州。而以许将、温益为门下中书侍郎。蔡京、赵挺之为尚书左右丞，与曾布同辅政。布与蔡京议不协，罢知润州。旋以京为尚书右仆射，赵挺之、张商英为尚书左右丞，蔡卞知枢密院事。京倡议禁元祐法，置讲议司于都省。自为提举，讲议熙丰已行法度，及神宗欲为而未暇者，以次尽复新法。

　　是时元祐及元符末用事诸臣，贬窜死徙者略尽，蔡京犹未惬意。是年九月，籍宰执司马光、文彦博、吕公著、吕大防、刘挚、范纯仁、韩忠彦、王珪、梁焘等。曾任待制以上官，苏轼、范祖禹等，余官程颐、秦观等，凡百二十人，等其罪状，谓之奸党。请御书刻石于端礼门。籍元符末上书人，定为正上、正中、正下三等，悉加旌擢。邪上、邪中、邪下三等，降责有差。又诏降责人不得同州居住。

是时元符皇后阉宦者郝随，讽蔡京再废元祐皇后孟氏。会昌州判官冯澥上书，论复后为非。台谏钱遹、石豫、左肤等，交章劾韩忠彦等"乘一布衣诳言，掠流俗之虚美"。京与阁臣皆主台臣之说。上不得已，从之。是年十月，诏罢元祐皇后孟氏称号，复出居瑶华宫。治元符末年诸臣议复后号者，降韩忠彦、曾布官。追贬原任执政李清臣、黄履，安置翰林学士曾肇及台谏丰稷、陈瓘、龚夬等十七人于远州。十二月，追谥元符皇后刘氏子茂为献愍太子。窜邹浩于昭州。

次年，进蔡京为尚书左仆射。尊刘后为皇太后。京恶元符末台谏之论己，悉陷以党事。安置任伯雨等一二人于远州。是年三月，诏党人子弟毋得至阙下。又诏元符末上书进士充三舍生者罢归。以元祐学术聚徒传授者，监司觉察，必罚无赦。元符末上书邪等人，亦毋得至京师。四月，诏毁司马光、吕公著等十人景灵宫画像。又诏毁范祖禹、唐鉴及三苏、黄庭坚、秦观文集。除故直秘阁程颐名。九月，令州县立党人碑。三年六月，图熙丰功臣于显谟阁，以王安石配享孔子。重定元祐元符党人及上书邪等者合为一籍，通三百九人，刻石于朝堂。余并出籍。

秦桧之主和

　　政论之发达，政争之剧烈，为有宋一代特色。北宋中叶以后，士大夫以意气相竞，无智愚贤不肖，悉自投于党祸之中。其所竞争之目的物，则旧法新法是也。南宋建国以后，外患异常猛烈，士大夫移其对内之眼光以对外，复引起绝大政争。其所竞争之目的物，则和战是也。由来主和者多小人，主战者多君子，人皆知之。然夷考当时国情，宋与辽战则败，金与辽战则胜，此武力不如金者一；宋之根据地在浙江，气候温暖，物产丰饶，山川明媚，风景清佳，民气易流于文弱。金之根据地在满洲，气候寒冷，物产缺乏，山川凛冽，风景萧疏，民气多刚猛，富于冒险精神。又掠取黄河流域，乘高屋建瓴之势以窥东南，有居高临下之势。江若海有言："天下者，常山蛇势也。秦蜀为首，东南为尾，中原为脊。今以东南为首，安能起天下之脊哉？"此地势不如金者二；金之将相，皆由皇族出身，宗室王公人尽知兵，故政府与将帅行动常一致。宋之将相，文武分途。文臣多主和，武臣多主战。政府大臣与边方将帅，意见时常龃龉，政治上缺统一圆满之致。此政局不如金者三。准此以观，当时宰相秦桧之主和，固亦非择而取之，不得已也。然而当时书生，昧于世界大势，动以尊王攘夷之说动人。秦桧久居异国，略谙敌情。及其当国，排群议而主和。

当时号称贤士大夫及后世主持清议者多唾骂之。然而设身处地，为当时谋国计，固亦未可厚非也。所可恨者，高宗庸懦，贪恋大位，畏难苟安。桧窥其隐衷，先意逢迎。故君臣相得，言听计从。议和以后，不乘此机会，卧薪尝胆，休养生息，练兵裕财，以为将来复仇计，而耽于宴乐，粉饰升平。凡有反对和议者，无论其人之人格如何，才力如何，皆窜之、逐之、诛之、戮之，而毫不爱惜。遂至杀岳飞，罢韩世忠、刘锜，逐张浚，逼杀赵鼎，自坏其万里长城而不悔。虽曰秦桧奸佞，排斥异己，抑亦高宗性情，怯懦忮忌，天然与君子相远、与小人相近阶之厉也。兹述其事迹如下。

一、和议之动机

宋自二帝北狩，中原沦陷，举国怨金人彻骨，思有以报之。而完彦氏国势方盛，群臣辑睦，士马精强。宋承累世积弱之余，兵气自馁。与金人遇，十战九败。高宗乏统御之才，朝议数动，国是不定。勇者浪战以挑强寇，懦者假和议以图苟安。是以封疆日蹙，敌人益张。帝之初即位也，数募人使金，名祈请使，称臣奉表，以求缓师，且请还二帝。金人不许，使者多被拘囚。建炎元年，朝奉郎王伦（莘县人）奉使问二帝起居。时尼玛哈等方大举南下，伦邀说百端，欲使其还二帝，归故地。尼玛哈不答，拘之云中。其后尼玛哈有许和意，绍兴二年，遣伦归国报命。适值朝廷方议讨刘豫，和议中格。

二、秦桧之进身

自黄潜善、汪伯彦去职，朱胜非、吕颐浩、范宗尹相继为宰相。虽数遣使于金，但且守且和。而专意与金人解仇息兵，则自秦桧（江宁人）始。桧在靖康年间，为御史中丞。金人破汴京，执桧从二帝北去。至燕，依金将达赉，达赉信之。及南侵，以为参谋军事，又以为随军转运使。建炎四年，达赉攻楚州，纵桧南旋。至越州，先见宰执。桧首言："如欲天下无事，须是南自南北自北。"范宗尹及权知三省枢密院事李回素与桧善，力荐其忠，拜礼部尚书。次年，绍兴元年宗尹免。诏以吕颐浩与桧为尚书左右仆射，同平章事，兼知枢密院事。桧欲专权，二年四月，讽帝出颐浩督师镇江，多引知名士布列清要以自助。给事中兼侍读胡安国，以当代名儒，出入禁闼。素闻游酢言桧贤，力言于帝。颐浩还京，憾桧排己，欲去之。问计于席益，益曰："目为党可也。今党魁胡安国在琐闼，宜先去之。"会颐浩荐朱胜非代己为都督。命下，安国奏"胜非正位冢司。值苗、刘肆逆，贪生苟容，辱逮君父。今强敌凭陵，叛臣不忌。用人得失，系国安危。深恐胜非上误大计"。帝以罢都督之命，改兼侍读，安国复持录黄不下。颐浩特命检正黄龟年书行，安国争之。是年八月，罢安国提举仙都观，桧三上章留之，不报。侍御史江跻、左司谏吴表臣论胜非不可用，安国不当责。于是与张焘、程瑀、胡世将、刘一止、林待聘、楼炤等二十余人，皆坐桧党落职。桧亦自求去。颐浩讽侍御史黄龟年劾桧专主和议，阻止国家恢复远图。且植党专权，渐不可长。乃罢桧相，仍榜朝堂，示不复用。先是范宗尹罢相，桧欲得其位，因扬言曰："我有二策，可耸动天下。"或问何不言，桧曰："今无相，不可行也。"帝闻而用之。桧欲以河北人还金，中原人还刘豫。帝曰："桧欲南人归南，北人归北。朕北人将安归？"桧语乃塞。至是诏以此意播告中外，人始知桧之奸。

是年九月，以朱胜非为尚书右仆射，同平章事，兼知枢密院事。

颐浩、胜非俱不满意于张浚，乃以王似为川陕宣抚处置副使。召浚还行在，罢其兵柄，居之福州。三年九月，颐浩免。四年三月，以赵鼎（解州闻喜人，今山西河东道闻喜县）参知政事。会刘豫与金人联兵入寇，胜非力求去。是年九月，罢胜非，以鼎为尚书右仆射，同平章事，兼知枢密院事。金兵日迫，群臣劝帝他幸，散百司以避之。鼎曰："战而不捷，去未晚也。"帝以为然，遂议亲征。史馆校勘喻樗谓鼎曰："六龙临江，兵气百倍。然公自度此举果出万全乎？抑姑试一掷也。"鼎曰："中国累年退避不振，敌情益骄，义不可更屈。故赞上行耳。"樗曰："然则当思归路耳。张德远有重望，若使宣抚江淮荆浙福建，俾以诸道兵赴阙，则其来路即朝廷归路也。"鼎然之，入言于帝。

遣使召浚于福州，拜知枢密院事，使视师江上。鼎奉帝亲征，次于平江。诸大将韩世忠、岳飞等屡破金兵。金人闻浚至，乃引还。五年二月，帝还临安，以鼎、浚为尚书左右仆射，并同平章事，兼知枢密院事，都督诸路军马。浚常处外，与诸大将联络，经略中原。六年十二月，罢鼎知绍兴府，于是浚遂独相。

秦桧自被斥后，会与金议和，稍复其官。又以张浚荐，授醴泉观使，兼侍读。绍兴六年，刘豫遣兵入寇，帝自将幸平江，为诸将声援。濒行，以桧为行营留守，参决尚书省枢密院事。七年，授枢密使。于是桧复入政府。是年八月，淮西副统制郦琼杀都督府参议军事吕祉，拥众叛降刘豫。张浚自以措置乖方，引咎辞职。帝问谁可代者，且曰："秦桧何如？"浚曰："近与共事，方知其暗。"帝曰："然则用赵鼎耳。"乃罢浚，而以鼎为尚书左仆射，同平章事，兼枢密使。

是年闰十月，金人废刘豫。是时王伦复奉使如金，金人遣伦还。许还徽宗帝后梓宫及帝生母韦太后，且许归河南地。帝大喜，复使伦如金，奉迎梓宫。

初，张浚常与赵鼎论人才，浚极称桧善。鼎曰："此人得志，吾辈无所措足矣。"及鼎再相，桧在枢密，一唯鼎言是从。鼎由是深信之，言桧可在任于帝。八年三月，复以桧为尚书右仆射，同平章事，兼枢密使，与鼎并相。制下，朝士相贺，独吏部侍郎晏敦复有忧色曰："奸人相矣。"闻者皆以其言为过。

三、王伦之议和

是年五月，王伦偕金使来，许还河南、陕西地。秦桧复请遣伦如金，定和议。左正言辛次膺上书力谏，不报。

参知政事刘大中，与赵鼎不主和议，秦桧忌之，荐萧振为侍御史，劾大中，罢之。帝意不乐鼎，给事中勾涛因诋鼎结台谏及诸将，鼎引疾求退。是年十月，罢鼎知绍兴府。鼎入辞，言于帝曰："臣去后，必有以孝悌之说胁制陛下者。"将行，桧率执政饯之。鼎不为礼，一揖而去。桧益憾之。桧知帝意不移，始出文字，乞决和议。引勾龙如渊为御史中丞，相与排斥异议者，稍稍逐之。

是月，金以张通古为江南诏谕使，来言归河南陕西地。至临安，要帝待以客礼。诏秦桧摄冢宰，诣馆受书。礼部侍郎兼直学士院曾开当草国书，辨视体制非是，论之，不听。遂请罢，改兼侍读。于是开与从官张焘、晏敦复等二十人，皆上书极言不可和。枢密院编修官胡铨抗疏，请诛王伦、秦桧及参政孙近。桧以铨狂妄凶悖，鼓众挟持，贬铨监广州都盐仓。枢密副使王庶（庆阳人）力言金不可和，诏罢庶知潭州。故相李纲时在福州，张浚在永州，皆上疏力争，不报。淮东京东宣抚使韩世忠、湖北京西宣抚使岳飞亦先后上疏力争，亦不报。

九年三月，金人来归河南陕西地。诏以王伦为东京留守，交割地界。遣判大宗正寺事士㒟、兵部侍郎张焘，诣河南修奉陵寝。自永昌（宋太祖陵）而下，皆遇发掘，而哲宗陵至暴露。焘还临安，上奏曰："金人之祸，上及山陵。虽殄灭之，未足以雪此耻复此仇也。必不可恃和盟而忘复仇之大事。"帝问诸陵寝如何，焘不对，唯言"万世不可忘此贼"。帝默然。奏桧患之，出焘知成都府。权吏部尚书晏敦复力诋和议之非，黜知衢州。

四、金人之败盟

初，刘豫之废也，金左副元帅达赉还自河南，请以废齐之地与宋。太师领三省事博勒郭、左丞相额尔衮（旧作讹鲁观）皆以为然。太傅领三省事干布争之，不听。九年七月，博勒郭、额尔衮、达赉相继以谋反诛。右副元帅乌珠言于金熙宗，谓"达赉等主张割地与宋，必有阴谋。今宋使在汴，勿令逾境"。王伦在汴，闻其言，乃解留钥授新任留守孟庚，自将使指诣金议事。行至中山，金人执之。

是时秦桧议撤淮南守备，夺诸将兵权。参知政事李光极言"戎狄狼子野心。和不可恃，备不可撤"。复折桧于帝前曰："观桧之意，是欲壅蔽陛下耳目，盗弄国权，怀奸误国。不可不察。"桧大怒。是年十二月，出光知绍兴府，旋改提举洞霄宫。

绍兴十年五月，乌珠、萨里干等分道入寇，复陷河南、陕西州郡。陕西都统制吴璘击败萨里干于扶风（今关中道扶风县），田晟破其兵于泾州，萨里干走凤翔。东京副留守刘锜率所部八字军赴任。至顺昌（今淮泗道阜阳县，即故颍州府），遇乌珠前锋，击破之。乌珠大怒，自引兵十万来攻。锜激厉士卒，以寡敌众，大败之。乌珠走还汴，湖北京西宣抚使岳飞遣部将李宝、牛皋等，连败金兵于京西。自引大兵长驱深入，收复河南州郡，败乌珠于郾城（今开封道郾城县），追至朱仙镇（在今开封道开封县城南），大破之。遣使修治诸陵。两河豪杰，往往举兵遥应飞。父老百姓，争挽车牵牛，载糗粮以馈军。自燕以南，金人号令不行。乌珠欲金乡军以抗飞，河北无一人应者。金人多不能制其下，皆密受飞旗榜，陆续来降。飞大喜，谕其下曰："当直抵黄龙府，与诸君痛饮尔。"方指日渡河。而秦桧欲画淮以北与金和，讽台臣请班师。飞上书力争。桧知飞志锐不可回，乃先请诸将张浚、杨沂中归，而后上言飞孤军难久留。飞一日奉十二金字牌，乃悒愤泣下曰："十年之功，废于一旦。"乃自郾城引兵还，所得州郡复陷。次年（绍兴十一年），乌珠复大举南寇，破寿春，入庐州。杨沂中、刘锜败之于囊皋（镇名，在今安庆道巢县西北），遂复庐州。

秦桧力主和议，恐诸将难制，欲尽收其兵权。给事中范同（建康人）献计于桧，请除淮东宣抚使韩世忠、淮西宣抚使张俊、湖北京西宣抚使岳飞枢府，则兵柄自解。桧喜，奏请征三大将入朝，以世忠、俊为枢密使，飞为副使。旋罢三宣抚司，以其兵隶御前。解刘锜兵柄，命知荆南府。进桧尚书左仆射，以同参知政事。

五、岳飞之狱

岳飞素以恢复为己任，不肯附和议。刘豫之南寇也，飞败其兵于唐州（今汝阳道唐县），恢复河南西部州郡。上书请进兵恢复中原，帝不许，飞乃还鄂。绍兴七年，飞上书，谓"钱塘僻在海隅，非用武地。愿建都上游，亲率六军往来督战，庶将士知圣意所向，人人用命"。不报。刘豫之废也，飞奏："乘废豫之际，捣其不备，长驱以取中原。"不报。和议之成也。飞上言："金人不可信，和好不可恃，相臣谋国不臧，恐贻后世讥。"秦桧衔之，及赦文至鄂，飞又上疏力陈和议之非，至有"愿定谋于全胜，期收地于两河。唾手燕云，终欲复仇而报国；誓心天地，尚令稽首以称藩"之语。桧益怒，遂成仇隙。和议成，例加爵赏。飞加开府，仪同三司，力辞，言"今日之事，可危而不可安，可忧而不可贺。可训兵饬士，谨备不虞。而不可论功行赏，取笑敌人"。三诏，不受。帝温言奖谕之，飞不得已，受命。士㒟、张焘诣河南修奉陵寝，飞请以轻骑从洒扫，实欲观衅以伐谋。桧忌飞成功，白帝不许。郾城之捷，乌珠大恐，欲弃汴北走。有书生扣马曰："太子毋走，岳少保且退矣。自古未有权臣在内，而大将能立功于外者。岳少保身且不免，况欲成功乎！"乌珠悟，遂留不去。飞还至鄂，力请解兵柄。不许。乌珠遗桧书曰："汝朝夕以和请，岳飞方为河北图。必杀飞，始可和。"桧亦以飞不死，终梗和议，己必及祸，遂讽中丞何铸（余杭人）、侍御史罗汝楫、谏议大夫万俟卨（开封阳武县人）交章论飞。罢为万寿观使，奉朝请。

张俊素忌飞。桧与俊谋，诬飞部将张宪谋据襄阳，还飞兵柄。逮宪至临安，矫诏下飞及其子云于大理寺狱。命何铸与大理卿周三畏鞫之。铸察其冤，白桧。桧曰："此上意也。"铸曰："铸岂区区为岳飞者。强敌未灭，无故戮一大将，失士卒心，非社稷之长计。"桧语塞，乃改命万俟卨。大理寺卿薛仁辅、寺丞李若朴、何彦猷皆言飞无辜。判宗正寺事齐安王士㒟请以百口保飞无他，且曰："中原未靖，祸及忠义，是忘二圣，不欲复中原也。"皆不听。韩世忠心不平，诣桧诘其实。桧曰："飞子云与张宪书虽不明，其事莫须有。"世忠曰："莫须有三字，何以服天下也！"

十一年十月，以魏良臣为金国禀议使，奉表请和于金。韩世忠深以和议为不然，抗疏言秦桧误国之罪。桧讽言官论之，罢为醴泉观使，家居十年而卒。

是年十一月，乌珠遣使与魏良臣偕来。议以淮水为界，京西割唐、邓二州，陕西割商秦之半，及陇西成纪余地。弃和尚、方山二原，以大散关（在今陕西关中道宝鸡县西南）为界。岁贡银绢各二十五万，仍许归梓宫太后。帝悉从其请。以何铸签书枢密院事，奉表称臣于金。

十二月，秦桧使人杀岳飞于大理狱。云与张宪皆弃市。幕属于鹏等从坐者六人。籍飞家赀，徙之岭南。薛仁辅、李若朴、何彦猷皆免官。放齐安王士㒟于建州，卒于配所。布衣刘允升上书讼飞冤，下大理狱死。凡傅成其狱者皆进秩。何铸还自金，桧恨其不傅会岳飞之狱，讽万俟卨论其过，责授秘书少监，安置徽州。

初，知商州（今陕西关中道商县）邵隆在州十年，披荆榛瓦砾以为治，招徕流散，屡破金兵。值和议成，割商与金，隆常怏怏。徙知金州。尝以兵出虏境，秦桧恨之，徙知叙州（今四川永宁道宜宾县，即故叙州府），阴使人鸩杀之。

十二年，金遣使来。以衮冕册帝为大宋皇帝。归徽宗、郑太后及皇后邢氏之丧，送帝生母韦太后还临安。自是两国信使往来不绝。诏加秦桧太师，封魏国公，旋进封秦魏两国公。桧以封两国与蔡京同，辞不拜。

和议已成，秦桧自以为功。唯恐人议己，起文字之狱，以倾陷善类。附势干进之徒，承望风旨，有一言一句稍涉忌讳者，无不争先告讦。异议之人如赵鼎、张浚等，贬窜殆尽。揽权十有八年，高宗仰成而已。尝书赵鼎、李光、胡铨三人姓名于阁，必欲杀之。鼎已窜死于海南，而憾不已。二十五年八月，下鼎子汾狱。使汾自诬与张浚、李光、胡铨、胡寅等五十三人谋大逆，将骈诛之。十月，桧病死，始得免。

伪学之禁

政争之剧烈，党祸之频繁，为有宋一代特色。政治上有党祸，学术上亦有党祸。学术上之党祸，时常随政治上之党祸为转移。政治上占优胜地位者，其学术常为社会所尊崇。政治上居劣败地位者，其学术常为社会所鄙弃。以政治上之实力左右学术，崇拜其人者，并其学术而提倡之；鄙夷其人者，并其学术而禁锢之。此种局面，实创始于宋，前此所未闻也。北宋政治上之党祸，始于王安石之创行新法，终于蔡京之排斥正人，而北宋以亡。南宋政治上之党祸，始于汪、黄之反对李纲、宗泽，甚于秦桧之谋害赵鼎、张浚、岳飞。而南宋以弱，学术上之党祸，始于蔡京排斥元祐诸贤，禁其学说，甚于秦桧之禁绝程学。及韩侂胄当国，反对朱子，并其门人与私淑弟子一同禁锢之，号为伪学，而其祸极矣。盖权相最不满意于清议。书生好持正论，动辄招权相之忌，目为朋党。只能排斥政界诸人，学界之莘莘士子无恙，其主持清议自若也。唯称以伪学，则教育家、著述家、研究家，胥在朝在野，皆包括于其内，而一网打尽矣。兹述其事迹如下。

一、王学派与程学派之倾轧

初，神宗笃意儒学，从王安石议，罢诗赋及明经诸科，专以经义论策试士。增修太学。安石与其子雱及吕惠卿训释《诗书》《周礼》，颁于学官，号曰三经新义。主司纯用以取士，先儒传注一切废弃。是为以国力推行王学之始。又罢《春秋》不列于学官。安石又以字学久不讲，作字说以进。多穿凿附会，糅杂佛老。

哲宗元祐中，旧党内阁成立，罢新法。立十科取士法，置春秋博士。禁科举引用字说及佛老之书。解经参用诸儒学说，毋得专取王氏。又复诗赋，与经义并行，立为两科。于是王氏学说受一打击。

绍述之论起，罢十科举士法。诏进士罢诗赋，专习经义。除字说之禁，复废春秋科。国子监请以安石所撰字说洪范传，及王雱论语孟子义，刊板传学者。学校学子之文靡然从之，于是王学复盛。

徽宗崇宁中，再倡绍述。蔡京当国，罪状元祐诸贤，谓之奸党。禁其学术。毁范祖禹、唐鉴及三苏、黄庭坚、秦观文集。言者谓故直秘阁程颐邪说诐行，惑乱众听。而尹焞、张绎为之羽翼，诏河南府悉逐学徒。其所著书，令监严危加觉察。是为以国力排斥程学之始。寻以安石配享孔子，位次孟子，追封舒王。子雱为临川伯，从祀孔庙。宣和中，再禁元祐学术。举人传习者以违制论。闽人印造司马光等文集，诏毁其版。有收藏习用苏、黄之文者，并令焚毁。犯者以大不恭论。

靖康难起，始除元祐党籍学术之禁。复置春秋博士，禁用王氏字说。国子祭酒杨时上书，谓"安石著为邪说，以涂学者耳目，败坏其心术。伏望追夺王爵，明诏中外，毁去配享之像，使邪说淫辞不为学者之惑"。诏罢安石配享，降居从祀之列。于是王氏学说又受一次打击。是时诸生习用王氏学以取科第者已数十年，忽闻杨时目为邪说，群论籍籍。御史中丞陈过庭、谏议大夫冯澥上疏诋时。诏罢时祭酒，改给事中。时力辞，遂以徽猷阁待制致仕。

高宗即位，科举兼用经义诗赋，复十科取士法。是时王学、程学并行于朝野。而程门诸子杨时、尹焞等为世所重。吏部员外郎陈公辅不喜专门之学，上疏言："安石政事坏人才，学术坏人心。三经字说，诋诬圣人。破碎大道，非一端也。《春秋》正名分，定褒贬，俾乱臣贼子惧。安石使学者不治《春秋》。史汉载成败安危存亡理乱，为世龟鉴。安石使学者不读史汉，扬雄不死王莽之篡，而著剧秦美新之文。安石乃曰合于孔子无可无不可之义。冯道事四姓八君，安石乃曰：'善避难以存身。使公卿皆师安石之言，宜其无气节忠义也。'"疏入，帝大喜，授左司谏。公辅复上书，言："今世取程颐之说，谓之伊川之学。相率从之，倡为大言。谓尧舜文武之道传之仲尼，仲尼传之孟轲，孟轲传之颐，颐死遂无传焉。狂言怪语，淫说鄙论，曰此伊川之文也。幅巾大袖，高视阔步，曰此伊川之行也。师伊川之文，行伊川之行，则为贤士大夫。舍此皆非也。乞禁止之。"遂诏："士大夫之学，宜以孔孟为师。庶几言行相称，可济时用。"时方召尹焞为崇政殿说书，胡安国提举万寿观兼侍读。安国闻公辅乞禁程氏学，乃上疏言："孔孟之道不传久矣，自颐兄弟始发明之，然后知其可学而至。今使学者师孔孟，而禁从颐学，是入室而不由户也。夫颐于易，因理以明象，而知体用之一原。于《春秋》见于行事，而知圣人之大用。诸经语孟，皆发其微旨，而知其入德之方。则狂言怪语，岂其文哉。孝弟显于家，忠诚动于乡，非其道义，一介不以取与，则高视阔步，岂其行哉。自嘉祐以来，西都有邵雍、程颢及其弟颐，关中有张载，皆以道德名世。著书立言，公卿大夫所钦慕而师尊之。及王安石、蔡京等曲加排抑，故其道不行。望下礼官，讨论故事。加以封爵，载在祀典。仍诏馆阁搜其遗书，羽翼六经。使邪说者不得作，而道术定矣。"疏入，公辅与中丞周秘、侍御史石公揆交章论安国学术颇僻，除知永州。安国辞不就，旋以尹焞提举万寿观，兼侍讲。焞辞不拜。

和议既定，诏诸州修学宫。又建太学，养士七百人。别立宗学以教诸宗子，盖秦桧以之粉饰太平也。桧恶士论不服己，力摈正人。右正言何若希桧旨，上书指程颐、张载遗书为专门曲学，请戒内外师儒之官，力加禁绝，桧从之。自是程学为世大禁者十余年。及桧死，始解。

二、道学之禁

自程颢、程颐学于周敦颐，自谓传孔孟千载之学。其门人杨时传之罗从彦，从彦传之李侗。朱熹师侗，其书大要格物以致其知，反躬以养其性，而以居敬为主，盖本于二程之说，而发挥光大之，故尤有盛名。流俗丑正多不便之，遂有道学之目，阴以攻讦。孝宗即位，熹应诏上书陈时政得失。宰相汤思退方主和议，不悦熹。除武学博士，旋罢归。陈俊卿、刘琪、梁克家秉政，屡荐熹，授枢密院编修官，辞不就。淳熙三年（孝宗十四年），召熹为秘书郎，复力辞不至。史浩秉政，荐熹知南康军（今江西浔阳道星子县）。再辞，不许，乃就职。

值岁不登，讲求荒政，多所全活。五年，侍御史谢廓然请禁有司毋以程颐、王安石之说取士。秘书郎赵彦中复上疏排斥洛学，帝从之。七年，以熹提举江西常平茶盐。八年，浙东大饥。宰相王淮荐熹，改提举浙东常平茶盐，熹单车之任。凡政有不便于民者，悉厘革之。郡县官吏惮其风采，至自引去，所部肃然。行部至台州（今浙江会稽道临海县），知州唐仲友为其民所讼。熹按得其实，上疏劾之。而仲友与王淮同里（浙江金华人），且为姻家，已除江西提刑，未行而熹论之。淮匿其章不以闻，熹论益力，章前后六上。淮不得已，九年九月，夺仲友江西新命以与熹。熹辞不拜。淮深怨熹，欲阻其进用。十年六月，吏部尚书郑丙、监察御史陈贾希淮旨，请禁道学。帝从之。

由是学道之名贻祸于世。直学士院尤袤言于帝曰："道学者，尧舜所以帝，禹汤文武所以王，周公孔孟所以设教，近立此名诋訾士君子。故临财不苟得，所谓廉介；安贫守道，所谓恬退；择言顾行，所谓践履；行己有耻，所谓名节；皆目之为道学。此名一立，贤人君子欲自见于世，一举足且入其中，俱无得免。此岂盛世所宜有，愿循名责实，听言观行，人情庶不怀于疑似。"帝不能从。

十五年，王淮罢。右丞相周必大荐熹，征入奏事。或要于路曰："正心诚意之论，上所厌闻。慎勿复言。"熹曰："平生所学惟此四字，岂可隐默以欺吾君乎。"及入对，除兵部郎官。兵部侍郎林栗论"熹本无学术，徒窃张载、程颐之绪余。为浮诞宗主，谓之道学。绳以治世之法，则乱人之首也"。帝不悦，出熹为江西提刑。周必大与左补阙薛叔似、太常博士叶适皆上书代熹剖辨。侍御史胡晋臣复上疏劾栗："喜同恶异，无事而指学者为党。"乃出栗知泉州（今福建厦门道晋江县），熹亦力辞不拜。

光宗即位，殿中侍御史刘光祖上疏，乞禁讥议道学者。是年，廷试举人。婺州进士王介策亦言："今之所谓道学者，即世之君子正人也。君子正人之名不可逐，故设为此名，一网去之。圣明在上，而天下以道学为讳，将何以立国哉？"帝嘉叹，擢为第三。由是道学之讥少阻。绍熙四年，以熹知潭州（今湖南湘江道长沙县）。

三、光宗之内禅

光宗皇后李氏者，庆远节度使道之女。高宗时，光宗封恭王，聘为妃，生嘉王扩。后性妒悍，常诉帝左右于高宗及寿皇。高宗不怪，寿皇亦屡训敕，后深以为憾。及帝即位，后恣横弥甚。常因内宴，请立嘉王扩为太子。寿皇不许。后曰："妾，六礼所聘。嘉王妾亲生也，何为不可？"寿皇大怒，后退持嘉王泣诉于帝，谓寿皇有废立意。帝惑之，遂不朝寿皇。后又以黄贵妃有宠，因帝祭太庙，宿齐宫，阴杀贵妃，以暴卒闻。翌日，合祭天地，风雨大作，黄坛烛尽灭，不能成礼而罢。帝悲哀震惧，遂成心疾，多不视朝，政事多决于后。

绍熙五年（光宗五年、西历纪元一一九四年）正月，寿皇寝疾。群臣请帝省视，不报，而与后幸玉津园。六月，寿皇崩，帝称疾不出治丧。丞相留正请立嘉王扩为太子，代行丧礼，不许。知枢密院事赵汝愚密建内禅之意，遣知阁门事韩侂胄入奏太皇太后吴氏（高宗后，侂胄琦五世孙，太后女弟之子也），请太皇太后垂帘，引嘉王扩入即位，是为宁宗。尊光宗为太上皇帝，立侂胄从女韩氏为皇后。侂胄欲推定策功，汝愚曰："吾宗臣，汝外戚也。何可以言功？"乃加侂胄汝州防御使，侂胄大失望。然以传导诏旨，寝见亲幸，时时乘间窃弄威福。

四、伪学之禁

先是帝在嘉王府时，翊善黄裳，直讲彭龟年数称道朱熹之贤，帝心向慕之。至是赵汝愚首荐熹，乃召为焕章阁待制，兼侍讲。是时韩侂胄寖谋预政，留正每裁抑之。侂胄怒，间之于帝，罢正知建康府（今江苏江宁县）。引其党刘德秀、刘三杰等居言路，相与排斥正人。右正言黄度将上疏论之，侂胄觉其意，出度知平江府（今江苏吴县）。朱熹忧其害政，每因进对，为帝剀切言之。侂胄怒，使优人峨冠阔袖，象大儒，戏于帝前。因乘间言熹不可用。罢熹经筵。赵汝愚廷净，帝不省。中书舍人陈傅良封还录黄，起居郎刘光祖、起居舍人邓馹、御史吴猎、吏部侍郎孙逢吉、监登闻鼓院游仲鸿交章留熹，皆不报。傅良、光祖亦坐罢，旋进侂胄枢密都承旨。侍讲彭龟年条奏其奸，请去之，诏出龟年于外。郡给事中林大中、中书舍人楼钥缴奏以为非是，不听。参知政事陈骙持不可，并罢骙而以侂胄党京镗代之。

侂胄欲去赵汝愚而难其名，谋于京镗。镗曰："彼宗姓也（汝愚太宗子楚王元佐七世孙）。诬以谋危社稷，则一网打尽矣。"侂胄然之。以秘书监李沐尝有怨于汝愚，引为右正言。使奏"汝愚以同姓居相位，将不利于社稷"。庆元元年（宁宗元年）二月，罢汝愚提举洞霄宫。直学士院郑湜坐草制词无贬词，免官。兵部侍郎章颖、国子监祭酒李祥、知临安府徐谊、国子博士杨简皆抗章请留汝愚。李沐劾为党，皆斥之。

太府寺丞吕祖俭上书诉赵汝愚之忠，并论朱熹老儒，彭龟年旧学，李祥老成，不当罢斥。语侵韩侂胄。有旨"祖俭朋比罔上"。送韶州（今广东岭南道曲江县）安置。中书舍人邓驲缴奏祖俭不当贬，不从。中书舍人楼钥因进讲读论及之。侂胄语人曰："复有论奏祖俭者，当处以新州（今广东粤海道新兴县）。"众乃不敢复言。太学生杨宏中、周端朝、张衜（古文，道字）、林仲麟、蒋傅、徐范等六人伏阙上书，诉赵汝愚之冤，论李沐之诬罔，请窜沐以谢天下，召还李祥杨简以收士心。疏入，诏宏中等罔乱上书，煽摇国是。悉送五百里外编管。

汝愚既斥，侂胄之权益盛。士大夫素为清议所挼者，乃教以"凡相与异者，皆道学之人也"。阴疏姓名授之，俾以次斥逐。或又言："以道学目之，则有何罪，当名曰伪学。"盖谓贪黩放肆乃人真情，廉洁好修者皆伪耳。由是有伪学之目，善类皆不自安。是年六月，右正言刘德秀希侂胄旨，上疏请考核真伪以辨邪正。诏下其章，由是国子博士孙元卿、袁燮、国子正陈武皆罢。国子司业汪逵上章辨白，德秀以逵为狂言，并免其官。中丞何澹急欲执政，亦上疏言："专门之学流而为伪，空虚短拙，文诈沽名。愿风厉学者，专师孔子，不必自相标榜。"诏榜于朝堂。吏部郎官糜师旦希旨，复请考核真伪，迁左司员外郎。又有张贵模者，指沦太极图，亦被赏擢。于是草茅之士，热中富贵者，皆知朝廷意旨所在，争掊击正人，以干禄求进矣。

韩侂胄忌赵汝愚，必欲置之死地。中丞何澹、监察御史胡纮希旨论之。是年十一月，窜汝愚于永州（今湖南衡阳道零陵县）。当制舍人汪义端、迪功郎赵师召希旨，请杀汝愚。帝不许。二年正月，汝愚行至衡州（今湖南衡阳道衡阳县），疾作。衡守钱鍪承侂胄密谕，窘辱百端，汝愚暴卒。天下闻而冤之。

是年二月，以端明殿学士叶翥与刘德秀同知贡举。翥等奏言："伪学之魁，以匹夫窃人主之柄，鼓动天下。故文风不能丕变。乞将语录之类尽行除毁。"故是科取士，稍涉义理者，悉皆黜落。《六经》《语》

《孟》《中庸》《大学》之书为世大禁。以何澹参知政事，叶翥签书枢密院事。

中书舍人汗义端引唐李林甫故事，以伪学之党皆名士，欲尽除之。太皇太后闻而非之。帝乃诏“台谏给舍论奏，不必更及书事，务在平正，以副朕建中之意”。诏下，韩侂胄及其党皆怒。刘德秀与御史张伯垓、姚愈等上疏力争以为不可，乃改“不必更及书事”为“不必专及旧事”。自是侂胄与其党攻治之意愈急矣。殿中侍御史黄黼上言：“治道在黜首恶而任其贤，使才者不失其职，而不才者无所憾。故仁宗常曰：朕不欲留人过失于心。此皇极之道也。”疏上，忤侂胄意，免其官。太常少卿胡纮上书，请禁用伪学之党。诏宰执权住禁拟。大理司直邵裒然言：“三十年来，伪学显行，场屋之权尽归其党。乞诏大臣审察其所学。”诏伪学之党，勿除在内差遣。已而言者又论伪学之祸，乞鉴元祐调停之说，杜其根源。遂诏监司帅守荐举改官。并于奏牍前，声说非伪学之人。会乡试漕司（即诸路转运使）前期取家状，必令书以不是伪学五字。

是时台谏皆韩侂胄所引，汹汹争欲以熹为奇货，然无敢先发者。胡纮未达时，有憾于熹。及拜监察御史，锐然以击熹自任。物色无所得。

经年酝酿，章疏乃成。会改太常少卿，不果。有沈继祖者，为小官时，尝采摭熹语孟之语以自售。至是以追论程颐，得为御史。纮以疏草授之继祖，谓可立致富贵。遂诬论熹十罪，且言：“熹剽窃张载、程颐之绪余，以吃菜事魔之妖术，簧鼓后进，张浮驾诞，私立品题。收召四方无行义之徒，以益其党伍，潜形匿迹，如鬼如魅。乞加少正之诛，以为欺君罔世污行盗名者之戒。其徒蔡元定佐熹为妖，乞编管别州。”庆元二年十二月，削熹官，窜元定于道州（今湖南衡阳道道县）。已而选人余嚞上书，乞斩熹以绝伪学。参知政事谢深甫抵其书于地，语同列曰：“朱元晦、蔡元定不过自相讲明耳，果何罪乎？”事乃止。

三年十二月，知绵州正沇上疏，乞置伪学之籍。仍令目今曾受伪学举荐关升，及刑法廉吏自代之人，并令省部籍记姓名，与闲散差遣。从之。于是伪学逆党得罪著籍者，宰执则有赵汝愚、留正、周必大、王蔺等四人。待制以上，则有朱熹、徐谊、彭龟年、陈傅良、薛叔似、章颖、郑湜、楼钥、林大中、黄由、黄黼、何异、孙逢吉等十三人。余官则有刘光祖、吕祖俭、叶适、游仲鸿、吴猎、李祥、杨简、汪逵、孙元卿、袁燮、陈武等三十一人。武臣则有皇甫斌等三人。士人则有杨宏中、周端朝、张衜、林仲麟、蒋傅、徐范、蔡元定、吕祖泰等八人。凡五十九人。

六年三月，朱熹卒。右正言施康年言："四方伪徒聚于信上（信江，一名上饶水，发源江西豫章道玉山县北，经上饶至弋阳为弋阳江，又经贵溪至安化县，为锦江，又西经余干县城南至三江口入鄱阳湖），欲送伪师之葬。会聚之间，非妄谈时人长短，则谬议时政得失。乞下守臣约束。"从之。是年，吕祖俭卒。其弟祖泰上疏，论"韩侂胄有无君心。请诛之以防祸乱"。有旨："吕祖泰挟私上书，语言狂妄。"拘管连州（今广东岭南道连县）。右谏议大夫程松与祖泰有旧，恐被嫌疑，乃独上疏，论祖泰罪当诛。诏杖祖泰一百，配钦州（今广东钦廉道钦县）牢城收管。监察御史林采言："伪习之成，造端自周必大，宜加绌削。"施康年亦以为言。诏贬必大为少保。

五、伪学之禁之取消

先是伪学之祸，虽本于韩侂胄欲去异己以快所私。然实京镗创谋，而何澹、刘德秀、胡纮成之。已而镗死，三人亦罢。侂胄厌前事之乖戾，欲稍更改以消中外之议。会张孝伯谓侂胄曰："不弛党禁，恐后不免报复之祸。"籍田令陈景思，侂胄之姻也，亦谓侂胄勿为己甚。侂胄然之。嘉泰二年（宁宗八年），诏弛伪学党禁，追复赵汝愚资政殿学士。党人见在者，咸先后复官自便。又削荐牍中不系伪学一节。时朱熹没已逾年，周必大、留正各已贬秩致仕。诏熹追复待制，致仕。必大复少傅，正复少保。

已而韩侂胄以开边生衅，伏诛。其党羽皆流窜。宁宗追悔前事，赠赵汝愚太师，追封沂国公，谥忠定。追复朱熹官阶，谥曰文。以论孟集注列于学官。追谥周敦颐曰元，程颢曰纯，程颐曰正。

理宗深崇儒学，即位以后，追赠朱熹太师，封徽国公。追封周敦颐为汝南伯。张载郿伯，程颢河南伯，程颐伊阳伯。并从祀孔庙。先是从祀中有王安石父子，考宗淳熙中，始黜王雱。至是并黜安石。度宗即位以后，复以邵雍、司马光并从祀孔子庙廷。

伪学之禁表：

一、孝宗淳熙十年，吏部尚书郑丙、监察御史陈贾希宰相王淮旨，请禁道学，从之。

二、十五年，王淮罢，右丞相周必大奏征朱熹，除兵部郎官。侍郎林栗劾熹为浮诞宗主，熹力辞不拜。

三、光宗即位，殿中侍御史刘光祖请禁讥议道学者，从之。

四、宁宗即位，征朱熹兼侍讲。韩侂胄嫉其议论时政，罢之。

五、庆元元年，韩侂胄逐故相赵汝愚。右正言刘德秀希侂胄旨，上疏请考核真伪以辨邪正，诏下其章，罢国子监司业汪逵等。

六、二年八月，从太常少卿胡纮言，禁用伪学之党。十二月，削朱熹官，窜其徒蔡元定于道州。

七、三年十二月，知绵州王沇上疏，请置伪学籍，从之。

八、四年五月，右谏议大夫姚愈请严伪学之禁，从之。

九、六年三月，朱熹卒。

十、嘉泰二年二月，弛伪学党禁，复诸贬责者官。

南宋之衰亡

南宋之建国，与东晋相似。然琅玡建立，适构五胡，长安既陷，中原分割，择地建康，诚非得已。靖康之初，金劫二帝，即卷旆北还。宋之土地，弃而不有，宋之君臣，可自取之。反致奔走东南，播迁穷僻，坐失事机，始惑于汪、黄，继制于秦桧，罢李纲杀岳飞，匿怨亡亲，偷安忍耻，恶得与琅玡并齿中兴哉？孝宗以宗室承统，颇有恢复中原之志。值金世宗中兴，南北休息者三十余年，孝宗之志，终不获伸。亦时势为之，无可如何者矣。光宗失子道，赵汝愚、韩侂胄拥立宁宗。侂胄自负定策之勋，引进群小，攻讦善类。外挑强邻，流毒淮甸。其首虽枭，国亏莫补。益以杨后之窃内柄，史弥远之擅外权，而小朝廷之纲纪乃日紊矣。理宗为史弥远所立，束手受制。蔡州之役，可以雪先世之耻，顾乃贪地弃盟，事衅随起，兵连祸结，境土日蹙。

昔也联金以攻辽，辽亡而宋亦蹙。今也联蒙古以灭金，金灭而宋随亡。依赖他人者，后必为人所制。宋之迭取败亡，宋人不能自立之故也。金既亡，宋臣建收复三京之议。赵葵、全子才率淮西兵越汴，将取洛阳，蒙古兵大至，皆溃而归。自是淮汉之间，无复宁日。度宗在位，贾似道当国，乞和于先，败盟于后。以至弱之国，失信强邻，适资借口以速其祸，则贾似道者，实亡宋之先驱也。然一二忠义之士，全国既覆，而争之一隅，城守不能，而争之海岛。虽于国亡无补，而人民忠义之气，不随国以俱亡，较之偷生事敌者不亦贤哉。故综宋一代之大势观之，辽、金、蒙古迭起为患，称臣纳币，受屈辱者数百年。然宋室虽衰，民望犹在。忠臣义士，踵起而殉国难。故自偏安以后，犹能以至弱抗至强，支持至百余年之久，则以国多爱国之人故也。兹述其事迹如下。

一、收复三京议

金室既亡，河南南部入于宋。赵范、赵葵欲乘时抚定中原，建守河据关收复三京之议。朝臣多以为未可，独郑清之力主其说。时范为两淮制置使，乃使移司黄州，刻日进兵。诸将言其不可，帝不听。是年六月，命赵葵与知庐州全子才率淮西兵趋汴。金故将李伯渊杀崔立，以城降。葵遣部将杨谊等取洛阳。蒙古闻之，复引兵南下。时粮饷未集，子才主缓师，葵不可。谊等持五日粮前进，大兵入洛之明日，粮竭。闻蒙古兵且大至，谊军溃。葵、子才遂弃汴而归。蒙古兵遂大举南下。两淮、京湖、四川等处同时被兵。朝廷以孟珙为襄阳都统制，屯黄州以备蒙古。

二、孟珙之守楚　余玠之守蜀

端平二年六月，蒙古皇子库腾（旧作阔端）将塔海等侵蜀，入沔州，知州事高稼战没。利州统制曹友闻扼仙人关以拒之。三年九月，蒙古兵陷兴元，友闻拒战于阳平关，败绩，死之。四川制置使赵彦呐遁，成都、利州、潼川三路俱破。同时蒙古将特穆德克（旧作忒木觮）、张柔等侵汉。三年三月，襄阳将王旻等作乱，走降蒙古。蒙古遂破枣阳军、德安府、（今湖北江汉道、故德安府）、随（同随县）、郢州（今襄阳钟祥县）及荆门军（同荆门县），进攻江陵。孟珙进兵击破之。嘉熙二年九月，朝廷以珙为京湖制置使。珙连破蒙古兵，恢复湖北州郡。屯重兵于襄阳以当其冲。于是湖北始得稍安。是时塔海引兵由蜀东犯，珙遣其兄知峡州璂拒战于归州（今荆南道秭归县），败之。四年二月，朝廷以珙为四川宣抚使，兼知夔州（今四川东川道奉节县）。珙大兴屯田，以图进取。

是时成都已三次失陷。四川军州残破，无复纪律，遗民咸不聊生。监司戎帅各专号令，擅辟守宰，荡无法度。淳佑三年二月，朝廷以余玠为四川制置使，知重庆府。玠知人善任，大更弊政。遴选守宰，城钓鱼山，移合州（今东川道合川县）治之。其他因山为垒，棋布星列，气势联络，屯兵聚粮，为必守计。民始有安土之心。

三、史嵩之之专政

自宁宗在位以来，韩侂胄、史弥远相继以俭人秉政，纪纲大坏。理宗绍定六年（理宗九年），弥远卒，郑清之当国，始收召老成之士。以真德秀参知政事，未几而卒。召崔与之参知政事，辞不至。以魏了翁同签书枢密院事。廷臣多忌了翁，合谋排斥之，出为督视江淮京湖军马，俄复召还。了翁固辞不拜，寻卒。端平二年，（理宗十二年）清之罢。乔行简、李宗勉、史嵩之相继秉政。一时正人，如杜范、游侣等，皆以忤嵩之被逐。时三相当国，论者谓乔失之泛，李失之狭，史失之专。然宗勉清谨守法，犹号为贤。嘉熙四年（理宗十六年），行简、宗勉相继卒，嵩之独当国。淳佑四年（理宗二十年），丁外艰，谋起复。将作监徐元杰、左司谏刘汉弼等，相继上疏论之。帝知嵩之不为士论所容，听其终制。以范锺、杜范为左右丞相，罢黜嵩之党羽签书枢密院事金渊等。范立朝未八十日而卒。徐元杰、刘汉弼相继以暴疾死。议者谓诸公皆中毒，堂食无敢下箸者。

四、丁大全之专横　贾似道之擅权

是时蒙氛日恶。两淮、京湖、四川等处同时被兵。朝廷以孟珙守楚，余玠守蜀，扼蒙兵南下之冲。扬子江上流、中流流域稍觉安堵。淳佑六年（理宗二十二年）九月，珙卒。宝佑元年（理宗二十九年）五月，玠遭谗，免官自杀。朝廷以贾似道为京湖制置使，余晦为四川制置使，代之。晦轻儇浮薄，素无行检。至镇后，谗杀利州西路安抚使王惟忠，由是四川事渐破坏不可收拾。似道少落魄为游博，不事操行，以荫补官。其姊为理宗贵妃，帝以妃故，累擢似道为籍田令，至是遂专方面。淳佑十年三月，授两淮制置大使。宝佑二年六月，加同知枢密院事。四年四月，加参知政事。五年五月，加知枢密院事。职任依旧。似道在镇久，专以揽权怙宠为事。台谏尝论其二部将，即毅然求去。孙子秀新除淮东总领，外人忽传似道不可，执政遂不敢遣，别以似道所善陆塈代之。其见惮如此。六年九月，授似道枢密使，充两淮宣抚使。

是时宦官董宋臣有宠，逢迎上意，大兴土木。起梅堂、芙蓉阁、香兰亭，豪夺民田。引倡优入宫，招权纳贿，无所不至。宝佑三年六月，引其党丁大全为右司谏。监察御史洪天锡论之，诏罢天锡并及左丞相谢方叔，而以董槐为右丞相，兼枢密使，代之。槐守正不阿，大全恶之，乃上章劾槐。四年六月，以台檄调省兵百余人，露刃驱迫槐出都，诏以大全签书枢密院事。六年四月，授右丞相，兼枢密使，代总国政。时蒙古侵轶日甚，大全当国，匿不以闻。开庆元年（理宗三十五年）十月，黜大全，以吴潜为左丞相，兼枢密使，当国。

是时蒙古宪宗自将南侵蜀，使其弟呼必赉（旧作忽必烈）侵江汉。宝佑六年九月，宪宗入剑门，十二月入阆州（今四川嘉陵道阆中县）。两川州郡相继陷落。次年（开庆元年），正月，朝廷授贾似道京西湖、南北、四川宣抚大使，兼督江西二广军马，拒蒙古。是年二月，宪宗围合州，守将王坚力战御之，蒙古兵不能克。七月，宪宗殂于合州城下，余众解围北还。八月，呼必赉将兵渡淮。九月，围鄂州（今湖北鄂城县）。十月，朝廷即拜贾似道为右丞相，兼枢密使，军汉阳（今湖北汉阳县）以援鄂，时诸路重兵咸集于鄂。蒙古将乌特哩哈达（旧作兀良合台）由交趾北还，连破广西州郡，进攻湖南，围潭州（今长沙县），分兵攻江西，破临江（今庐陵道，故临江府）、瑞州（今庐陵道，故瑞州府），江西大震。朝廷以黄州当兵冲，诏似道移军黄州。似道惧蒙古兵威，遣使乞和于呼必赉，请称臣纳币。呼必赉闻宪宗已殂，少弟阿里克不克时留守和林，将自立，乃许和，引兵北还。似道遣将追杀其殿卒于新生矶（在今江汉道黄冈县）。

蒙古兵既退，似道匿请和称臣纳币之事，上表以诸路大捷闻。上大喜。次年（景定元年）三月，召似道还朝，加少师，封卫国公，秉政。似道既得志，进用群小，变更法制。忌吴潜，谮贬之。复谮杀湖南制置副使向士壁。潼川安抚副使刘整惧，二年六月，据泸州（今四川永宁道泸县）叛降蒙古。蒙古使翰林学士郝经来修好，似道幽之真州（今江苏淮扬道仪征县）。三年正月，蒙古江淮大都督李璮（全子）以京东来归，诏封璮齐郡王。蒙古大将史天泽围璮于济南。朝廷遣兵援之，不克。八月，天泽破济南。执璮，杀之。蒙古世祖以朝廷无意修好，九月，以阿珠（旧作阿术）为征南都元帅，复议大举南侵。

理宗无子，以母弟嗣荣王与芮子禥为皇太子。帝在位四十年，以景定五年（西历纪元一二六四年）十月崩。太子即位，是为度宗。加贾似道太师，封魏国公。帝以似道有定策功，每朝必答拜，称之曰师臣而不名。似道以去要君，帝固留之，拜平章军国重事，赐第西湖之葛岭。五日一乘湖船入朝，不赴都堂治事，吏抱文书就第呈署。大小朝政，一切决于馆客廖莹中、堂吏翁应龙等。宰执充位而已。

五、襄樊之陷

初，孟珙守京湖，以襄阳樊城，南北冲要，敌所必争，特置重兵以当蒙古南下之路。蒙古攻潭攻鄂，皆以归路受其牵制，不能成功。理宗末年，吕文德守鄂，有威名。刘整既降蒙古，言于世祖，以玉带馈文德，请置榷场于襄阳城外。文德诱于利，为请于朝，许之。蒙古筑土墙于鹿门山（在襄阳县东南）。外通互市，内筑堡壁。由是敌有所守，以遏南北之援。时出兵哨掠襄樊城外，兵威益炽。度宗咸淳四年九月，阿珠、刘整围襄阳（元兵围襄阳用阿剌比亚式之大投石机，名曰回回炮）。五年三月，围樊城。知襄阳府吕文焕（文德之弟）力战拒之。七月，沿江制置副使夏贵率师救襄阳，败绩。六年正月，朝廷以李庭芝为京湖制置大使，而以贾似道婿范文虎为殿前副都指挥使，总中外诸军救襄阳。文虎恃妇翁势，不受庭芝节制。在路兵妓饮酒，逗留不进。庭芝屡促其进兵。七年六月，文虎进至鹿门而遁。襄阳被围五年，援军不至。文焕每一巡城，南望痛哭而后下，告急于朝。贾似道累上书请巡边，而阴使台谏上章留己，卒不出。咸淳九年正月，樊城陷。守将范天顺、牛富战死。二月，吕文焕以襄阳降蒙古。于是京湖无险可守。蒙兵东下，遂成破竹之势矣。

六、临安之陷　恭宗之北狩

度宗在位十年，以咸淳十年（西历纪元一二七四年）七月崩。贾似道奉皇次子嘉国公显即位，是为恭宗，年甫四岁，太皇太后谢氏临朝称制。京湖制置使汪立信移书似道，上三策。一谓抽内兵过江，或百里，或二百里，置一屯，皆设都统。七千里江面才三四十屯，设两大藩府以总之，缓急上下流相应。二谓久稽使者，不如遣归，啖缓师期。三谓若此二者均不可，莫若准备投拜。似道怒罢之。咸淳七年十一月，蒙古改国号曰元。十年八月，世祖使中书右丞相巴延（旧作伯颜）总诸军二十万，分道大举南侵。连陷湖北、淮西州郡。朝廷大惧。十二月，诏贾似道都督诸路军马，似道以孙虎臣总统诸军。恭宗德佑元年正月，出屯芜湖（今安徽芜湖县）。遣使请和于元，巴延不许。是年二月，军溃于池州（今安徽贵池县）。似道奔扬州。元尽破江淮州郡。诏黜似道，窜之循州，在路为监押官郑虎臣所杀。以王爚、陈宜中为左右丞相，并兼枢密使，都督诸路军马。张世杰总统诸军以拒元兵。是年七月，世杰与元阿珠战于焦山，败绩。巴延遂渡江，分兵东下。宜中与王爚不协，以去要君，朝廷不得已，罢爚，以留梦炎与宜中为左右丞相。元分兵破湖南、江西州郡。进至平江（今江苏吴县）。诸关兵皆溃。留梦炎遁，太皇太后遣使称臣于元以请和，巴延不许。陈宜中请迁都，不果行。二年正月，巴延进至临安城北，太皇太后遣使奉传国玺请降，巴延遂入临安。封府库，收图籍，以帝及皇太后全氏以下北去。留部将阿楼罕（旧作阿剌罕）、董文炳等守临安。

七、崖山之溃

初，贾似道之丧师也，朝廷下诏州郡，征兵入援。江西提刑文天祥起兵勤王。请分境内为四镇，建都统御于其中。地大力众，乃足以抗敌。时议以为迂阔，不报，命知平江府。巴延渡江东下，朝廷闻警，征天祥知临安府。天祥辞不拜，请以福王与芮秀王与檡判临安，系民望，身为少尹，以死卫宗庙。又请命皇兄益王昰（同正）皇弟广王昺（同丙）镇闽广，以图兴复，俱不许。巴延至临安，文天祥、张世杰请移三宫入海。而已率众背城一战。陈宜中不许，夜遁归温州。世杰不肯降，与诸将苏刘义、刘师勇等，各引所部兵入海，太皇太后使驸马都尉杨镇奉益王、广王走婺州（今浙江金华县），益王母杨淑妃从行。以天祥为右丞相，兼枢密使，与左丞相吴坚等使元军请和。

天祥见巴延，辞色不屈。巴延疑其有异志，留之。临安既下，巴延使降将范文虎将兵追二王，不及。执杨镇，还临安。二王遂走温州（今浙江永嘉县）。复拘天祥北去。至镇江，夜亡走真州，遂浮海如温州，与二王会。礼部侍郎陆秀夫与苏刘义追及二王于道。遣使诏陈宜中、张世杰皆来会。是年（端宗景炎元年）闰三月，奉益王为都元帅，开府福州。五月，奉王即位，是为端宗。以宜中为左丞相，兼枢密使，都督诸路军马，秉政。天祥为枢密使，同都督诸路军马，开府南剑州（今福建南平县），经略江西。是年九月，元阿楼罕、董文炳等将兵入闽广。陈宜中、张世杰奉帝浮海，走潮州（今广东湖安县），次年（端宗景炎二年），文天祥出兵江西，为元将李恒所败，走循州。元将刘深袭潮州，世杰奉帝走秀山（俗名虎头门，在今粤海道东莞县西南海中），复奔谢安峡（在今香山县境海中）。宜中逃之占城。次年（景炎三年帝昺祥兴元年）四月，帝崩。年甫十一岁。群臣多欲散去，签书枢密院事陆秀夫不可，乃奉皇弟卫王昺即位，时年八岁，迁于崖山（在今粤海道新会县南大海中）。六月，元以张弘范为都元帅，李恒副之，将兵来攻。闰十一月，袭执文天祥于五坡岭（在今潮循道海丰县北）。次年（祥兴二年）正月，遂袭崖山。张世杰力战，不胜，大兵溃。陆秀夫抱帝沉于海，死之。世杰复收兵至海陵山（在故肇庆府海阳县南），舟覆而死。宋亡。时宋帝昺祥兴二年，元世祖至元十六年，西历纪元一二七九年也。宋自太祖开国，凡传九帝而南渡，又传九帝而国亡。统共传十八帝，三二〇年。

蒙古侵宋表：

一、宋理宗端平二年，蒙古皇子阔端，将塔海等侵蜀，破成都、利州、潼川三路。武木、张柔等侵汉，破枣阳军，德安府，随、郢二州及荆门军，进攻江陵；为孟珙所败，引还。昆布哈、察罕等攻淮西，杜杲击却之。

二、宝佑五年，蒙古宪宗自将侵蜀，围合州，不克。六年七月，殂于合州城下，余众解围北还。皇弟忽必烈侵江汉，围鄂州。大将兀良合台由交趾北还，侵广西，破静江府；侵湖南，破辰沅二州，围潭州。分兵侵江西，破临江，瑞州。贾似道遣使请和，蒙古兵乃退。

三、度宗咸淳四年九月，蒙古阿术刘整围襄阳。五年三月，围樊城。九年正月，樊城陷。二月，襄阳降。

四、十年八月，元将伯颜大举南侵，连陷湖北、淮西州郡；恭宗德佑元年，连陷两江州郡；二年正月，进至临安城北，太皇太后遣使请降。

五、是年九月，元阿刺罕、董文炳等寇闽广，连陷浙东、福建、广东、广西州郡。

六、帝昺祥兴元年六月，元张弘范、李恒将兵入闽广。二年二月，陷崖山，宋亡。

元室衰乱之原因

　　元初诸帝，皆英武有度量，能容众议。其版图阔大，其政治简易。顾其所以享祚不永者，有二原因：一由于分国之背叛，二由于本国之衰乱。读者欲知其详，可参观拙著《东洋近世史》第五期第一、第三、第四、第五各章。兹从略。本国衰乱之原因有二：一、丞相专横与天子幼稚，二、财政困难。财政困难直接之原因复有二：甲、天然原因，即水旱饥馑之类仍是也；乙、人为原因，即租税繁重、纸币乱发，与喇嘛之暴横是也。兹述其概略如下。

一、历代天子之更迭与大臣之专横

　　蒙古汗统，不必父子传世。故每逢绝续之交，恒启纷争之隙。至元三十一年（西历纪元一二九四年），世祖崩。皇太孙特穆尔（旧作帖木儿）南还，及宗室诸王会于上都。定策之际，诸王有违言者，太傅约苏特穆尔以责皇长孙晋王噶玛拉（旧作甘麻剌）。于是晋王愿仍守北边，而谓母弟特穆尔宜嗣大统。知枢密院事巴延（旧作伯颜）亦握剑宣顾命立皇孙之意，辞色俱厉，诸王皆股栗，趋殿下拜。特穆尔遂即位，是为成宗。

成宗在位十三年，以大德十一年（西历纪元一三〇七年）崩。皇后巴约特氏（旧作伯牙吾氏）先期召安西王阿南达（旧作阿难答，世祖次子莽噶拉之子）入京，欲立之。左丞相阿呼岱（旧作阿忽台）以下，皆欲奉皇后垂帘听政，辅立阿南达。右丞相哈喇哈斯（旧作哈喇哈孙）不从，欲立皇侄怀宁王海桑（旧作海山）。时桑方镇漠北，遣使计事京师。哈喇哈斯令急还报，又以海桑距离悬远，乃遣使先即近南迎其母弟阿裕尔巴里巴特喇（旧作爱育黎拔力八达）于怀州（今河南河北道，故怀庆府）。阿裕尔巴里巴特喇至大都，执阿南达归于上都，诛阿呼岱等，自监国。海桑至自和林，弑皇后，并杀阿南达等。遂即位，是为武宗。立阿裕尔巴里巴特喇为皇太子。

武宗时，西僧极骄纵，又宠任幸臣托克托（旧作脱虎脱）等，颇变乱旧章。在位四年，以至大四年（一三三一年）崩。皇太子首诛托克托等，黜其党，召还先朝旧臣。乃即位，是为仁宗。初，武宗立仁宗为皇太子，故有兄弟叔侄世相承袭之约。及是丞相特们德尔（旧作铁木迭儿）等欲邀宠，请立仁宗嫡子硕迪巴拉（旧作硕德八刺即英宗），而谮武宗长子和锡拉（旧作和世㻋），遂封为周王，遣出镇云南。延祐三年，行次延安，武宗旧臣等合谋发关中兵，自潼关河中府奉之北上。事不果行，和锡拉乃西走，至金山西南，投察罕台国汗也先不花。也先不花时方与伊儿汗国开边衅，又叛朝命与王师战，屡败。王尔其斯坦地多为王师所蹦，怨仁宗甚。适和锡拉来投，大喜。偕金山西北诸王率众迎附。和锡拉至其部，与定约束。冬夏徙帐，春则命从者耕于野，如是者十余年。

和锡拉既西奔，仁宗遂立硕迪巴拉为皇太子。特们德尔有宠于太后（武宗、仁宗母），至是再入相。怙势贪虐，凶秽滋甚，中外切齿。廷臣共劾其罪状。仁宗大怒，欲案治之。特们德尔惧罪，逃匿太后宫。仁宗不忍伤太后意，乃不深究，但罢其相位。

仁宗在位九年，以延佑七年（一三二〇年）崩。太子即位，是为英宗。特们德尔三人相，尽杀前劾己者。凡睚眦之怨无不报复。英宗觉而疏之，用拜住（安图孙）为相，委以心腹。特们德尔不得志，怏怏发病死。拜住独柄政。一新庶务，起用老臣。追夺特们德尔官爵，籍其家。其党知枢密院事额森特穆尔（旧作也先铁木儿）、御史大夫特克锡（旧作铁失）等不自安，乃谋作乱。至治三年（一三二三年），特克锡作乱，弑帝并杀拜住，遣使迎晋王伊逊特穆尔（旧作也孙铁木儿，噶玛拉长子，袭封晋王，仍镇北边，领四大鄂尔多地）于镇所，即位于龙居河，即胪朐河（今克鲁伦河），是为泰定帝。逆党旋伏诛。泰定帝在位四年，以致和元年（一三二七年）七月，崩于上都。太子阿苏奇布（旧作阿速吉八）嗣立，是为天顺帝（二帝皆无谥，世止称其年号），时年九岁。

初英宗即位，迁武宗次子图卜特穆尔（旧作图帖睦尔）于琼州。泰定帝初年，召还。旋复徙诸江陵。泰定帝崩，左丞相道拉锡（旧作倒剌沙）专权自用。逾月不立君，朝野汹惧。居守大都签书枢密院事雅克特穆尔（旧作燕帖木儿，绰和尔第三子）以身受武宗宠拔恩，欲迎立其二子，遂纠党作乱，执中书省御史台诸臣下狱，遣使迎怀王图卜特穆尔于江陵。是年八月，图卜特穆尔入京僭位。天顺帝分遣诸王将兵讨之，不克。十月，乱兵陷上都，帝不知所终。图卜特穆尔遣使迎其兄和锡拉于漠北。次年（明宗天历二年，一三二九年）正月，和锡拉南还，即位于和宁（即和林）之北，是为明宗。立图卜特穆尔为太子。是年八月，行次翁郭察图。图卜特穆尔入见。帝暴崩。图卜特穆尔复袭位于上都，是为文宗。

文宗既立，以雅克特穆尔有拥戴大功，极宠异之，权倾中外。在位三年，以天顺三年（一三三二年）崩。皇子雅克特古斯（旧作燕帖古思）尚幼，乃立明宗次子鄜王额琳沁巴勒（旧作懿璘质班），是为宁宗。年甫七岁，逾月而薨。文宗后使迎明宗长子托欢特穆尔（旧作妥欢帖睦尔）于广西。至则雅克特穆尔意不欲立之，迁延数月。雅克特穆尔死，乃得立，是为惠宗。明太祖谥之曰顺帝。纳雅克特穆尔女巴约特氏（旧作伯牙吾氏）为皇后，封其子腾吉斯（旧作唐其势）等为王爵。寻以右丞相巴延（旧作伯颜）独秉政。腾吉斯忿怨谋反，兄弟及党羽皆伏诛，皇后亦废死。巴延浸专恣，乱成宪，擅诛贬，有异谋。至元六年，其侄托克托（旧作脱脱，巴延养为子）与帝腹心臣合谋黜之，道死，托克托遂代当国。

成宗以后，帝位绝续，恒启纷争。权臣因之，借拥戴功擅威福柄者垂三十年。元之中书、枢密及诸路行省，吏治阘茸，武备废弛。统治实力，日即疏懈。而虐待中国人，则较开国尤甚。因之中国人攘外之心复炽，反者四起，元室遂瓦解矣。

元室君主更迭时内乱表：

一、宋理宗淳祐元年，蒙古太宗殂，以孙失烈门为嗣，第六后乃马真氏称制。六年，立其子贵由，是为定宗。

二、淳祐八年，定宗殂，后斡兀立海迷失抱皇侄失烈门听政。诸王大臣不从，十一年，立拖雷长子蒙哥为帝，是为宪宗。失烈门及诸弟心不平，宪宗禁锢失烈门于没脱赤，弑定宗后斡兀立海迷失，杀其用事大臣，分迁太宗后乞里吉忽帖尼及太宗系诸王于各边，夺太宗旧部兵，别择亲王将之。

三、开庆元年，宪宗殂，弟忽必烈自立，是为世祖。少弟阿里不哥与之争国，称帝于和林。世祖击败其兵，乃降。

四、元世祖至元三十一年，帝崩，皇太孙帖木儿还自漠北，诸王有违言；太傅约苏帖木儿、知枢密院事伯颜力主张立皇太孙，帖木儿乃即位，是为成宗。

五、大德十一年，成宗崩，皇后伯牙吾氏欲立安西王阿难答，右丞相哈喇哈孙不从，立皇侄怀宁王海山，是为武宗。弑皇后，杀阿难答及左丞相阿忽台等。

六、至大四年，武宗崩，皇弟爱育黎拔力八达立，是为仁宗。立皇子硕德八剌为皇太子，封武宗长子和世㻋为周王，出之云南；和世棟逃居金山之北。

七、延佑七年，仁宗崩，硕德八刺即位，是为英宗。至治三年，御史大夫铁失作乱，弑帝；迎立晋王也孙帖木儿，是为泰定帝。

八、致和元年，泰定帝崩，太子阿速吉八即位，是为天顺帝。居守大都签书枢密院事燕帖木儿作乱，迎和世㻋弟图帖睦尔于江陵而立之。遣兵陷上都，帝不知所终。遣使迎和世㻋南还。次年正月，和世㻋自立于和林之北，是为明宗，立图帖睦尔为皇太子。八月，行次翁郭察图，图帖睦尔弑之而自立，是为文宗。皇后翁吉喇特氏弑明宗后八不沙。

九、天顺三年，文宗崩，皇后翁吉喇特氏立明宗次子懿璘质班，是为宁宗。逾月而薨。立明宗长子妥欢帖睦尔，是为惠宗。至元六年，惠宗追理旧怨，废文宗庙主，迁太后翁吉喇特氏于东安州，放文宗子燕帖古思于高丽，杀诸途。

二、财政之困难

（一）计臣之聚敛

世祖既耀武东南，复筹防西北。连年用兵，国用不继。中统元年（世祖元年），以王文统（益都人）为平章政事。行交钞（即纸币）法，自十文至二贯凡九等，不限年月，诸路通行。赋税并听收受。仍伸严私盐酒醋曲货等禁。三年，文统以罪诛。复以回鹘人阿哈玛特（旧作阿合马）为相，言无不从。奏括天下户口税。以中统钞易江南交会（故南宋纸币），括药材，发北盐，禁民间私售。立都转运司，增旧额，鼓铸公私铁器。官为局卖，禁民私造铜器。大都挟宰相权，以网天下大利，势倾中外。至元十九年三月，益都千户王著因人心愤怨，刺杀阿哈玛特。诏诛著。而以阿哈玛特党僧格（旧作桑哥）为总制院使。卢世荣为中书右丞，专掌财政。世荣自谓生财有法，用之当赋倍增而民不扰。廷臣驳其说之谬。世祖不听，任之。使行理财新法如下：

一、括铜铸至元钱。制绫券与钞参行。

二、立市舶都转运司于泉（今福建晋江县）、杭二州。造船给本，令民商贩诸番。官有利七，商有利三。禁私泛海者。

三、尽禁权豪所擅铁冶，官铸器鬻之。所以得利，合常平盐课。储粟平粜。以均物价而获厚利。

四、行古榷酤法。仍禁民私酤。米一石，取钞十贯。立四品提举司，领天下课。岁可得钞千四百四十锭。

五、立平准周急库。轻其月息，以贷诸民。冀贷者众而本不失。又于各都立市易司，领诸牙侩。计商货四分取一，以十为率，四给牙侩，六为官吏俸。

六、于上都隆兴（今江西南昌县）诸路，以官钱买币帛，易羊马。选蒙古人牧之，收用皮毛筋角酥酪之用。以十二三与牧者，马以备军兴，羊以充赐予。

七、立规措所。所司官吏，以善贾者为之。

八、立诸路宣慰司兼都转运司，领课程事。

至元二十二年十一月，世荣以罪诛。僧格独柄用。二十四年闰二月，置尚书省。以僧格为平章政事。用其议，行至元钞。自一贯至五十文，凡十一等。每一贯视中统钞五贯，与之参行。置征理司，遣使钩考诸路钱谷。括天下马，先令百官市马助边。犹不足，乃令品官所乘限数，余悉入官。至元二十八年七月，僧格及其党亦以罪诛。然而元室衰乱之原实始于此，盖聚敛过甚，民生凋弊，国脉不免斫伤，人心因之摇动也。

（二）纸币之乱发

初，世祖时代，曾铸至元钱。以为数无多，不能流行于全国。世祖以后，纸币盛行。政府无准备金，纯为一种不竞换纸币。故新纸币一出，旧纸币价必大跌落。元中统至元钞，行之五十余年。至武宗朝，钞法大坏。乃改制至大银钞，凡十三等。每一两准至元钞五贯，白银一两，赤金一钱。始铸钱，未几，仁宗即位，复罢行至大银钞及铜钱，于是遂专用中统至元二钞，终元之世。顺帝至正十年，以钞法不行转拨，民间流通者少，故伪钞滋多，乃更钞法。以中统交钞一贯，省权铜钱一千文，准至元钞二贯。仍铸至正通宝钱，与历代铜钱并用以实钞法。至元钞通行如故。置宝泉提举司，铸至正钱。印造交钞，令民间通用。行之未久，物价腾踊至逾十倍。又值海内大乱，供给繁重，印造不可计数。交料之散满人间者，无处无之。昏软者不复行用。京师料钞十锭，至易斗粟而不可得。所在郡县，皆以物货相贸易。公私所积钞俱不行，人视之若敝楮。国用由是大乏。

（三）租税之繁重

纸币价格跌落之结果，物价因而腾贵。岁出之经常费遂不能不增加。宗室亲藩之岁费与喇嘛僧之供养费年年继长增高。于是岁出之临时费亦不能不增加。顾政府之岁入有定额，收支不足以相抵。遂不得不加征恶税，以为弥缝一时之计。先是世祖在位，政府岁入金一万九千两，银十万两，纸币三百六十万锭。岁出金一万九千两，银十万两，纸币三百八十万锭。收支之差，已有二十万锭。弥补颇为困难。故当时专用聚敛之臣为理财官。成宗以降，帝室日流于奢侈，岁出渐增。至顺帝在位时，已加至二十倍。虽有巧妇，不能为无米之炊。乃逐渐加征恶税，以谋岁入之增涨。世祖至元十六年，盐引每年九贯。末年增至五十贯。成宗元贞年间，增至六十二贯。仁宗延佑年间，增至一百五十贯。夏税秋粮，亦逐渐加征。又加额外税三十二种，如煤鱼、羊皮、芝麻、牛乳等皆有税。于是物价日益腾贵，民心日益不平，驯至铤而走险，流为盗贼。

三、喇嘛之暴横

元起朔方，已崇释教。及得吐蕃，世祖以其地广而险远，民犷而好斗，思有以因其俗而柔其人。乃郡县吐蕃地，设官分职，而领之于帝师。皆僧俗并用，而军民通摄。帝师命与诏敕并行于西土。百年间朝廷所以隆重而供亿之者，无所不至。虽帝后妃主，皆因受戒而为之膜拜。帝师之兄，至尚主封王（即白兰王索诺木藏布）。弟子拜三公封大国者，前后相望。其徒怙势恣睢，气焰熏灼，延于四方，为害不可胜言。世祖初年，有嘉木扬喇勒智（旧作杨琏真加）者，为江南释教总统。发掘故宋君臣陵墓凡百有一所，戕杀平民，受人献美女宝物及攘盗财宝田亩各无算。庇平民不输公赋者二万三千户。西僧多强市民物，武宗至大元年，上都开元寺西僧强市民薪。民诉之留守李璧，璧方询问其由，僧率众殴留守，仍幽之空室。久乃得脱，奔诉于朝。朝廷不问。次年，僧龚柯等十八人，与诸王哈喇巴尔妃争路，拉妃堕车，殴之，且有犯上语。朝廷仍不问。宣政院复上书，请"自今凡民殴西僧者截其手，詈之者断其舌"。仁宗在东宫，闻之，亟奏寝其令。元制，非军事不得驰驿。西僧每年佩金符驰驿，至传舍不能容。假官民舍，逐男子，污妇女。每岁内廷佛事，所供费以千万计。且岁必因好事，奏释轻重囚徒，凶愍多夤缘幸免，至或取空名宣敕以为布施，而任其人。外此又有所谓白云宗、白莲宗者，亦颇通奸利。顺帝在位，宠昵西僧。至取良家女奉之，谓之供养。帝日习其所授延彻尔（旧作演撰儿华言大快乐，即房中运气之术）法，及善秘密法（亦名双修法）。广取妇女，唯淫乐为务。近臣至相狎于帝前，号所居室曰济齐斋乌格依（旧作皆即兀该华言事事无碍），群僧出入禁中无忌，丑秽外闻。上下因循，溺于晏安。政乱俗偷，民困财尽。益以顺帝至正十一年，贾鲁治河之役，多发兵夫，益耗民食。糜帑几二百万，而蹙地不蒙实惠。诸弊辐辏，遂以酿乱。（初，河南童谣有云：石人一双眼，挑动黄河天下反。及贾鲁治河，果得石人一眼。而汝颍之妖寇乘时而起。议者遂以召乱之咎归之。今平心而论，元之致乱，固非一端，且非一日，固不得专委诸开河。而鲁之经理不善亦未始不有，以致之殆不得不分任其咎也。）

四、种族上之轧轹

以上所举，皆为物质上之原因。至其精神上之原因，尚别有在。

（一）宋末元初之种族思想

儒教以平天下为最后之目的。故中国对外，向来不讲种族界限。然蛮夷戎狄名字，本以区别于中华，谓其绝无种族界限则非也。有宋末年，忠臣义士史不绝书。其中若文天祥、谢枋得之流，虽国破家亡，犹殷殷以恢复为念。此外无名之英雄，死难者尤指不胜屈。是虽忠君之念有以致之，然亦排外之思想使之然也。郑思肖《铁函心史》"中兴集"有"元鞑攻日本败北歌"一篇，其中有句云：

> 纵遇圣明过尧舜，毕竟不是真父母。千语万语只一语，
> 还我大宋旧疆土。

云云。实足以代表当时一部分中上流社会汉族心理。此种心理埋藏于汉族脑筋中数十年，终必有勃发之一日。及其勃发则不可遏矣。此为精神上第一种原因。

（二）蒙古汉人待遇之不平等

以上原因为天然所造成，非人力能挽回者。然而有元入中国以后，另有一种人造之种族界限，则阶级制度是也。有元之初入中国也，分民族为四阶级：一蒙古，二色目（西域及欧洲备藩属人），三汉人（契丹女真及中国黄河流域人），四南人（宋人）。其各行政衙门长官，皆以蒙古人为之。而汉人、南人贰焉。故一代之制，未有汉人、南人为正官者。中书省为政本之地，太祖、太宗时，以契丹人耶律楚材为中书令，宏州人杨惟中继之，此在未定制以前间或有之。至世祖时，唯史天泽以元勋宿望为中书右丞相，转平章军国重事。仁宗时，欲以回人哈散为相。哈散以故事，丞相必用蒙古勋旧，故力辞。帝乃以伯答沙为右丞相，哈散为左丞相。盖元制尚右也。太平本姓贺，名惟一。顺帝欲以为御史大夫，故事台端非国姓不授，惟一固辞，帝乃改其姓名曰太平，后仕至中书省左丞相。终元之世，非蒙古人而为丞相者，止此三人。哈尚系回人，其汉人止史天泽、贺惟一耳。丞相之下有平章政事，有左右丞，有参知政事，则汉人亦得为之。然中叶后，汉人为之者亦少。顺帝时，始诏南人有才学者，依世祖旧制，中书省枢密院御史台皆用之。是时江淮兵起，故以是收拾人心，然亦可见当时已久不用南人，至是始特下诏也。郑制宜为枢密院判官，车驾幸上都，旧制枢府官从行，岁留一人司本院事，汉人不得与，至是以属制宜，制宜力辞，帝曰："汝岂南人比耶。"意留之。可见枢密属僚掌权之处，汉人亦不得与也。御史大夫非国姓不授，既见太平传。而世祖初年，命程钜夫为御史中丞，台臣言钜夫南人，不宜用。帝曰："汝未用南人，何以知南人不可用。自今省部台院，必参用南人。"可见未下诏以前，御史中丞之职，汉人亦不得居也。中书省分设于外者曰行省，初本不设丞相。后以和林等处多勋戚，行省官轻，不足以镇之，乃设丞相。而他处行省，遂皆设焉。《董文用传》："行省长官素贵，同列莫敢仰视，跪起禀白如小吏。文用至，则坐堂上，侃侃与论。"可见行省中蒙古人之为长官者，虽同列不敢与讲钧礼也。《成宗本纪》：各道廉访司，必择蒙古人为之。或缺则以色目世臣子孙为之，其次始参以色目及汉人。《文宗本纪》：诏御史台凡各道廉访司官，用蒙古二人，畏兀河西回回、汉人南人各一人。是汉人、南人，厕于廉访司者，仅七分之一也。其各路达噜噶齐，亦以蒙古人为之。至元二年，诏以蒙古人充各路达噜噶齐，汉人充总管，回回人为同知，永为定制。其诸王驸马分地，并令自用达噜噶齐。仁宗始命以流官为之，而诸王驸马所用者为副。未几，仍复旧制。文宗诏诸王封邑所用达噜噶齐，择本部识治体者为之。或有冒滥，罪及王相。然亦未闻有以汉人为之者。此有元一代，中外百官偏重国姓之制也。（看赵翼《廿二史劄记》卷三十，元制百官皆蒙古人为之长条。）

（三）对于汉人之压制

政治上之不平等已足惹起汉族恶感矣。而对于汉族之压制，亦日甚一日焉。世祖至元三年，没收汉人、南人、高丽人之军器及马。六年，禁民间藏军器。顺帝即位，定服色、器皿、舆马之制，禁民间服用。禁汉人、南人不得执军器，不许习蒙古字。凡有马者拘入官。后至元（因世祖已有至元年号，故称顺帝之至元为后）六年十二月，丞相巴延请杀张、王、刘、李、赵五姓汉人。诏不许。然而汉民族人人自危矣。

五、天灾之流行

以上所举，皆人为之原因。顾有元末年，天然之祸害，亦相逼而至。顺帝初，大霖雨、水旱、蝗、疫、民饥及地震山崩等灾害并至，史不绝书。于是民不堪命。广东、河南、四川三省民首起倡变。未几，西番（杀镇西王蔓延至二百处）、江西（漳州、袁州人皆起兵）、湖广（瑶人二百余寨举兵攻破州县）、山东、燕山（寇盗至三百余处）、辽阳（开元及海兰硕达勒达等路皆叛）、云南（夷酋割据一方侵夺路甸）、靖州（瑶吴天保势尤炽，官军不能制）、广西（峒瑶亦乘隙入寇）等处兵相继起。至正七年，沿江盗起，剽掠无忌。有司不能禁。甚至集庆花山（在今金陵道高淳县东南），劫贼才三十六人，官军万数不能进讨，反为所败。后竟假手盐徒，乃克平定。于是元室国威坠地。天下得以窥其虚实，从而轻量之。先倡变者犹未悉平，而继起中国人之不屑受制于异族者，复所在蜂起。于是蒙古太祖、太宗以来辛苦艰难缔造之大帝国遂土崩瓦解。汉族英雄朱元璋崛起于濠泗间，复创立汉族一统之大帝国矣。

第六章

明清史

——

孟森

孟森 （1869—1938）
北京大学讲师

字莼孙，号心史。江苏武进人。孟森是被公认的中国近代清史学科的一位杰出奠基人。他的著作代表近代清史学科第一代的最高水平，是近代清史研究发展的一块重要里程碑。著有《满洲开国史》《明史讲义》《清史讲义》等。

靖难两疑案之论定

成祖入金川门，建文宫中火起，永乐间修《实录》，以为帝已焚死。明代无人信之，所传建文行遁之书，不知凡几。而清修《明史》时，史馆中忽以建文焚死为定论，王鸿绪《史稿》创此说，而《史本纪》较作疑辞。盖当时馆中分两派，主修建文后纪者为邵远平，多数不谓然，乃以其稿私印行世，用钱谦益、李清之说。驳正《致身录》之伪作乃朱彝尊，世以为主建文焚死者为彝尊，其实彝尊特纠《致身录》之伪，其撰《建文本纪》独加以疑辞，不与《史稿》同意。今姑置明代野史所言不论，就即《史》及《明实录》等文证之。

《史·建文纪》："都城陷，宫中火起，帝不知所终。燕王遣中使出帝后尸于火中，越八日壬申，葬之。"

此《纪》据《曝书亭集》，彝尊自言为所撰之稿。当火起至火中出帝尸，乃一瞬间事，既出帝与后之尸矣，明明已知其所终，何以又云不知所终，且反先言不知所终，而后言出尸于火乎？是明明谓帝已不知所终，而燕王必指火中有帝尸在也。其所以作此狡狯者，主者之意，必欲言帝王无野窜幸存之理，为绝天下系望崇祯太子之计，即太子复出，亦执定其为伪托，以处光棍之法处之也。此秉笔者之不得已也。

至进《史稿》之王鸿绪，则不作疑词，且全书之首，冠以《史例议》一册，专论建文必已焚死者居其半，非但证其焚死，且若深有憾于建文，论其逊国之名，亦为有忝，虐杀宗藩，自遭众弃，势穷力竭，而后一死了之，何足言逊？鸿绪之意，力尊燕王而已。不知逊国之说，燕王所乐称，若不言逊国，则将谓帝本不逊而由燕王篡取之乎，抑竟能谓帝以罪伏诛乎？故鸿绪希时旨太过，转成纰缪。乃钱氏大昕作《万斯同传》，竟采此论人万先生传，谓先生之论如是，而后建文不出亡之论乃定。此钱氏误以《史稿》出万氏手，而以《史例议》为万氏所著也。其实《史稿》亦经鸿绪以意窜定，并非万氏原文，鸿绪进《史稿》时，亦未言及万氏，但直认为己之所作。至《史例议》中有云"康熙五十九年，岁在庚子，亡友朱竹垞仲孙稼翁携《竹垞文稿》见贻"云云。此语岂万氏所出，而可认《史例议》为万氏之说耶？此钱氏之疏也。故谓《建文本纪》为断定焚死，已非真相也。

《史·姚广孝传》："十六年三月入觐，年八十有四矣，病甚不能朝，仍居庆寿寺，车驾临视者再，语甚欢，赐以金唾壶，问所欲言，广孝曰：'僧溥洽系久，愿赦之。'溥洽者，建文帝主录僧也。初，帝入南京，有言建文帝为僧遁去，溥洽知状，或言匿溥洽所，帝乃以他事禁溥洽，而命给事中胡濙等遍物色建文帝，久之不可得。溥洽坐系十余年，至是帝以广孝言，即命出之。"如果成祖已得帝尸，何必系溥洽以求其踪迹？若谓溥洽造为其说，则应以妖言罪伏诛，何必假他事以久系之，至十六年而不决？清史馆中所倚仗言《致身录》为伪书者乃钱谦益，而谦益则言帝出亡，为帝削发者即溥洽。此当别有据。清修《明史》时已不免浑言之矣。兹录钱氏谦益《有学集》文如下：

《有学集·建文年谱序》有云："文皇帝之心事，与让皇帝之至德，三百年臣子未有能揄扬万一者，迄今不言，草亡木卒，祖宗功德，泯灭于余一人之手，魂魄私憾，宁有穷乎？何言乎文皇帝之心事也？壬午以还，天位大定，文皇帝苟有分毫利天下之心，国难方新，遗种未殄，必翦灭此，而后即安，张天网以笼之，顿八纮以掩之，闭口捕舌，遁将何所？以文皇帝之神圣，明知孺子之不焚也，明知亡人之在外也，明知其朝于黔而夕于楚也，胡濙之访张邋遢，舍人而求诸仙，迂其词以宽之也；郑和之下西洋，舍近而求诸远，广其途以安之也；药灯之诅祝，剃染之借手，彼髡之罪，百倍方、黄，以荣国榻前一语，改参彝而典僧录，其释然于溥洽，昭于中外者，所以慰藉少帝之心，而畀之以终老也。文皇帝之心，高帝知之，兴帝知之，天地鬼神知之，三百年之臣子安处华夏，服事其圣子神孙，尚论其心事则懵如也。日月常鲜，琬琰如积，而文皇帝之心事，晦昧终古，此则可为痛哭者也。何言乎让皇帝之至德也？金川之师，祸深喋血，让皇帝苟有分毫不忘天下之心，凭仗祖德，依倚民怀，散亡可以收合，蛮夷可以煽动，卫世子之焚台，卫太子之诣阙，谁能慭之？让皇帝明知大命之不可干也，明知大位之不可再也，明知本支百世之不可倾动也，以神州赤县为孤竹之封，以休发坏衣为采药之遁，耄逊遐荒，自此退耕于野；头陀乞食，岂曰糊口四方？由是而内治外攘，逾沙轶漠，高皇帝之基业安，祖宗之统绪安，三百年之天地人鬼罔不大安，宁非让皇帝之所诒乎？让皇帝之至德，媲诸泰伯其难易尤相倍，而三百年之臣子不能言，言之不尽矣。"（以下言世传诸录之作伪非实，而作《建文年谱》之赵士喆亦不过排比诸录，欲传二百年未死之人心，非争竹帛之名等语。文繁不具录。盖建文之出亡为真，而诸录则伪，谦益之分辨了然也。）

《史·胡濙传》："永乐元年，迁户科给事中。惠帝之崩于火，或言遁去，诸旧臣多从者，帝疑之。五年，遣濙颁御制诸书，并访仙人张邋遢，遍行天下州郡乡邑，隐察建文安在。濙以故在外最久，至十四年乃还。所至亦间以民隐闻。母丧乞归，不许，擢礼部左侍郎。十七年，复出巡江、浙、湖、湘诸府。二十一年还朝，驰谒帝于宣府，帝已就寝，闻濙至，急起召入，濙悉以所闻对，漏下四鼓乃出。先濙未至，传言建文帝蹈海去，帝分遣内臣郑和数辈，浮海下西洋，至是疑始释。"宦官《郑和传》亦载此事。夫果成祖已确认火中之有帝尸，何以海内海外分途遍访，历二十余年，然后得一确息而释疑乎？漠来见时，已寝而起，急不能待明日，四鼓乃出，奏对甚久，则必有建文确踪，并其无意于复国之真意，有以大白于成祖，而后不复踪迹。明年成祖亦崩。此皆史文之明在者，可以无疑也。

近日故宫发见乾隆四十二年重修《明史本纪》刻本，以前但于《乾隆朝东华录》中见四十二年五月丁丑谕旨："所有《明史本纪》，并着英廉、程景伊、梁国治、和珅、刘墉等将原本逐一考核添修。"并未见添修之本。岂料宫中竟有其书。《建文纪末》云："棣遣中使出后尸于火，诡云帝尸。越八日壬申，用学士王景言，备礼葬之。"是正史早已改定，特未明诏颁行。改正原刻之《殿本》，今始传世耳。然又因以发见《四库本》之《明本纪》早用添修本，缘《四库》系写本，当时刻本未成，遂未行世。《四库本》人不易见，即有能读中秘书者，亦留心于外间所无之书，无人料《明史》之有异同，遂疑误至今，以为官修正史，于明建文竟定为焚死，其实《四库》定本早已改定。盖至乾隆时朱三太子案相隔已远，无庸避忌，乾隆初告成之《明史》，尚是康熙间所修，故有此曲笔耳。此已论定疑案之一也。

明初名教，嫡长之分甚尊，懿文太子以长子得立，既死则应立嫡孙，故建文之嗣为一定之理。燕王既篡，无以表示应得国之道，乃自称己为马皇后所生，与太子及秦、晋二王为同母，时太子及秦、晋皆已故，则己为嫡长，伦序无以易之矣。此事当见于《太祖实录》中，预将诸王之生，明著其母，故永乐中将建文所修《太祖实录》改修两次，即系阑入此等文字。后修《永乐实录》则直云："高皇后生五子：长懿文太子标，次秦愍王樉，次晋恭王㭎，次上，次周定王橚。"《明史稿例议》云："《玉牒》诸书并同。当明时，诸家颇有异议，但为《实录》《玉牒》所压，通人多不敢置信。"至修《明史》时亦仍之。《成祖本纪》云："母孝慈高皇后。"与兴宗孝康皇帝（即懿文太子）同。然于《列传》乃漏出两证，证成祖之非嫡出。

《黄子澄传》："子澄曰：'周王，燕王之母弟，削周，是翦燕羽翼也。'"此可证明燕王自与周王同母，并不与懿文太子同母。周王只为燕王之羽翼，于建文帝较疏也。

又《太祖成穆孙贵妃传》："位众妃上，洪武七年九月薨，年三十有二。帝以妃无子，命周王橚行慈母服三年，东宫诸王皆期，敕儒臣作《孝慈录》。庶子为生母服三年，众子为庶母期，自妃始。"此事证明周王本是庶子，故可认他庶母为慈母，而为之服三年。周王既与燕王同母，即燕王亦庶出也。

潘柽章《国史考异》云："《南京太常寺志》所载孝陵神位，左一位淑妃李氏，生懿文太子、秦愍王、晋恭王，右一位硕妃，生成祖文皇帝。"潘氏引此志，尚未亲见神主，故《史例议》又力辟其妄。清末乃有李清之《三垣笔记》刊版，盖以前谓为禁书，只有李氏子孙所藏钞本，后禁网渐弛，然仍删节印行，至近年则更有足本出矣。《三垣笔记》中言北都破后，弘光复都南京，乃发旧太庙，硕妃神主具在，均如《南太常志》所云。由此始悟明北京太庙，一帝止有一后，继后及列帝生母皆不配享，殆即成祖迁都定此制，以便抹杀生母，不留痕迹。夫因欲冒应嗣之名，而至没其所生之母，皆成祖之贪位而忍心害理者。以前为疑案，《明史》中纪传自相矛盾。自《三垣笔记》出而证《明南太常志》之文。此已论定疑案之二也。

议礼前后之影响

　　嘉靖一朝，始终以祀事为害政之枢纽，崇奉所生，已极憎爱之私，启人报复奔竞之渐矣。帝于大祀群祀，无所不用其创制之意，而尤于事天变为奉道，因而信用方士，怠政养奸，以青词任用宰相，委政顺旨之邪佞，笃志玄修，更济以独断自是，滥用刑辟，遂有权相柄国，残害忠良。议礼稍竣，而严嵩进用，始犹有相轧之夏言，言不得其死，而嵩独专国政十四年，正人受祸不知凡几，其影响皆由帝僻好神祇符瑞之事来也。嘉靖二年闰四月，帝始用太监崔文言，建醮宫中，日夜不绝。杨廷和力言不可，引梁武、宋徽为喻，优旨报纳，然修醮如故。给事中刘最上章极谏，且劾文耗帑金状，而帝从文言，命最自核侵耗数。最言帑金属内府，虽计臣不得稽赢缩，文乃欲假难行事，逃己罪，制言官。疏人忤旨，出为广德州判官。廷臣论救，不纳。文憾不已，嗾其党芮景贤奏最在途仍故衔，乘巨舫，取夫役，巡盐御史黄国用复遣牌送之。帝怒，逮二人下诏狱，国用谪极边杂职，最戍邵武。其后帝益好长生，斋醮无虚日，命夏言为监礼使，顾鼎臣等充导引官。鼎臣进《步虚词》七章，且列上坛中应行事，帝优诏褒答之。自此词臣多以青词干进矣。

七年春，灵宝人言黄河清者五十里。遣太常往祭告。御史周相疏谏，帝震怒，下之狱。四月，南赣巡抚汪铉奏所部有甘露降，为帝仁孝之感。帝喜，遂告郊庙。于是告祥瑞者踵至。

七年，既定《明伦大典》，帝益覃思制作之事，郊庙百神，咸欲斟酌古法，厘正旧章。九年五月，作四郊，分建圜丘、方丘于南北郊，以二至日祭。建朝日、夕月坛于东西郊，以春秋分祭。帝又议建雩坛，于孟夏行大雩礼。议太社太稷，以句龙、后稷配。议祀帝社帝稷于西苑。议祀高禖之神于皇城东。虽皆命下礼官，多以独断决之。

于时畿内、河南、湖广、山东、山西悉灾，岁大饥，方诏群臣修省，而希旨者诡言祥瑞，廷臣称贺。兵部主事赵时春上疏言："灾变求言旬月，大小臣工率浮词面谩，盖自灵宝知县言河清受赏，都御史汪铉继进甘露，今副都御史徐瓒、训导范仲斌进瑞麦，指挥张楫进嘉禾，铉及御史杨东又进盐华，礼部尚书李时再请表贺。仲斌等不足道，铉、瓒司风纪，时典三礼，乃罔上欺君，坏风伤政。"帝责时春妄言，谓："既责大臣科道不言，彼必有谠言善策，令条具以闻。"

时春惶恐引咎未对，帝趣之，乃上言："当今之务，最大者有四，最急者有三。最大者：曰崇治本，曰信号令，曰广延访，曰励廉耻。最急者：曰惜人才，曰固边圉，曰正治教。其正治教为请复古冠婚丧祭之礼，绝醮祭祷祈之术，凡佛老之徒，有假引符箓，依托经忏，幻化黄白飞升遐景，以冒宠禄者，即赐遣斥，则正道修明而民志定。"帝览之愈怒。七月戊子朔，下时春诏狱掠治，黜为民。十一月，更定孔庙祀典，尊孔子曰至圣先师，去王号及大成文宣之称，其四配称复圣颜子、宗圣曾子、述圣子思子、亚圣孟子；十哲以下，凡及门弟子，皆称先贤某子；左邱明以下皆称先儒某子，不复称公侯伯。制木为神主，其塑像即令屏撤，敕天下学官别建启圣公祠，春秋祭祀与文庙同日，遂为定制。

十四年二月，作九庙。初洪武八年，改建太庙，定为同堂异室之制。成祖迁都，建庙如南京。帝更定庙祀，锐意复古，谕阁臣曰："宗庙之制，父子兄弟，同处一堂，于礼非宜。太宗以下，宜皆立专庙南向。"诸臣上议，历年未决，至是尽撤故庙改建之，诸庙合为都宫，庙各有殿，有寝，太祖庙寝后有祧庙，奉祧主藏焉。太庙门殿皆南向，群庙门东西向，内门殿寝皆南向。（二十年四月，九庙灾，议重建久之，仍复同堂异室之旧。二十四年六月乃告成。）

> 诸庙合为都宫句，用《纪事本末》文，《明史·礼志》误合作各，以后各书皆误。《礼志》上文明有中允廖道南言："太宗以下，宜各建特庙于两庑之地，有都宫以统庙，不必各为门垣。"云云。则都宫乃九庙之外围，太祖庙正中南向，两世室及三昭三穆皆在两庑，合之则称都宫也。《纪事本末》不误。

帝以冀长生而奉道，然不信佛，故于锢蔽中尚少一蔽。禁中有元时所造大善佛殿，藏金银像及佛骨佛牙等物，十五年五月，议以其地建太后宫。夏言请敕有司将佛骨等物瘗之中野。帝曰："朕思此类，智者以为邪秽而不欲观；愚民无知，必以奇异奉之，虽瘗中野，必有窃发以惑民者，其毁之通衢。"金银佛像凡一百六十九座，皆铸象神鬼淫亵之状。又金函玉匣藏贮佛首佛牙之类，及支离傀儡，凡万三千余斤。

> 帝之排斥异端若此，可谓明且决矣。然沉溺于方士之说，则又大惑不解。然则此亦以异端攻异端，入主出奴之见，非得力于正学也。大抵方士挟障眼幻术，而假道教以为名，帝时见其变幻形象，遂笃信之，而佛法则无当时之征验耳。

是年，以道士邵元节为礼部尚书。元节，贵溪人，龙虎山上清宫道士。三年，召入京，见于便殿，大加宠信，俾专司祷祠，封真人，总领道教，班二品。赠其父太常丞，并官其孙及曾孙。以皇嗣未建，数命元节建醮，以夏言为监礼使，文武大臣日再上香。及是皇子迭生，嘉其祷祀功，拜尚书，赐一品服。十七年十一月，以献皇帝既称宗配帝，躬诣南郊，上皇天上帝大号，恭进大号。（此与宋徽宗政和六年上玉帝徽号同其不经。）

帝好神仙，以谏得罪者甚众。十九年八月，方士段朝用以所炼白金器百余因郭勋以进，云以盛饮食物供斋醮，神仙可致。帝立召与语，大悦。朝用言帝深居无与外人接，则黄金可成，不死药可得。帝益悦。谕廷臣："令太子监国，朕少假一二年，亲政如初。"举朝愕不敢言，太仆卿杨最抗疏谏曰："陛下春秋方盛，乃圣谕及此，不过欲服食求神仙耳。夫神仙乃山栖澡炼者所为，岂有高居黄屋紫闼，衮衣玉食，而能白日翀举者？臣虽至愚，不敢奉诏。"帝大怒，亟下诏狱，杖杀之。监国议亦罢。时日事斋醮，久不视朝，工作烦兴。岁频旱，二十年元日微雪，夏言、严嵩作颂称贺。御史杨爵抚膺太息，上疏言失人心致危乱者五端：一言夏秋不雨，畿辅千里，已无秋禾，一冬无雪，元日微雪即止，民失所望，正忧惧不宁之时，而辅臣方称颂符瑞，欺天欺人。翊国公郭勋，中外皆知为大奸大蠹，宠之使稔恶肆毒，群狡趋附，善类退处。二言臣巡视南城，一月中冻馁死八十人，五城共计，未知有几？而土木之功，十年未止。工部属官，增设至数十员。又遣官远修雷坛，以一方士之故，朘民膏血而不知恤。三言陛下即位之初，励精有为，尝以《敬一箴》颁示天下，数年以来，朝御希简，经筵旷废，大小臣庶，朝参未睹圣容，敷陈未聆天语，人心日益怠偷，中外日益涣散。四言左道惑众，圣王必诛，今异言异服，列于朝苑；金章紫绂，赏及方外。保傅之职，坐而论道，举而畀之奇邪之徒。上之所好，下必有甚，妖盗繁兴，诛之不息。五言往岁太仆卿杨最，出言而身殒，近日赞善罗洪先等，皆以言罢斥。古今有国家者，未有不以任德而兴，拒谏而亡，忠荩杜口，则谀谀交进，安危休戚，无由得闻。帝震怒，立下诏狱榜掠，血肉狼藉，关以五木，死一夕复苏。所司请送法司问罪，帝不许，命严锢之。主事周天佐、御史浦铉以救爵，先后棰死狱中，自是无敢救者。

雷坛者，帝用方士陶仲文言，建于太液池西。所司希帝意，务宏侈，程工峻急，工部员外郎刘魁欲谏，度必得重祸，先命家人鬻棺以待，遂上章曰："前营大享殿、大高元殿，诸工尚未告竣。一役之费，动至亿万，土木衣文绣，匠作班朱紫，道流所居，拟于宫禁，国用已耗，民力已竭，而复为此不经之事，非所以示天下后世。"帝震怒，杖于廷，锢之诏狱。

段朝用因郭勋献所炼银器，又献万金助雷坛工，授紫府宣忠高士。更请岁进数万金，以资国用。帝益喜。已而术不验，其徒王子严攻发其诈，帝执子严、朝用付镇抚拷讯，朝用所献银故出勋资，事既败，帝亦浸疏勋。二十年九月，勋亦下狱，朝用乃胁勋贿，捶死其家人，复上疏渎奏，帝怒，论死。勋之下狱也，以给敕令与兵部尚书王廷相等同清军役，敕具，勋久不领，言官劾之，勋疏辨，有"何必更劳赐敕"语。帝怒，责勋悖慢无人臣礼。给事中高时因尽发勋贪纵不法十数事，乃下锦衣卫狱。夏言与勋交恶，阴持勋狱穷究之。帝念勋曾赞大礼，谕勿加刑讯，所司奏上当勋罪斩，帝令法司复勘，法司更当勋不轨罪斩，没入妻孥田宅。奏上，留中不下，帝意本欲宽勋，屡示意指，而廷臣恶勋，谬为不喻指者，更坐重辟，久之，勋竟死狱中。

邵元节死于嘉靖十八年，帝为出涕，赠少师，赐祭十坛，遣中官锦衣护丧还，有司营葬用伯爵礼，礼官拟谥荣靖，不称旨，再拟文康，帝兼用之曰文康荣靖。陶仲文亦由元节引荐，以辽东库大使特授少保礼部尚书，寻加少傅，仍兼少保，继元节而恩宠过之，盖位极人臣者二十年，然与元节尚均安静少罪恶。世宗奉道事实，以仲文一传为特详，以其历年久也，略载如下：

> 《佞幸·陶仲文传》："初名典真，黄冈人，受符水诀于罗田万玉山。与邵元节善。嘉靖中，由黄梅县吏为辽东库大使。秩满需次京师，寓元节邸舍。元节年老，宫中黑眚见，治不效，荐仲文，以符水噀剑绝宫中妖。庄敬太子患痘，祷之而瘥。

帝深宠异。十八年南巡，元节病，以仲文代，次卫辉，有旋风绕驾，帝问何祥，对曰：'主火。'是夕行宫果火，宫人死者甚众。帝益异之，授高士，寻封真人。明年八月，欲令太子监国，专事静摄。太仆卿杨最疏谏杖死，廷臣震慑，大臣争谄媚取容，祷祀日亟。以仲文子世同为太常丞，子婿吴浚、从孙良辅为太常博士。帝有疾，既而瘳，喜仲文祈祷功，特授少保礼部尚书。久之加少傅，仍兼少保。既请建雷坛，又请建于其乡县以祝圣寿。黄州同知郭显文监工，工稍稽，谪典史，遣工部郎何成代，督趣甚急，公私骚然。杨爵、刘魁言及之，给事中周怡陈时事，有'日事祷祀'语。悉下诏狱，拷掠长系。吏部尚书熊浃谏乩仙，即命削籍。（浃先以赞大礼入《大礼集议》正取。）自是中外争献符瑞，焚修斋醮之事无敢指及者。二十年，帝遭宫婢之变。（二十一年十月宫婢杨金英等伺帝熟寝，以组缢帝项，误为死结得不绝。）

（《陶传》作二十年，当脱一字。）移居西内，日求长生，郊庙不亲，朝讲尽废，君臣不相接。独仲文得时见，见辄赐坐，称之为师而不名。帝心知臣下必议己，每下诏旨，多愤疾之辞，廷臣莫知所指，小人顾可学、盛端明、朱隆禧辈皆缘以进。其后夏言以不冠香叶冠，积他衅至死，而严嵩以虔奉焚修，蒙异眷者二十年。大同获谍者王三，帝归功上玄，加仲文少师，仍兼少傅少保，一人兼领三孤，终明世惟仲文而已。久之，授特进光禄大夫、柱国兼支大学士俸，荫子世恩为尚宝丞，复以圣诞加恩给伯爵俸。授其徒郭弘经、王永宁为高士。时都御史胡缵宗下狱，株连数十人。（缵宗于十八年为河南巡抚，帝幸承天，迎驾有诗，中有'穆王八骏空飞电，湘竹英、皇泪不磨'之句，为所治凶狡属员王联讦告下狱，刑部尚书刘讱讯得诬罔状，坐联父子死，而狱仍不解，并罪讱等。）二十九年春，京师灾异频见，帝以咨仲文，对言：'虑有冤狱，得雨方解。'俄法司上缵宗等爰书，帝悉从轻典，果得雨。乃以平狱功，封仲文恭诚伯，岁禄千二百石，弘经、永宁封真人。仇鸾之追戮也，（鸾请开马市，诸边日苦侵暴，帝罢其戎政职，鸾恚恨疽死。先与严嵩相结，后相轧仇怨，为嵩构其罪，追戮其尸。）下诏称仲文功，增禄百石，荫子世昌国子生。三十二年，仲文言：'齐河县道士张演升建大清桥，浚河得龙骨一，重千斤；又突出石沙一，脉长数尺，类有神相。'帝即发帑银助之。时建元岳湖广太和山既成，遣英国公张溶往行安神礼，仲文偕顾可学建醮祈福。明年圣诞，加恩荫子锦衣百户。帝益求长生，日夜祷祠，简文武大臣及词臣入直西苑，供奉青词。四方奸人段朝用、龚可佩、蓝道行、王金、胡大顺、蓝田玉之属，咸以烧炼符咒，荧惑天子，然不久皆败，独仲文恩宠日隆，久而不替，士大夫或缘以进。又创'二龙不相见'之说，青宫虚位者二十年。（十八年立载壑为皇太子，二十八年年十四，行冠礼，后二日薨，谥庄敬，遂不复立太子。）三十五年，上皇考道号为'三天金阙无上玉堂都仙法主玄元道德哲慧圣尊开真仁化大帝'，皇妣号为'三天金阙无上玉堂总仙法主玄元道德哲慧圣母天后掌仙妙化元君'，帝自号'灵霄上清统雷元阳妙一飞玄真君'，后加号'九天弘教普济生灵掌阴阳功过大道恩仁紫极仙翁一阳真人玄虚圆应开化伏魔忠孝帝君'。再号'太上大罗天仙紫极长生圣智昭灵统元证应玉虚总掌五雷大真人玄都境万寿帝君'。（帝自加道号，并诬及考妣，荒惑可丑，亦可谓忘身辱亲矣。唯此传一见，《纪事本末》微有异同，别见后。）明年，仲文有疾，乞还山，献上历年所赐蟒玉、金冠法宝，及白金万两。

　　既归，帝念之不置，遣锦衣官存问，有司以时加礼，改其子尚宝少卿世恩为太常丞，兼道录司右演法，供事真人府。仲文得宠二十年，位极人臣，然小心慎密，不敢恣肆。

三十九年卒，年八十余，帝闻痛悼，葬祭视邵元节，特谥荣康惠肃。"（秩谥于隆庆初与邵元节均追削。世恩官至太常卿，亦坐与王金伪制药物，于隆庆元年下狱论死。）

《纪事本末》帝所上各道号，其皇妣号"三天金阙无上玉堂总仙法主玄元道德哲慧圣母天后"，止此而已。更加孝烈皇后号"九天金阙玉堂辅圣天后掌仙妙化元君"。后，方氏，为帝所更立之后，崩于二十六年。《纪事本末》所叙为得其实，可以订史文之脱误。

世宗于议礼之后，继以奉道。议礼之摧折廷臣，以张璁、桂萼尸其祸，而璁、萼所未尽者，大抵由帝独断，而严嵩辈成之。至奉道之祸毒正人则尤远过于议礼。盖修道则务静摄，静摄则万几假手于阁臣，阁臣唯能以力赞玄修者，为所信任。嘉靖中叶以后，用事之臣固无不以青词邀眷，然用此以擅权固宠，以一念之患失，不得不与全国之正士为仇，此则以严嵩一人关系嘉靖中叶以后之朝局，迨其败，而世宗亦将弃世矣。即以严嵩一传见二十余年事变之绪，录其略于左：

《奸臣·严嵩传》："嵩，字惟中，分宜人，弘治十八年进士，改庶吉士，授编修。移疾归，读书钤山十年，为诗古文辞，颇著清誉。（正德间嵩恒不在朝，为褒贬所不及，故有恬淡之誉。）还朝久之，进侍讲，历祭酒。嘉靖七年，以礼部右侍郎奉命祭告显陵，即兴献王葬地。还言：'臣恭上宝册，及奉安神床，皆应时雨霁。又石产枣阳，群鹤绕集，碑入汉江，河流骤涨。（是时御制《显陵碑》，遣嵩往竖碑祭告。）请命辅臣撰文刻石，以纪天眷。'帝大悦，从之。（是为希旨贡谀之始。）廷议更修《宋史》，嵩以礼部尚书兼翰林学士董其事。及夏言入内阁，（十五年闰十二月，夏言以礼部尚书入阁。）命嵩还掌部事。祀献皇帝明堂，已又称宗入太庙，嵩与群臣议沮之，帝不悦，嵩惶恐尽改前说，自是益务为佞悦。帝上皇天上帝尊号宝册，寻加上高皇帝尊谥圣号以配，嵩乃奏庆云见，请受群臣朝贺，又为《庆云赋》《大礼告成颂》奏之，帝悦，命付史馆。嵩科第先夏言，而位下之，始倚言，事之谨，尝置酒邀言，躬诣其第，言辞不见，嵩布席展所具启跽读，言谓嵩实下已，不疑也。

"帝以奉道，尝御香叶冠，因刻沉水香冠五赐言等。言不奉诏，帝怒甚。嵩因召对冠之，笼以轻纱，帝见，益内亲嵩，嵩遂倾言，斥之。言去，醮祀青词，非嵩无当帝意者。二十一年八月，拜武英殿大学士，入直文渊阁，仍掌礼部事。时嵩年六十余矣，精爽溢发，不异少壮，朝夕直西苑板房，未尝一归洗沐。帝益谓嵩勤。久之，请解部事，遂专直西苑。帝尝赐嵩银记，文曰'忠勤敏达'。寻加太子太傅。翟銮资序在嵩上，帝待之不如嵩，嵩讽言官论之，銮得罪去。吏部尚书许赞、礼部尚书张璧同入阁，皆不预闻票拟事，嵩欲示厚同列，且塞言者意，因以显夏言短，乃请：'凡有宣召，乞与成国公朱希忠、京山侯崔元及赞、璧偕入，如祖宗朝蹇、夏、三杨故事。'帝不听，然心益喜嵩。累进吏部尚书，谨身殿大学士，少傅兼太子太师。久之，帝微觉嵩横，时赞老病罢，璧死，乃复用夏言，帝为加嵩少师以慰之。言至，复盛气陵嵩，颇斥逐其党，嵩不能救。子世蕃方官尚宝少卿，横行公卿间，言欲发其罪，嵩父子大惧，长跪榻下泣谢乃已。知陆炳与言恶，遂与比而倾言，（炳亦在《佞幸传》。）窥言失帝眷，用河套事构言，及曾铣俱弃市。（铣主以兵复套，言欲倚铣成大功，铣辄破敌，帝亦向之，廷议皆右铣。时亦有争言河套不可遽复者，帝意忽变，嵩遂极言不可复，廷臣亦尽反前议如嵩说，嵩且谓向拟褒铣，己不与闻，会房寇边，归罪复套启衅。）既倾杀言，益伪恭谨。言尝加上柱国，帝亦欲加嵩，嵩乃辞曰：'尊无二上，上非人臣所宜称，乞免此官，著为令典，以昭臣节。'帝大喜，允其辞，而以世蕃为太常卿。嵩无他才略，惟一意媚上，窃权罔利，帝英察自信，果刑戮，护已短，以故得因事激帝怒，戕害人，以成其私。张经、李天宠、王忬之死，嵩皆有力焉。前后劾嵩、世蕃者，谢瑜、叶经、童汉臣、赵锦、王宗茂、何维柏、王晔、陈垲、厉汝进、沈炼、徐学诗、杨继盛、周铁、吴时来、张种、董传策皆被谴。经、炼用他过致之死，继盛附张经疏尾杀之。（张经为嵩党赵文华所构，方剿倭，劾经养寇失机论死。方疏上，经大捷，文华攘其功，谓已与胡宗宪督师所致。继盛以劾系狱已三年。嵩必欲杀之，以经为养寇重罪，帝所必诛，请帝旨疏尾附继盛，遂并命弃市。）他所不悦，假迁除考察以斥者甚众，皆未尝有迹也。俺答薄都城，慢书求贡，帝召嵩与李本（本亦夏言败后新入阁。）及礼部尚书徐阶入对西苑，嵩无所规画，委之礼部，帝悉用阶言，稍轻嵩。嵩复以间激帝怒，杖司业赵贞吉而谪之。兵部尚书丁汝夔受嵩指，不敢趣诸将战，（嵩谓汝夔：'塞上败，可掩也，失利辇下，上无不知，谁执其咎，寇饱自扬去耳。'汝夔因不敢主战。）寇退，帝欲杀汝夔，嵩惧其引已，谓夔曰：'我在，毋虑也。'汝夔临死，始知为嵩绐。（事在二十九年，是为庚戌虏迫京师之役。）倭寇江南，用赵文华督察军情，大纳贿赂以遗嵩，致寇乱益甚。及胡宗宪诱降汪直、徐海，文华乃言：'臣与宗宪策，臣师嵩所授也。'遂命嵩兼支尚书俸，无谢，自是褒赐皆不谢。帝尝以嵩直庐隘，撤小殿材为营室，植花木其中，朝夕赐御膳法酒。嵩年八十，听以肩舆入禁苑。帝自十八年葬章圣太后后，即不视朝，自二十年宫婢之变，即移居西苑万寿宫，不入大内，大臣希得谒见，惟嵩独承顾问，御札一日或数下，虽同列不获闻，以故嵩得逞志。帝虽甚亲礼嵩，亦不尽信其言，间一取独断，或故示异同，欲以杀离其势。嵩父子独得窾要，欲有所救解，嵩必顺帝意痛诋之，而婉曲解释，以中帝所不忍；即欲排陷者，必先称其嫩，而以微言中之，或触帝所耻与讳，以是移帝喜怒，往往不失。士大夫辐辏附嵩，时称文选郎中万寀、职方郎中方祥等为嵩文武管家。吴鹏、欧阳必进、高耀、许论辈皆惴惴事嵩。嵩握权久，遍引私人居要地，帝亦寖厌之，而渐亲徐阶。

"会阶所厚吴时来、张翀、董传策各疏论嵩，嵩因密请究主使者，下诏狱穷治无引，帝乃不问而慰留嵩，然心不能无动，阶因得间倾嵩。嵩虽警敏能先意揣帝指，然帝所下手诏，语多不可晓，惟世蕃一览了然，答语无不中。及嵩妻欧阳氏死，世蕃当护丧归，嵩请留侍京邸，帝许之，然自是不得入直所代嵩票拟，而日纵淫乐于家。

"嵩受诏多不能答，遣使持问世蕃，值其方耽女乐，不以时答。中使相继促嵩，嵩不得已自为之，往往失旨。所进青词又多假手他人，不能工，以此积失帝欢。会万寿宫火，嵩请暂徙南城离宫。南城，英宗为太上皇时所居也。帝不悦，而徐阶营万寿宫甚称旨，（帝徙居玉熙殿，隘甚，欲有所营建，以问嵩，嵩请还大内，帝不怿；问阶，阶请以三殿余材责雷礼营之，可计月而就，帝悦，如阶议。命阶子璠董其役，十旬而功成，帝即日徙居之。）帝益亲阶，顾问多不及嵩。嵩惧，置酒要阶，使家人罗拜，举觞属曰：'嵩旦夕且死，此曹惟公乳哺之。'阶谢不敢。未几，帝入方士蓝道行言，有意去嵩，（道行以扶乩得幸，故恶嵩。帝问：'天下何以不治？'道行诈为乩语，具道嵩父子弄权状。帝问：'上仙何不殛之？'答曰：'留待皇帝自殛。'帝心动，欲逐嵩。）御史邹应龙避雨内侍家，知其事，抗疏极论嵩父子不法，曰：'臣言不实，乞斩臣首以谢嵩、世蕃。'帝降旨慰嵩，而以溺爱世蕃负眷倚，令致仕，驰驿归，有司岁给米百石，下世蕃于理。嵩为世蕃请罪，且求解，帝不听。法司奏论世蕃及其子锦衣鹄、鸿、客罗龙文戍边远。诏从之，特宥鸿为民，使侍嵩。而锢其奴严年于狱。擢应龙通政使参议。时四十一年五月也。龙文官中书，交关为奸利，而年最黠恶，士大夫竞称萼山先生者也。嵩既去，帝追念其赞玄功，意忽忽不乐；谕阶，欲遂传位，退居西内，专祈长生。阶极陈不可，帝曰：'卿等不欲，必皆奉君命，同辅玄修乃可，敢更言嵩、世蕃者，并应龙俱斩。'嵩知帝念己，乃赂帝左右，发道行阴事，系刑部俾引阶，道行不承，坐论死，得释。谓释阶不引，道行则死狱中。嵩初归至南昌，值万寿节，使道士蓝田玉建醮铁柱宫，田玉善召鹤，嵩因取其符箓，并己《祈鹤文》上之，帝优诏褒答。嵩因言：'臣年八十有四，惟一子世蕃及孙鹄，皆远戍，乞移便地就养，终臣余年。'不许。世蕃被应龙劾戍雷州，未至而返，益大治园亭，其监工奴见袁州推官郭谏臣不为起。御史林润尝劾嵩党鄢懋卿，惧相报，因与谏臣谋发其罪，且及冤杀杨继盛、沈炼状。世蕃喜，谓其党曰：'无恐，狱且解。'法司黄光升等以谳词白徐阶，阶曰：'诸公欲生之乎？'佥曰：'必欲死之。'曰：'若是，适所以生之也。夫杨、沈之狱，嵩皆巧取上旨，今显及之，是彰上过也。必如是，诸君且不测，严公子骑款段出都门矣。'（世蕃与其党谋：贿字非上所深恶，唯聚众通倭为大恨，但扬言杨、沈狱为大罪，次受贿，余皆不足畏，则狱自解。光升等闻之以为然，遂以之定为谳词。）为手削其草，独按龙文与汪直姻旧为交通，贿世蕃乞官，世蕃用彭孔言，以南昌仓地有王气，取以治第，制拟王者，又结宗人典楧，阴伺非常，多聚亡命，龙文又招直余党五百人，谋为世蕃外投日本，先所发遣世蕃班头牛信亦自山海卫弃伍北走，诱致外兵，共相响应。即日令光升等疾书奏之，世蕃闻，诧曰：'死矣！'遂斩于市。籍其家，黜嵩及诸孙皆为民。又二年，嵩老病，寄食墓舍以死。"（嵩旦夕直西内，诸司白事，辄曰："以质东楼。"东楼，世蕃别号也。朝事一委世蕃，九卿以下浃日不得见，或停至暮而遣之。）

世蕃伏诛，时已四十四年，阅年余，帝亦崩矣。终帝之世，奉道不懈。四十一年，严嵩已败，而是年十一月，分遣御史求方书，时江西丰城县方士熊显，进法书六十六册，诏留览，赐显冠带。命御史姜儆、王大任分行天下，访求方士（时陶仲文已死。）及符箓秘书，阅二年还朝，上所得法秘数千册，荐方士唐秩、刘文彬等数人。儆、大任俱擢侍讲学士，秩等赐第京师。时严嵩既罢，蓝道行亦被谴，宫中数见妖孽，帝春秋高，意邑邑不乐，中官因设诈以娱之，尝夜坐庭中，获一桃御幄后，左右言："自空中下。"帝喜曰："天赐也。"修迎恩醮五日。明日，复获一桃，是夜，白兔生二子。帝益喜，谢玄告庙。未几，寿鹿亦生二子，廷臣表贺。帝以奇祥三锡，天眷非常，手诏褒答，事在四十三年。明年六月，睿宗原殿东柱产金色芝一本，帝大悦，告于太庙，百官表贺。因建玉芝宫。十一月，奉安献皇帝、后神主于玉芝宫。

帝久不视朝，深居西苑，专意斋醮，督抚大吏争上符瑞，礼官辄表贺。廷臣自杨最、杨爵得罪后，无敢言时政者。四十五年二月，户部主事海瑞独上疏言之，是为嘉靖朝最后建言之名疏，读之可以结嘉靖间士大夫敢言之局。疏略曰："陛下即位初年，敬一箴心，冠履分辨，天下欣然望治。未久而妄念牵之，谓遐举可得，一意修真，竭民脂膏，滥兴土木，二十余年不视朝，法纪弛矣；数年推广捐纳事例，名器滥矣。二王不相见，人以为薄于父子；以猜嫌诽谤戮辱臣下，人以为薄于君臣；乐西苑而不返，人以为薄于夫妇。吏贪官横，民不聊生，水旱无时，盗贼滋炽，陛下试思今日天下为何如乎？古者人君有过，赖臣工匡弼，今乃修斋建醮，相率进香，仙桃天药，同辞表贺。建宫作室，则将作竭力经营；购香市宝，则度支差求四出；陛下误举之而诸臣误顺之，无一人肯为陛下正言者，谀之甚矣。且陛下之误多矣，其大端在于斋醮。斋醮所以求长生也，自古圣贤垂训，修身立命，曰顺受其正矣，未闻有所谓长生之说。陛下受术于陶仲文，以师称之，仲文则既死矣，彼不长生，而陛下何独求之？至于仙桃天药，怪妄尤甚，昔宋真宗得天书于乾祐山，孙奭曰：'天何言哉，岂有书也？' 桃必采而后得，药必制而后成，今无故获此二物，是有足而行耶？曰天赐者，有手执而付之耶？此左右奸人造为妄诞以欺陛下，而陛下误信之以为实然，过矣！陛下又将谓悬刑赏以督责臣下，则分理有人，天下无不可治，而修真为无害已乎？太甲曰：'有言逆于汝心，必求诸道；有言逊于汝志，必求诸非道。'用人而必欲其唯言莫违，此陛下之计左也。即观严嵩，有一不顺陛下者乎？昔为同心，今为戮首矣。梁材守道守官，陛下以为逆者也，历任有声，官户部者至今首称之。（材三为户部尚书：第一次以忧去，在嘉靖十年；第二次忤郭勋，帝令致仕去，在十七年；第三次亦忤勋，屡为所劾，又以醮坛需龙涎香，材不以时进，帝衔之，遂责材沽名误事，落职闲住，归，旋卒，在十九年。）然诸臣宁为嵩之顺，不为材之逆，得非有以窥陛下之微，而潜为趋避乎？即陛下亦何利于是？陛下诚知斋醮无益，一旦翻然悔悟，日御正朝，与宰相侍从讲求天下利害，洗数十年之积误，使诸臣亦得洗数十年阿君之耻，天下何忧不治？万事何忧不理？此在陛下一振作间而已。释此不为，而切切于轻举度世，敝精劳神，以求之于系风捕影，茫然不可知之域，臣见劳苦终身而无成也。"此疏直攻帝失，尤切指玄修，中帝所最忌，为自来所不敢言，竟未遭大谴，殆亦帝临终有悔萌矣。

帝得疏大怒，抵之地，顾左右曰："趣执之，无使得遁。"宦官黄锦在侧曰："此人素有痴名，闻其上疏时，自知触忤当死，市一棺，诀妻子，待罪于朝，僮仆亦奔散无留者，是不遁也。"帝默然，少顷，复取读之，为之感动太息，留中者数日，尝曰："此人可方比干，但朕非纣耳。"会帝有疾，烦懑不乐，召徐阶议内禅，因曰："海瑞言俱是。朕今病久，安能视事？"又曰："朕不自谨惜，致此疾困，使朕能出御便殿，岂受此人诟詈邪？"遂逮瑞下诏狱，究主使者，寻移刑部论死。狱上，阶力救，奏遂留中。（是年十二月帝崩，穆宗即位，次日即释出。）

帝求仙而身日病，病久，忽欲南幸兴都取药，徐阶力谏而止。四十五年十一月，服方士王金等所献丹药，病遂甚。时方士至者日众，帝知其妄，无殊锡。王金思所以动帝，乃伪造诸品仙方，与所制金石药同进，其方诡秘，药性燥，非服食所宜，帝御之，稍稍火发，病遂不能愈。十二月庚子，（十四日。）帝大渐，自西苑还乾清宫，是日崩。

自武宗大为不道，而士大夫犹补苴其间，所受挫折未甚。世宗英断，资质之可与为善，自非武宗所及，然终身事鬼而不事人。早年亦有意图治，《明实录》：万历初，张居正进讲文华殿时，言世宗皇帝嘉靖初年于西苑建无逸殿，省耕劝农，以知王业艰难。又命儒臣讲《周书·无逸篇》，讲毕，宴文武大臣于殿中。至其末年，崇尚焚修，圣驾不复临御，殿中徒用以誊写科书，表背玄像而已，昔时勤民务本气象，不复再见，而治平之业亦浸不如初。此可见当时政治消长之状。

帝又以坚僻怙过，拒谏立威，廷杖之事，习为故常。小小舛误，一申饬可了之事，亦用杖刑。摧辱言官，其忤意被杖者可想。三十二年元旦，以贺表语乖文体，逮礼科给事中杨思忠，于午门外杖之百，罢为民，六科宫各夺俸一月，以思忠初议孝烈皇后不祔庙，帝心衔之也。孝烈后方氏，崩于二十六年十一月，至二十九年，议后主祔庙，自始固未有帝在而后先祔庙者，帝以皇考睿宗入庙，恐后世议祧，遂欲当己世预祧仁宗，以孝烈祔庙，自为一世。下礼部议，尚书徐阶言后无先人庙者，思忠亦主阶议，帝大怒，阶皇恐不敢守前议，遂祧仁宗，升祔孝烈。此皆非礼之举，而仇守礼之臣，又匿怨而假他微罪发之，益非人君使臣以礼之道。然用刑手滑，至次年三十三年正旦，又以贺表中失抬万寿字，诏锦衣卫逮六科给事中张思静等各廷杖四十，以此可知当时用威之滥矣。

明开国以来节俭爱养，藏富于民之意，久而不渝。至宪宗晚年渐不如昔，孝宗稍复前规，及武宗则不知祖训为何物，但祖宗所养之士，类以守法为事，武宗及其所昵之群小，尚不能力破纲纪。至世宗因祷祀而土木，糜费无限，遂开危亡之渐。《食货志·赋役门》云：

"三十年，京边岁用至五百九十五万，户部尚书孙应奎蒿目无策，乃议于南畿、浙江等州县，增赋百二十余万，加派于是始。嗣后京边岁用，多者过五百万，少者亦三百余万，岁入不能充岁出之半，由是度支为一切之法，其箕敛财贿，题增派，括赃赎，算税契，折民壮，提编均徭，推广事例兴焉。其初亦赖以济匮，久之诸所灌输益少。又四方多事，有司往往为其地奏留，或请免，浙、直以备倭，川、贵以采木，山、陕、宣、大以兵荒，不唯停格军兴所征发，即岁额二百万且亏其三之一，而内廷之赏给，斋殿之经营，宫中夜半出片纸，吏虽急，无敢延顷刻者。"又云："武宗时，乾清宫役尤大，以太素殿初制俭朴，改作雕峻，用银至二千万余两，（明代币贵工贱，一殿用银至二千万余两，又有下文工食米万三千余石，岂不可骇？然《明史稿》文亦同，知非字误。夫祖宗宫殿朴俭，后世正当知美德所贻，况太素命名，更何得以雕峻污之？）役工匠三千余人，岁支工食米万三千余石。权幸阉宦，庄园祠墓，香火寺观，工部皆窃官银以媚之。给事中张原言：'匠夫养父母妻子，尺籍之兵御外侮，京营之军卫王室，今奈何令民无所赖，兵不丽伍，利归私门，怨蒙公室乎？'疏入，谪贵州新添驿丞。世宗营建最繁，十五年以前，名为汰省，而经费已六七百万，其后增十数倍，斋宫秘殿，并时而兴，工场二三十处，役匠数万人，军称之，岁费二三百万，料直百余万，车脚雇运三四十万。承天工役十余处，费亦数百万。其时宗庙万寿宫灾，帝不之省，营缮益亟，经费不敷，乃令臣民献助，献助不已，复行开纳，劳民耗财，视武宗过之。"

又《仓库门》："嘉靖初，内府供应视弘治时，后乃倍之。初太仓中库积银八百余万，续收者贮之两庑，以便支发，而中库不动，谓之老库，两庑为外库。及是时，老库所存仅百二十万。二十二年，特令金花子粒银应解内库者，并送太仓备边用，然其后复入内库。（金花银始于正统初，岁折漕粮以百万为额，尽解内承运库，其前偶有折漕俱送南京供武臣禄，各边缓急亦取足焉。折色本色，均充国用，不生分别。正统改解以后，不送南京，自给武臣禄十余万外，余皆充御用，谓之金花银。）正统三十七年，令岁进内库银百万外，加预备钦取银，后又取没官银四十万两入内库。"

又《采造门》："世宗初，内府供用，减正德十九。中年以后，营建斋醮，采木、采香、采珠玉宝石，吏民奔命不暇给，黄白蜡至三十余万斤，又有召买，有折色，视正数三倍。沉香、降香、海漆诸香至十余万斤，又分道购龙涎香，十余年未获，使者因请海舶入澳，久乃得之。（葡萄牙占澳门盖始于此。）方丘、朝日坛，爵用红黄玉，求不得，购之陕边，遣使觅于阿丹，去土鲁番西南二千里。太仓之银，颇取入承运库，办金宝珍珠，于是猫儿晴、祖母绿石、绿撒孛尼石、红剌石、北河洗石、金刚钻、朱蓝石、紫英石、甘黄石，无所不购。"

以上就《食货志》中世宗时用财浮滥之事略举之。盖取民之制，至世宗而坏，一切苟且，多取以济急，而实暂赢而绌于永久，愈多取乃愈匮乏。祷祀与土木相连，古来帝王之奉道奉佛皆然，逼取人民之膏血，以媚神佛，谓可求福，无不得祸。古云："四海困穷，天禄允终。"理不可易。明祚中衰，以正德、嘉靖为显著，当时尚无人民负担加重，即事业开发加多之学说，其奢俭之为得失，犹易考见。至新学说行，则当问取之于民是否用之于民，民不拒官之取，是否能监视官之用于民事与否，则读史者所应借鉴而知之也。

崇祯致亡之症结

天启七年八月乙卯，帝崩，是为二十二日，丁巳，二十四日。信王即皇帝位，大赦天下，以明年为崇祯元年。熹宗崩之日，信王奉遗诏，即夕入临，居宫中，比明，群臣始至。时崔呈秀方改兵部尚书，夺情视事，比入临，内使十余传呼呈秀甚急，呈秀入与忠贤密谋久之，语秘莫得闻，或云："忠贤欲篡位，呈秀以时未可止之也。"帝既即位于八月二十四日，至十月，乃罢崔呈秀。时阉党自危，杨所修、杨维垣、贾继春先后劾呈秀以尝帝，呈秀遂罢。又削浙江巡抚潘汝祯籍，以其建祠作俑。而阉党布在朝列，竟相持莫敢动。杨邦宪建祠疏至，帝阅而笑。忠贤辞建祠，辄允。乃仅于部属中得主事钱元悫、陆澄源各一疏，又嘉兴贡生钱嘉征一疏，论劾忠贤。帝召忠贤，使内侍读疏，忠贤震恐丧魄，急以重宝啖信邸太监徐应元求解，帝斥应元。

以十一月甲子朔，命："忠贤凤阳安置。"戊辰，初五。罢各边镇守太监。己巳，忠贤与其党李朝钦行至阜城，自缢。崔呈秀闻之，亦自缢。十二月，客氏及其子侯国兴、弟客光先与魏良卿皆伏诛，客氏诏赴浣衣局掠死，籍其家，良卿、国兴、光先皆弃市，家属无少长皆斩。客氏之籍也，于其家得宫女妊身者八人，盖将效吕不韦所为，帝大怒，命悉笞杀之。诏天下所建逆祠悉拆毁变价。逮陆万龄于狱，监候处决。崇祯元年正月，诏"中官非奉命，不得出禁门"。僇忠贤尸，寸磔，悬首河间。僇崔呈秀尸，悬首蓟门。

> 崇祯之处忠贤当矣，罢各边镇守，禁中官出禁门。创巨痛深，宜有此明断。乃未几又悉用阉，至日后并城迎闯之曹化淳，正为帝之所尊信者，帝犹自谓"非亡国之君"，此读史者所可论定也。

元年正月，大计天下吏。杨维垣以御史佐计，以东林与崔、魏并诋，并坚持三案。是时柄国者皆忠贤遗党，无敢颂言东林者。编修倪元璐首上疏一再驳正维垣，当局以互相诋訾两解之，而公论乃渐明矣。嗣是阁中阉党黄立极、张瑞图、施凤来陆续罢。（立极先以山阴监生胡焕猷劾之，不自安求去。杨维垣犹论焕猷疑出东林指使，帝为除焕猷名下吏，亦允立极去。）五月，从倪元璐言，毁《三朝要典》，焚其板。阉党侍讲孙之獬闻之，诣阁大哭，天下笑之。（之獬后降清，入《贰臣传》。）于是罹忠贤之祸者多赠官赐谥，东林始不负罪于世，而阉党犹持朝局，动以计陷右东林者。二年三月，始定逆案，分别磔、斩、秋后处斩及充军、坐、徙、革职、闲住各等罪名，共二百余人，诸奸亦多漏网者，维垣名在充军之列。

维垣于仇东林、翻逆案最力，为清流所深恶，然南都破后，能以一死了之；东林后辈，亦有降于闯军，列于清廷者。鼎革之际，事多难言，唯皦然不污者终以正人为多。

元年四月，起袁崇焕为兵部尚书，督师蓟辽。崇焕以忤忠贤去，忠贤诛，王之臣被劾罢，廷臣争请召崇焕，诏所司敦趣上道。七月至京师，召对平台，自任五年可复全辽，请勿令在朝诸臣以权力掣臣肘，以意见乱臣谋，帝悉从之，并假便宜赐尚方剑。崇焕又以前此熊廷弼、孙承宗皆为人排构，不竟其志，上言："恢复之计，不外臣昔年以辽人守辽土，以辽土养辽人，守为正着，战为奇着，和为旁着之说。法在渐不在骤，在实不在虚，任而勿贰，信而勿疑。驭边臣与廷臣异，军中可惊可疑者殊多，但当论成败之大局，不必摘一言一行之微瑕。事任既重，为怨实多，诸有利于封疆者，皆不利于此身者也，是以为边臣甚难。臣非过虑，中有所危，不得不告。"帝优诏答之。八月抵关，适宁远兵缺饷四月哗变，先靖其乱，即裁并诸镇，关内外只设二大将，祖大寿驻锦州，赵率教驻关门，身自居中驻宁远。请罢宁远及登莱巡抚不设，亦报可。二年六月，崇焕杀毛文龙。文龙镇东江，朝廷视为意外之兵，不能时给饷，文龙因得以自筹之说，假通商名，往来海上，多贩违禁物规利。建州所资于中国者，得之东江，而文龙亦多得建州所产参貂，赂遗朝贵，恒为阉党所乐祖庇。既拥厚利，所集刁健不逞之徒极众，建州亦颇有顾忌，而朝鲜亦赖以联中朝之声气。崇焕莅镇，疏请遣部臣理东江饷。文龙恶文臣监制，抗疏驳之，崇焕不悦。寻文龙来谒，接以宾礼，文龙不让，崇焕谋益决。至是以阅兵为名，泛海抵双岛，文龙来会。崇焕相与燕饮每至夜分，文龙不觉也。崇焕议更营制，设监司，文龙怫然。崇焕以归乡动之，文龙曰："向有此意，但惟我知东事，东事毕，朝鲜衰弱，可袭而有也。"崇焕滋不怿，（朝鲜最忠于明，明廷亦无谋袭朝鲜之意，而至末代之军人，则多以此为厚自封殖之计，李成梁有此计，故益欲联络清太祖，毛文龙亦然，皆以纠集徒党太众，思开一新国土，以自雄于海外耳。）遂以是月五日，邀文龙观将士射。先设幄山上，伏甲士幄外，文龙至，其部卒不得入。崇焕曰："予诘朝行，公当海外重寄，受予一拜。"交拜毕登山，因诘文龙违令数事，文龙抗辩，崇焕厉声叱之，命去冠带絷缚，文龙犹倔强，崇焕曰："尔有十二斩罪，知之乎？祖制：大将在外，必命文臣监。尔专制一方，军马钱粮不受核。一当斩。人臣之罪，莫大欺君。尔奏报尽欺妄，杀濒海难民冒功。二当斩。人臣无将，将则必诛。尔奏称：'牧马登州，取南京如反掌。'大逆不道。三当斩。每岁饷银数十万，不以给兵，月止散米三斗有半，侵盗军粮。四当斩。擅开马市于皮岛，私通海外诸国。五当斩。部将数千人，悉冒己姓，副将以下，滥给劄付千，走卒舆夫尽金绯。六当斩。自宁远剽掠商船，自为盗贼。七当斩。强取民间子女，不知纪极，部下效尤，人不安室。八当斩。驱难民远窃人参，不从则幽之岛上，僵卧死者，白骨如莽。九当斩。辇金京师，拜魏忠贤为父，塑冕旒像于岛中。十当斩。铁山之败，丧军无算，掩败为功。十一当斩。开镇八年，拥兵观望，不能恢复寸土。十二当斩。"数毕，文龙噤不能置辩，但叩头乞免。崇焕召谕其从官曰："文龙罪状当斩否？"皆惶怖唯唯，中有称文龙数年劳苦者，崇焕叱退之，乃顿首请旨出尚方剑斩文龙于帐下。然后出谕其部卒曰："诛止文龙，余无罪。"皆不敢动。分其兵为四协，以文龙子承祚及副将陈继盛等领之，犒军士，檄抚诸岛，尽除文龙虐政。还镇，以其状上闻，末言："文龙大将，非臣得擅诛，谨席藁待罪。"上骤闻意殊骇，既念文龙已死，方任崇焕，乃优旨褒答。

崇焕又上言："文龙一匹夫，不法至此，以海外易为乱也，其众合老稚四万七千，妄称十万，且民多，兵不能二万，妄设将领千，今不宜更置帅，即以副将陈继盛摄之，于计便。"又虑部下为变，请增饷银至十八万。皆报可。

      崇焕诛文龙一事，流传失实之记载不可胜举，至今人有为文龙抱屈，称崇焕忌才者。然《史》文明白，合之《实录》所见，于文龙之罪状无疑也。但《史》又言："文龙专阃海外，有跋扈声，崇焕一旦除之，自谓可弭后患，然东江屹然巨镇，文龙死，势日衰弱，且岛弁失主帅，心渐携，益不可用，其后致有叛去者。"此为后来诋议诛毛为失计说之所由来。然此皆崇焕冤死后岛兵变化之事实，若使崇焕久任以处其责，何至视刘兴祚兄弟与陈继盛相屠杀，而卒令耿仲明、孔有德、尚可喜辈遂为清廷佐命哉？诛毛部署不过三阅月，崇焕已中清太宗反间，明廷自坏长城，反信高捷、袁弘勋、史䰄，为阉党报仇，兴大狱，以妄杀文龙陷辅臣钱龙锡。易代以后，流闻语尚不实，则审慎读史者之少矣。

十月，建州兵毁边墙入犯，崇焕入援。谤者以崇焕先有与建州通和之意，谓其招虏胁和，将为城下之盟。清太宗又授计叛将高鸿中，于军中所获宦官二人前故作耳语，云："今日撤兵，袁巡抚有密约，事可立就。"纵宦官归，以闻于帝。遂再召见于平台，诘杀文龙事，缚付诏狱。祖大寿骇而毁关东奔，犹于狱中取崇焕手书召大寿，得无叛去。时阁臣钱龙锡持正，不悦阉党。阉党王永光复用，为吏部尚书，引同党御史高捷、史垩，为龙锡所扼，遂以龙锡与崇焕屡通书，计议和，杀文龙为龙锡主使，并罢龙锡。时起用孙承宗御建州兵，兵退。

遂于三年八月磔崇焕，九月逮龙锡，十二月下龙锡狱。阉党借议和诛毛，指崇焕为逆首，龙锡等为逆党，谋更立一逆案，与前案相抵。内阁温体仁、吏部王永光主其事，欲发自兵部，而兵部尚书梁廷栋不敢任而止，仅议："龙锡大辟，决不待时。"帝不信龙锡逆谋，龙锡亦悉封上崇焕原书及所答书，帝令长系。明年，中允黄道周申救谪外，而帝亦诏所司再谳，减龙锡死，戍定海卫，在戍十二年，两赦不原。其子请输粟赎罪，周延儒当国，尼不行，南渡后始复官归里卒。崇祯宰相五十人，龙锡尚为贤者，崇祯初与刘鸿训协心辅政，朝政稍清，两人皆得罪去。崇焕则以边事为己任，既被磔，兄弟妻子流三千里，籍其家无余赀，天下冤之。帝茫无主宰，而好作聪明，果于诛杀，使正人无一能任事，唯奸人能阿帝意而日促其一线仅存之命，所谓"君非亡国之君"者如此。（二年之役，辽东大将赵率教、满桂遇建州兵，先后皆战死。）

鸦片案究竟

　　鸦片案之赔款割地，战败以后事也。所异者，当时欧亚交通之难，兵舰炮械亦远非后来坚利之比，中国以毫无设备而败。若稍讲设备，则如林、邓之办海防，亦颇使英人却顾。唯海岸线长，不能得复有如林、邓者二三人。又奸壬在内，始以忌刻而欲败林，继则务反林之所为，并谴及力能却敌之邓，乃至并谴及御敌获胜之达洪阿、姚莹。此皆满首相穆彰阿所为，而汉大学士王鼎至自经以尸谏，请处分首辅，而为首辅所抑，竟不得达。林则徐褫职，裕谦奏请入浙勷办，则必令远戍伊犁，唯恐其御夷有效。王鼎再留则徐助塞河决，又力促其赴戍。鼎至以死冀一悟君，而卒为穆党所厄。宣宗之用人如此！至叹息痛恨之伊里布，卒倚其与英人情熟，使卒成和议。琦善既议斩而复大用，耆英则议和之后专任为通商大臣。盖帝犹遵祖制，重任必归满洲。满洲无非庸怯，帝亦以庸怯济之，以乞和为免祸之至计，故口憾之而实深赖之也。王鼎尸谏之事，《国史》不载，私家纪之。《清史稿》乃直书于鼎传，盖据汤纪尚之《书蒲城王文恪遗事》、陈康祺之《郎潜纪闻》。康祺又取证于孙衣言之《张芾神道碑》，此亦道光间一大事。

汤纪尚《书蒲城王文恪遗事》：

> 枢相穆彰阿秉政，张威福，尤深嫉两广总督林公勋名出己上，乃巧构机牙，媒蘖其短，以触上怒。由是林公罪废，虎门防撤，海氛益炽。逮公还朝奏对毕，痛陈御座前，力诤不可得。退，草疏请罪大帅，责枢臣。怀疏趋朝，待漏直庐中。灯火青荧，遽自缢暴薨。疏卒遏不上。朝野骇愕，事隐秘，莫测其端。……惜乎，公子孙下材，无以成公志，使公之曲艰隐悊，卒幽隐而不彰也！

陈康祺《郎潜纪闻》：

> 蒲城王文恪公鼎，为宣宗朝名宰相……值西夷和议初成，公侃侃力争，忤枢相穆彰阿。公退草疏，置之怀，闭阁自缢，冀以尸谏回天听也。时军机章京领班陈孚恩方党穆相，就公家减其疏，别撰遗折，以暴疾闻。设当时竟以公疏上，穆相之斥罢，岂待咸丰初年！蕞尔岛夷，知天朝有人，或不至骄横如此。……康祺初入京，闻老辈言是事，犹以为未确，不敢遽笔也。嗣见冯中允桂芬《显志堂集》有公墓铭，称公自河上还，养疴园邸，行愈矣，卒以不起。词意隐约，殆公后人讳言之。朱侍御琦记公事，亦言一夕暴卒。顷见孙方伯衣言所撰《张文毅苃神道碑铭》……又云：‘额额蒲城，深臆太息。闭阁草奏，忠奸别白。疏成在怀，遂缢以绝。或匿不闻，闻以暴疾。’则情事昭然矣。

吴增祺《清史纲要》：

> 道光二十二年五月己酉，大学士王鼎自杀，予谥文恪。鼎自河防归，为遗疏数千言，极言穆彰阿等欺君误国之罪，

并荐林则徐可大用，遂服药自尽。穆彰阿使人以危言怵其
子，竟不得上。

此皆为《清史稿·王鼎传》所本。吴增祺，闽人，或得诸林文忠
之后。言使人以危言怵其子，与汤纪尚所云"公子孙下材，无以成公
志"其说合。后文宗初立，宣示穆彰阿罪状，不及王相尸谏事，盖遗
疏既改上，官书中无此一事矣。

《白门约》定，牛鉴革职拿问，以耆英为江督，而以伊里布为钦
差大臣、广州将军，办理善后事宜。奕山、奕经、文蔚，均议斩候，
后仍大用。是年十二月，耆英奏英吉利控诉台湾镇道，妄杀遭风被难
洋人。盖朴鼎查于约成后交换俘虏汉奸，始知台湾所俘先已正法，无
以对所部，遂冀泄愤于镇道。奏入，命怡良渡台查办。怡良以钦差兼署
闽督，台湾为辖境，战胜由台专奏，怡良心嫉之，兼体枢臣意媚夷，遂
证成夷诉，逮镇道入都下刑部狱。舆论哗然，寻释之。二十三年二月，
伊里布卒于粤，赠太子太保。三月，以耆英为钦差大臣，赴广东办理通
商事宜。先是，法、美等国皆在粤通商，烧烟之役，二国颇居间和解，
且不直英之所为，示善意于中国。英约既成，美、法求援例，未允。英
得香港，欲使诸国市舶就彼按船抽钞，而后入黄埔输税中国。至五口，
亦如之。美、法皆大愤讶，英始不敢持前说。而法、美以必得中国许援
英例五口通商，耆英奏许之，自后援例者纷起矣。

通商非辱国也，中国当时则以为不得已而允之。《白门约》十三
条，其于赔款割地，乃城下乞盟，一时之事。其于通商，英人亦尚未
知以不平等束缚我也。不过以中国不用平等相待，于优待仪式争平等
耳。在本有外交之国，彼此立约，从无需此。英人与中国约，自不能
不及此。官立洋行之勒索，关署胥役之征求，英人所视为创巨痛深，
国家亦本不当为此黑暗。若照《白门约》通商范围与各国订定，原无
不平等条约发生。其不平等者，中国君臣强要之，使英人不得不覆，
而后节节授以侵占之便利。然其初英人且有不愿承受之端，覆辞责中
国官不应退让至此者。略举如下：

传教在西国实非恶意，且确有利益于人。中国从前视教会为蛇蝎，深信挖眼采生等说，以为西人技术之神，必借人眼人胎等物以济其恶，教堂即收集此等物之机关，因而谓传教之订入约章，亦始于《白门约》。今档案具在，《白门约》十三条中无有也。而《中西纪事》言之，近刘氏《续清考》亦载之，殊失检点。传教入约，自咸丰八年始，自此中国受教案之害者数十年。非无驻外之使节、留学之学生，于教案之症结竟无人了解。至清末大批留学日本，法政之书娴习者众，始知教士本无干政之理，奸民无复倚教为恶之缘，于是教案截然而止，信教者反多上流人士，此亦外交知识之一进步。

　　《条约》十三条与《善后事宜》八款，原非同时所定。自定约奏闻，奉旨指出顾虑各节，著耆英等向该夷反复开导，不厌详细，应添注约内者，必须明白简当，力杜后患，万不可将就目前，草率了事。

　　于是耆英等与朴鼎查再定《善后事宜》八条，乃中朝求商于英而加订。名为章程，尚非条约。至咸丰八年，《中英续约》第一款，乃言壬寅年七月二十四日江宁所定和约，仍留照行；广东所定《善后旧约》并《通商章程》，现在更章，既经并入新约，所有旧约作为废纸。则英人所可执为侵占之根据者，并入约中，并废前日之补充非正式之文字矣。因既作废，外务部公布之条约中遂不见此八条原文。今唯《夷氛纪闻》独存之。逐条皆中国向英要求，而由英酋照覆允行之语。总之，国际知识太浅，遂至无事生事。自以为不厌求详，正所以画蛇添足也。八条为他纪载所不具，录以见当时外交真相。其形式盖为八项照会，每一项一去照一来照也。

　　广东洋行商欠。除议定三百万圆，官为补交外，此后英国自投之行，即非中国额设行商可比。如有拖欠，止可官为着追，不能官为偿还。查此项业据该夷照覆：嗣后通商利害，均由自取。若有欠项，由管事官呈明内地官着追，万不可再求官为偿还。

此为第一款。洋行商欠，并非官为担保，本不应官为偿还。以后所谓洋行，且由洋人自设。即其时洋人尚未定自设洋行，洋货或需华商百货行代售，更属商民贸易常例。因其关涉外商，遂由国家于常法之外特别加以声明，希冀解除责任。其为畏洋人如虎狼之心理，乌得不引狡猾西人生心。

和议既定，永无战争。所有广州、福州、厦门、宁波、上海五处，止可货船往来，未便兵船游弋。其五处之外，沿海各口及直隶、奉天、山东、天津、台湾诸处，非独兵船不便往来，即货船亦未便贸易。均宜守定疆界，以期永好。查此款业据该夷照覆：一俟《五港开关则例》颁行，即由英国君主出示晓谕英民，止准商船在五口贸易，不准驶往各处。至该国向有水师小船数只，往来各口，稽查贸易，亦当协同中国地方官，阻止商船，不准他往。并请中国地方官严禁华民，除议明五港外，不准在他处与英商贸易。

此为第二款。既有五口通商之约，他口之不通商已明。多此词费，却轻轻将兵船游弋引入，且并不阻止。正缘英人谓兵船之来，乃协同中国官阻商船他往，中国官不敢与外商烦言，反有借重外国兵船之意。英早已窥之矣。

既经和好，各省官兵应撤应留，须听从中国斟酌。其内地炮台、墩堡、城池业经残毁者，均应次第修整，以复旧规，实为防缉洋盗起见，并非创自今日。英国既相和好，不必有所疑惧，或行拦阻。查此款业据该夷照覆：以上各事宜，均听中国斟酌修整如旧，系属正办，英国断无阻止之理。盖此次和好，惟赖中国诚信践约，而英国亦当专心以信守为务。

此为第三款。中国竟不敢自行修复军备，且不敢增减兵额，请示于英国而后定，则早放弃其独立自主权矣。英在当时不愿再开玩笑。设若作难其间，宣宗之为君，穆彰阿之为相，耆英之为钦差，其惊惶哀乞必有可观者矣。

广东、福建及浙江等省，距江宁较远之处，不知和好信息，见有英国兵船驶入，或相攻击，均须原情罢战，不得借为口实，致乖和好。查此款业据该夷照覆：两国和好消息，业经由火船速行晓示，所有英国水陆军师自必与中国兵民互相友爱。倘有攻击之误，未足为仇。惟求臣等速将议和情由，飞行各省一体知照，免起纷争，更属欣幸。

此为第四款。广东等三省有伊里布、祁填、怡良、刘韵珂等在，自无向英攻击之事，而犹必请英国不复借口攻击，其情如绘。

和好之后，付给本年所交银两，各兵船自应退出江宁、京口；即福建、广东、浙江等省停泊兵船，亦须约定同时退出，散遣归国，方坚和好。其定海之舟山、厦门之古浪屿，据议仍留英兵暂为驻守，但不便多驻兵船，致中国百姓暗生疑忌，与该二处通商之事，转多窒碍。所有每处泊船若干只，自应预为申明，以示限制。查此款业据该夷照覆：俟本年银两交清后，所有兵船自应退出江宁、京口等处。其它省停泊船只，除舟山、古浪屿二处酌留兵船数只管理货船，及香港仍须留兵驻守外，其余均可遣散归国。盖留兵于他国，未免重费。英国意在省费，必不多留兵船。中国不必多虑，致伤和好。

此为第五款。

　　舟山、古浪屿泊有兵船，须令带兵官约束兵丁，不得侵夺民人，致乖和好。并闻古浪屿所泊兵船，曾有拦阻中国商船扣收货税之事。此时既经通商，应令各兵船不得于中国商船再行拦阻抽税。查此款业经该夷照覆：各处兵船，本应带兵官严为约束，此时和议已定，尤当彼此亲爱。所有拦阻商船，即行饬放，不得再行抽税各情，早经行文各处晓谕在案。嗣后倘有不遵，致有侵夺拦阻情弊，即当严行讯究，不致有乖和好。

此为第六款。

　　英国商民既在各口通商，难保无与内地居民交涉讼狱之事，立即明定章程，英商归英国自理，华民归中国讯究，俾免衅端。他国夷商，仍不得援以为例。查此款业据该夷照覆：甚属妥协，可免争端，应即遵照办理。

　　此为第七款，当时为英人梦想所不到。不自意处人法律管辖之下，竟能不受管辖也。是为领事裁判权之由来。领事裁判权，乃日本所定之名，旧译作治外法权，谓统治之外能行使法权也。英所未请，中国强予之。英人报以"甚属妥协"四字，不平等之祸，遂延至今而未已。日本对欧洲交涉，初沿我弊，甲午战胜后乃争回。我日夜痛心不平等条约，当时则推出此权以为得计。盖官畏夷，而不敢临其上以损威重；士大夫则以夷狄为禽兽，不屑以中国之法律治之，闻此损权之条件，亦未尝以为非也。故许英通商，弹劾者纷起；赠人领事裁判权，反历久无诋斥之声也。

　　内地奸民犯法应行究办，若投入英国货船、兵船，必须

送出交官，不可庇匿，有违信誓，致伤和好。查此款业据该
夷照覆：内地犯法奸民，若投入香港及英国货船、兵船，即
行送出交官，断不庇匿；其英国及属国逃民、逃兵，若潜逃
内地，中国亦须送交英国近地理事官领回，以敦和好。

此为第八款。

后耆英以伊里布死，改调入粤，再订《通商章程》九条，即咸丰
八年《续约》所云《善后》及《通商章程》皆并入约文者也。《通商
章程》无大关系，不录。要之，此两章程，今皆不见官书，唯恃《夷
氛纪闻》存此耳。官中所存官修之《筹办始末》亦尚不载，则《夷氛
纪闻》所存之史料多矣。

其所谓强予英人而不受反遭斥者，《白门约善后》第七款以治外
法权奉英，尚云"他国夷商，仍不得援以为例"，则似有所靳于无约
国人矣。乃后于咸丰八年《中英续约》附件中，又有去照称："其无约
之国，本不应与有约之国视同一律，只以本大臣等未悉外国情形，不
肯遽行立法防弊，合先奉商，再为定见。"云云。英人来照则称："至
于未立条约各国民人，贵大臣来文询以作何办理。此语揆之本大臣，
似难置答。何则？因有不归本国所属民人，诸凡作为，本国不任其责。
除此，当立将兹款转报秉政各大臣奏候御览外，合为先奉一词：果在各
口海关，派员晓畅练习著名诚实之人，征饷皆从一律办理，相待商民，
毫无偏袒，谅贵大臣所指情弊，定必大半消除。来文所称因贵大臣等不
明外国情节，是以行文询访。思贵国原谓大邦，贵大臣职推大员，本大
臣中怀敬慎，敢问中土大员何以必措不明外事之词？泰西各邦，并无难
达秘密之景，各国都城，人皆可履其地，恭遇大皇帝特派称任大员，前
往西土，命以凡有益于国体，保其无碍，应知之学，必得明了。本大臣
不论别国，而本国则必以实心友谊接待。如留意博访审察各节，任便咨
询通彻。由此两邦永存和好之据，日见增广，保全周妥矣。"

英人于无约国拒绝干预，且训斥中国议约大臣如此。其时英、
法、美三国同订续约，前项商询无约国人事，亦及法、美。法则覆

言："有约之国，不与无约之国视同一律。贵大臣未悉外国情形，不肯遵行设法防弊，合先奉商，再为定见。本大臣查此甚属有理。但刻下尚无定见，只可将贵大臣照会详至本国，饬令法官之在无和约之国者，转告无和约国之官，一一遵办。"云云。

美则覆言："本大臣身为和好大国奉使之员，向知此事自应变通，然因稍有难行。今请将中国所能行者略为陈列。首应与讨问欲立约之国定立条约也。前大吕宋即西班牙国来求立约，而中国不允。今大西班即葡萄雅尔，亦已求取矣。使中国肯同定约，自当稍减无约之国。今姑无论，即任其仍前如是。本大臣尚有一法，可稍通融。按泰西各国公使，凡此国领事奉遣至别国者，若不得所往之国准信延接者，即不得赴任。今凡有称领事，而中华国家或省宪地方官不肯明作准信延接者，彼即无权办事。是则中国于此等兼摄领事，立即可以推辞不接。凡已延接者，亦可刻即声明不与交往。设有美国人兼摄无约领事，借以作护身符以图己益者，既属美国之人，地方官可以直却，不与延款。遇有事故，著彼投明美国领事，自应随时办理。间或美国人兼摄领事，而代无约商民讨求地方官帮助申理等情，地方官碍于情面代为办理者，亦可以对彼说明，并非职守理所当然，乃只由于情面而已。又若此等自称领事，有与海关办理船只饷项事宜者，地方官可却以必须按照条约遵行之语。倘彼固执己见干犯制例者，中国或出于不得已，地方官自应用强禁阻。当五月二十日在天津时，本大臣照会桂中堂、花冢宰，以中国必须购造外国战舰、火轮船只者，特为此故，足征所言非谬也。"云云。

据此，则法尚答以圆滑语，不过中含调笑；美覆词则支节横生，既为他国说项，请允通商，又称无约国外商固执己见干犯制例，则有强权禁阻，先当购造战舰。事势诚然，然大出中国议约大臣虚中请教之意外。毕竟无约国人，任其投有约国领事或商人，皆可包庇，则不平等之领事裁判权，适为推扩至无穷尽之域而已。

道光中通商约虽成，士民汹汹，所嫉大抵非今日所谓条约之不平等，乃以夷入华地为大戚。传言洋人如何无体凌人，亦未知其信否？

粤人嫉夷尤甚，屡起纷纠。余保纯为大府奔走款事，为粤人所嫉，事成乞病去。后任广州府刘浔，因杖冲道之民于路，民遽讹言府署藏纳英夷，遂聚而火其署，至藩司出为解释，搜府无夷乃去。他口通商，英商颇通官署，照约讲钧礼。粤人则习见暹罗、越南贡使，随贡物乃入领宴，必易中国冠服成礼，英人以夷服若入会城，视为中外大防裂矣。英商视粤垣城门为禁地，益欲临门窥探，必为守门者斥退。若遇居民，必鼓噪聚众，使之惊遁乃散，亦有闯入而辄遭殴击者。城外则西人向本不全禁游行，但此期日，得由洋行备通事导游近处。约定后，洋行已裁，西人辄自适野游猎，动辄与住民龃龉。二十七年夏，城西黄竹岐村有英游船驶至，妇女见而哗，村人毕集，英人举枪拟众，众愤激，杀三英人。时徐广缙始任巡抚，为缚杀三人以偿之。英人照会耆英，谓游处必不能废，应保后无效尤乃可。粤绅民持之，官亦无以应英人。先是，英人谓其国虽宫院名胜地，他国人至，必导以游观为乐，岂有一城而客商不得瞻仰？时时讼言于督抚。耆英与巡抚黄恩彤患之，将以约宴为酬酢礼，他日非延请无缘自至；与约有所商，仍出城就之。以此为权宜两全之计。未定期日，而省绅已闻之，具呈力争，遂据以拒英人。英人哓哓不已，且据约谓可租地建屋，指地请谕民议租值。托词阻止，则一再易地相要。彼不厌烦，穷于应付，宛转商拒，仍以得许入城为请。且由香港运兵杂货闯越虎门，入驻夷馆近地，占居民房，要以必允。欲以兵逐之，则恐坏约启衅，不逐则人心皇皇，乃预订二年后入城之约。谓当于此二年间，调解绅民。英兵乃退。且报其国主，普告西人之商中国者，届期观礼。耆英于二十八年奏请述职，明年春即行，请以巡抚徐广缙佩钦差大臣印署督，布政使叶名琛署抚，先英约入城期而去。二月，英领事以文来践约，广缙、名琛商拒无效，乃用绅民为后盾，鼓三元里之余焰，就其已编团练之名籍，张皇用之。士绅人人以为夷夏大防在此一举，一时而集至十万人，武装旗帜，如临大敌。法、美顾商利，劝阻英人，入城之说暂辍。督抚奏报张其事，朝廷亦以为不世之伟绩，与荡平巨房献俘功等，封广缙一等子爵，世袭，赐双眼花翎；名琛一等男爵，世袭，赐花翎。粤垣官以军功议叙，绅士许祥光、伍崇曜等皆优奖。督带壮勇者三百七十余人，有职者进一阶，无则给以九品职。是为道光朝外交之一段落。酝酿至咸丰间，广缙以御粤变失机，褫职籍没论斩，旋释出从军自赎，予四品卿衔卒。名琛以使相留督粤，英再请入城不允，为英所虏，居之印度一楼上，自署所作书画曰"海上苏武"，赋诗见志，日诵《吕祖经》不辍，卒于拘所。

太平军成败及清之兴衰关系

　　洪秀全举事无成，既经官军戡定，一切纪述，自多丑诋。然改元易服，建号定都，用兵十余省，据守百余城，南北交争，居然敌国，论者以为必有致此之道。于是求辑太平天国事实者甚夥。所得之遗文断简，乃无非浅陋之迷信，不足以自欺而偏欲以欺人。孩稚学语之文，拘忌舛改之字，无有足以达政治之理想、动民众之观听者。则所谓马上得之马上治之，纵有戡乱之具，终无济治之能者也。其戡乱之具，第一能军，官书所载，反有可观，但须省其丑诋之词耳。其次以军法部勒民事，颇与三代寓兵于农暗合，但未能于民事有所究心。民政非如军政，一定制即可收效。至其颓败，则李秀成被获后之口供，颇有可采。

　　秀成亦籍粤西，与陈玉成皆为太平之后起用事者。咸丰三年，陷金陵，定为都，大封拜，时固未有秀成与玉成也。玉成有叔承镕，为金田起时旧目。玉成以幼故，未任战事。至咸丰四年，向荣军方驻攻金陵，太平诸将四出图解围，乃有玉成上犯武、汉，秀成与其从弟侍贤犯江西、福建之举。是时玉成为十八指挥，秀成为二十指挥，盖偏裨耳。六年，金陵内乱，杨秀清、韦昌辉相戕俱毙，萧朝贵、冯云山、洪大全俱早被擒杀，石达开又自离，秀成与玉成始用事，支柱太平军事最勤且久。玉成尚前死于苗练，秀成则金陵破后，手挈幼主出城，而后就获。盖以马与幼主，己则恃乡民相怜，匿民家图观望，为萧孚泗亲兵王三清所搜得。此亲兵旋为乡民捉而杀之，投诸水以为秀成报怨，其能结人心如是。既入囚笼，次日又擒松王陈德风，见秀成犹长跪请安，其能服将士如是。国藩因此二事，不敢解京，讯得秀成亲供四万余字，即以七月初六日斩之。当时随折奏报之亲供，相传已为国藩删削，今真本尚在曾氏后人手，未肯问世。或其中有劝国藩勿忘种族之见，乘清之无能为，为汉族谋光复耶？闻亲供原稿尚存之说甚确，今但能就已行世者节采，稍证太平军自伐自亡之故。

咸丰九年十二月，玉成自江浦回援安庆，秀成独屯浦口。时金陵困急，援兵皆不至，秀成以玉成兵最强，请加封王号寄阃外。秀全乃封玉成英王，赐八方黄金印，便宜行事。玉成虽专阃寄，然威信远不如秀成，无遵调者。李世忠者，本天长捻首，名兆受，或作昭寿，上年以城降清，授以参将，屯近浦口，致书秀成，言："君智谋勇功，何事不如玉成？今玉成已王，君尚为将，秀全愤愤可知。吾始反正，清帝优礼有加。君雄才，胡郁郁久居人下？盍从我游？"太平朝内官兵部尚书莫仕葵以勘军至秀成营，书落其手，大惊，示秀成。秀成曰："臣不事二君，犹女不更二夫。昭寿自为不义，乃欲陷人！"仕葵曰："吾知公久矣。"乃代奏之。秀全命封江阻秀成兵，并遣其母妻出居北岸，止其南渡。仕葵曰："如此则大事去矣。"偕蒙得恩、林绍璋、李春发入宫切谏，曰："昭寿为敌行间，奈何堕其计自坏长城？京师一线之路，赖秀成障之。玉成总军数月，不能调一军，其效可睹矣。今宜优诏褒勉，以安其心。臣等愿以百口保之。”秀全遽召秀成入，慰之曰：“卿忠义，误信谣传，朕之过也。卿宜释怀，戮力王室。”即封为忠王荣千岁。太平自杨、韦构杀，秀全以其兄弟仁发等主政，甥幼西王萧有和尤所倚任，以一将畜秀成，不与闻大计。至是晋爵为王，以秀全任己渐专，不料其疑己也。浦口当金陵咽喉要地，迫于清军，粮援又无措，南渡时见秀全问计，秀全语以事皆天父排定，奚烦计处，但与仁发等谋。留秀成助守金陵，秀成曰：“敌以长围困我，当谋救困，俱死无益。”乃袭浙江以分江南大营力，是为明年春杭州失陷之第一次。

秀成为解金陵围计，弃杭州不守，而和春果奔命，以致败死。九年之末，秀全更大封诸王。当秀全初定金陵都，一切文武之制，悉由秀清手定，规模甚盛。正殿为龙凤殿，即朝堂。有议政议战大事，鸣钟击鼓，秀全即升座，张红幙，诸王、丞相两旁分坐，依官职顺列，诸将侍立于后。议毕，鸣钟伐鼓退朝，是为第一尊严之所。第二则说教台，每日午，秀全御此，衣黄龙袍，冠紫金冕，垂三十六旒，后有二侍者，持长旗，上书天父、天兄、天王、太平天国。台式圆，高五丈，阶百步。说教时，官民皆入听，有意见亦可登座陈说。文从左上，武从右上，士民由前后路直上，立有一定之位。第三则军政议事局，乃军事调遣、粮饷器械总登所。秀全自为元帅，东王为副元帅，北王、翼王为左右前军副元帅，六官左右副丞相为局中管理各科员，中分军马、军粮、军械、军衣、军帐、军船、军图、军俘、军事诸科。又有粮饷转运局、文书管理局、前锋告急局、接济局，皆属军政议事局内，以六官左右副丞相领之。其最尊者为军机会商局长，以东王领之。遇有战事，筹划一切，东王中坐，诸王、丞相、天将左右坐立，各手地图论形势，然后出师。秀清在日所定所行如此。

秀清为秀全所图，东、北两王同尽，翼王继东王领军机会商局长。翼王脱离去，秀成领之。后东入苏、杭，此局遂虚设。内讧以后，人心解体已久，秀全以不次超擢，冀安诸将心，自此几无人不王，转以王号摄行丞相、天将之职，各持一军，势不相下。可以调遣诸王者，秀成分拥东下之众，其与金陵掎角者，仅玉成一人在诸将上，能呼召救急。故八年以前，太平军攻守互用；八年以后，不过用攻以救守，遂至日危，以底于亡。十年闰三月，秀成、玉成既解金陵围，声势大张。秀全之旁，只有亲贵揽权嫉功，政事既不问，军中有功亦不及奖叙，只教人认实天情，升平自至。仁达、仁发嗾秀全下严诏饬秀成，限一月取苏、常。秀成果取之，遂以苏州为份地，不恒入朝矣。秀成踞苏，改北街吴氏复园为王府。入城十有一日，而后出示安民。后苏人习于秀成，盛称秀成不嗜杀，盖较之他被难区，尚为彼善于此。由苏入浙，势如破竹，而奉秀全命趣还江宁，令经营北路。

秀成鉴林凤祥、李开芳之失，未敢轻举，而江西、湖北匪目具书来降，邀其上窜，自称有众十万备调遣，秀成允之，留陈坤书守苏州，自返江宁，请先赴上游，招集各股，再筹进止。秀全责其违令，秀成坚执不从，秀全亦无奈何，乃定取道皖南上犯江、鄂之计。方是时，秀成与江宁诸将领议曰："曾国藩善用兵，非向、张比，将来再困天京必此人。若皖省能保，犹无虑。一旦有失，京城即受兵。应豫谋多蓄粮为持久计。"秀全闻之，责秀成曰："尔怕死！我天生真主，不待用兵而天下一统，何过虑！"秀成叹息而出，因与蒙得恩、林绍璋等议，劝自王侯以下，凡有一命于朝者，各量力出家财，广购米谷储公仓，设官督理之。候阙乏时，平价出粜，如均输故事，以为思患预防之计。洪仁发等相谓曰："此亦一权利也。"说秀全用盐引牙帖之法，分上中下三等贩米，售帖即充枢府诸王禄秩，无须报解，稍提税入公，大半充洪氏诸王私橐。商贩无帖以粒米入城者，用私贩论罪。洪氏诸王擅售帖利，上帖售价贵至数千金。及贩至下关，验帖官皆仁发辈鹰犬，百端挑剔，任意勒索，商渐裹足。而异姓王侯因成本加重，米价昂，不愿多出资金，米粮反绝。秀成请废洪氏帖，秀全以诘仁发，仁发谓："恐奸商借贩米为名，私代清营传递消息。设非洪氏，谁能别其真伪。我兄弟辈苦心所以防奸，非罔利也。"秀全信之，置不问。秀成愤愤然去。及安庆围急，玉成赴救不利，分兵窜鄂，以图掣围师。秀成叹其误，谓湘军决不舍安庆，长江为官军水师所独擅，运道无梗，非后路所能牵掣，与昔时攻浙以误和春往救，遂陷江南大营者，敌之坚脆不同。后玉成卒败走死，秀成顿足叹无为助矣。金陵食粮，昔时江南北皆有产米之地，太平军禁令严明，新得之土，民得耕种。江南米出芜湖金柱关，江北米出和州裕溪口，皆会于金陵。自湘军逼攻，耕农已废，沿江各隘复尽失，不待合围，已足制其死命。军令既弛，营垒草率，无复旧规。封王至九十余人，各争雄长，败不相救。当时知无幸，献城归降者日多。至同治二年冬，苏州已为清军所复，秀成潜入江宁围城中，劝秀全出走，图再举。秀全侈然高座曰："我奉天父、天兄命，为天下万国独立真主，天兵众多，何惧之有！"秀成又曰："粮道已绝，饿死可立待。"秀全曰："食天生甜露，自能救饥。"

甜露，杂草也。秀全既恋巢，而诸王闻秀成谋回粤，后入党之湘、皖等籍者皆沮之，遂坐而待亡。城未下，秀全先自尽。幼主有从亡之臣，遗臣亦多并命不悔。失国之状，似尚较清末为优，则知清代之自域于种族之见，正自绝于华夏之邦也。

太平军事以前，清廷遇任何战役，皆不使汉人专阃寄。至烧烟一案，能却敌者皆汉臣，辱国者皆旗籍，然必遣立功之汉臣，以祖旗员。西人固无意于战，以利啖之即止，此固旗人所优为也。太平军则与清无两立之势，不用汉臣，无可收拾，始犹欲以赛尚阿充数，后已知难而退，一委湘军。间有能战数旗员，皆附属于曾、胡两师之下。

若塔齐布为曾文正所手拔，固不必言；都兴阿用楚军，始能自立；多隆阿与湘军将领习处，得显其战绩；舒保为胡文忠所识拔。皆以旗员从汉将之后，乃始有功。唯官文职位较高，胡文忠极笼络之，使唯己之命是听，方不掣肘。金陵既下，文正且推使奏捷领衔，极保向来清廷重满轻汉故习，乃未儿为文正弟忠襄所劾而去。文正能容此庸劣，忠襄竟不能忍，而朝命亦竟听之，尊汉卑满，前所未有。是满族气数已尽之明验也。乃事定之后，纵容旗人如故，保持旗习如故，无丝毫悔祸之心，清之亡所由不及旋踵。名为中兴，实已反满为汉，不悟则亡，其机决于此矣。

图书在版编目(CIP)数据

历史课 / 傅斯年等著. -- 北京 : 中国致公出版社,
2023

ISBN 978-7-5145-2122-1

Ⅰ.①历… Ⅱ.①傅… Ⅲ.①中国历史－通俗读物

Ⅳ.①K209

中国国家版本馆CIP数据核字(2023)第099013号

历史课 / 傅斯年等著
LISHIKE

出 版	中国致公出版社	
	(北京市朝阳区八里庄西里 100 号住邦 2000 大厦 1 号楼西区 21 层)	
发 行	中国致公出版社 (010-66121708)	
责任编辑	付 阳 许子楷	
监 制	黄 利 万 夏	
特约编辑	高 翔	
营销支持	曹莉丽	
责任校对	魏志军	
装帧设计	紫图装帧	
责任印制	邢雪莲	
印 刷	艺堂印刷(天津)有限公司	
版 次	2023 年 9 月第 1 版	
印 次	2023 年 9 月第 1 次印刷	
开 本	880 毫米 ×1230 毫米 1/32	
印 张	11	
字 数	296 千字	
书 号	ISBN 978-7-5145-2122-1	
定 价	59.90 元